本书系北京高校中国特色社会主义理论研究协同创新中心（北京师范大学）阶段性成果。

人民日报学术文库

高校思想政治理论课专题教育教学案例丛书

法治中国专题教育教学案例

丛书主编 王树荫 张润枝

本册主编◎高 超

人民日报出版社

图书在版编目（CIP）数据

法治中国专题教育教学案例／高超主编 . —北京：
人民日报出版社，2017.1
ISBN 978－7－5115－4573－2

Ⅰ.①法… Ⅱ.①高… Ⅲ.①社会主义法制—法制教
育—中国—高等学校—教学参考资料 Ⅳ.①D920.4
②G641.5

中国版本图书馆 CIP 数据核字（2017）第 045076 号

书　　名：法治中国专题教育教学案例
主　　编：高　超

出 版 人：董　伟
责任编辑：陈　丹
封面设计：中联学林

出版发行：人民日报出版社
社　　址：北京金台西路 2 号
邮政编码：100733
发行热线：（010）65369527　65369846　65369509　65369510
邮购热线：（010）65369530　65363527
编辑热线：（010）65369518
网　　址：www. peopledailypress. com
经　　销：新华书店
印　　刷：北京天正元印务有限公司

开　　本：710mm×1000mm　1/16
字　　数：245 千字
印　　张：15
印　　次：2017 年 5 月第 1 版　　2017 年 5 月第 1 次印刷

书　　号：ISBN 978－7－5115－4573－2
定　　价：45.00 元

前　言

中央宣传部、教育部印发的《普通高校思想政治理论课建设体系创新计划》指出,高校肩负着学习研究宣传马克思主义、培养中国特色社会主义事业建设者和接班人的重大任务。思想政治理论课是巩固马克思主义在高校意识形态领域指导地位,坚持社会主义办学方向的重要阵地,是全面贯彻落实党的教育方针,培养中国特色社会主义事业合格建设者和可靠接班人,落实立德树人根本任务的主渠道,是进行社会主义核心价值观教育、帮助大学生树立正确世界观人生观价值观的核心课程。这突出强调了思想政治理论课对国家发展,对当代大学生思想理论素养养成与未来发展的重要性。在思想政治理论课的体系中,法治教育是非常必要,同时也是非常重要的一环。从社会的角度来看,加强法治教育是构建社会主义和谐社会的需要,是实现中华民族伟大复兴的有力保障。从对大学生的影响来看,加强法治教育有利于大学生法律意识的增强以及综合素质的培养,是学生成长成才的必要条件。

法治中国,是新时期集法治国家、法治政府和法治社会为一体的法治建设新目标。实施依法治国基本方略、建设社会主义法治国家,既是经济发展、社会进步的客观要求,也是巩固党的执政地位、确保国家长治久安的根本保障。富强民主文明和谐的中国,首先是法治的中国;自由平等公正的社会,首先是法治的社会。为了深刻地理解法治中国的内涵,学习并贯彻习近平总书记关于法治中国的系列讲话精神,特编写此书。

本书选取古今中外的经典案例,以案例分析的方式对法律所涉及的基本概念、基本理论、基本知识做了较为系统、全面的论述。具体来讲,全书知识结构为:第一章解析法的基本知识,如法的产生、法的本质、法的传承与演变、法的要素、法与社会、法的效力和价值以及社会主义基本法的基本理论等;第二章解析社会主义法的本质和作用、法治观念、法律权威以及社会主义法的创制与实施等。第三章解析宪法调整的范围、基本原则、制定与修改、公民的权利和自由以及宪法制度与国家机关;第四章解析行政法的基本原则以及行政主体、行政行为、行政程序、行政救济;第五章解析民法基本原则、民事行为以及物权、合同等;第六章解析刑法的基本原则、效力范围和关于犯罪的基本知识等。每节内容开始于本节的"要点综述",主要介绍本节涉及的法律概念、基本知识,然后通过引用具体的经典案例进一步阐述相关知识要点。案例部分主要分"案例介绍"、"案例分析"、"思考讨论"、"法律依据"等四个方面进行评析,思路清晰,内容翔实,同时"思考讨论"部分的设置可以使读者进行深入思考,进而提升分析与解决问题的能力。

　　在本书中,力图体现以下特点:一是案例选取真实、典型,能够辅助教育教学工作;二是案例分析全面、准确,实现理论研究与案例分析的结合;三是思考讨论深入、有针对性,启发思考,深化研究。本书旨在帮助学生系统梳理法律基础方面的知识要点,全面掌握教材知识内容,培养学生分析法律案例、解决实际问题的能力。本书相对侧重实用,通过提供的真实案例,采用任务驱动的形式,要求学生在分析背景材料的基础上,模拟解决日常实际法律事务的问题,在培养实际操作能力方面适合多层次、多专业的教学需要。

目　录
CONTENTS

第一章

法理学

第一节 法的一般性原理

【本节要点】

法的起源是指法的起始和发源。随着生产力的发展,产品有了剩余,出现了私有制和阶级剥削,原始社会的氏族联盟和氏族习惯就逐渐被国家和法所代替。法的产生有着经济的、阶级的、社会的根源,同产品的生产、分配、交换以及私有制和阶级的出现、社会的发展是分不开的。私有制和商品经济的产生是法产生的经济根源,阶级的产生是法产生的阶级根源,社会的发展是法产生的社会根源。特殊公共权力系统即国家的产生、权利和义务观念的形成与法律诉讼和司法的出现是法产生的三个主要标志。

法是统治阶级意志的体现,法的内容是由统治阶级的物质生活条件决定的,法是调整人的行为的社会规范,两者构成法的本质。

法由国家制定或认可,制定和认可是国家创制法的两种方式。法以权利和义务为基本内容。法律规范在内容上与其他社会规范不同,它是通过规定人们的权利和义务(或职权和职责)来实现其调整社会关系和社会秩序的目的的。法律上的权利和义务是由国家确认并予以保障的。法以程序性为重要标志。与只作实体规定,不作或者极少作程序规定的其他社会规范不同,法既作实体规定,又作程序规定,程序性是法区别于其他社会规范的重要标志之一。法以国家强制力为最后保障手段。由国家制定或者认可的法,是通过国家强制力保障实施的,法借助暴力来保证实施,对违法者以强制的方法加以制裁,强迫其遵守。

一、法的起源

(一)原始社会的社会调整

【案例1】原始社会的"大同"景象

凡在氏族制度流行而政治社会尚未建立的地方,一切民族都处在氏族社会中,无一超越此范围者。国家是不存在的,他们的政府基本是民主的,因为氏族、胞族和部落都是按照民主集中制组织起来的。在易洛魁人中,每个氏族所有的成员在人身方面都是自由的,都有互相保卫自由的义务;在个人权利方面平等,首领和酋长都不能要求任何优越权;他们是靠血缘关系结合起来的同胞。自由、平等和博爱虽然从来没有明确规定,却是氏族的根本原则。

——摩尔根《古代社会》

这种十分单纯质朴的氏族制度是一种多么美妙的制度呵!没有大兵、宪兵和警察,没有贵族、国王、总督、地方官和法官,没有监狱,没有诉讼,而一切都是有条理的。一切争端和纠纷,都由当事人的全体,即氏族或部落来解决,或者由各个氏族相互解决;血族复仇仅仅当成一种极端的、很少应用的威胁手段;我们今日的死刑,只是这种复仇的文明形式,带有文明的一切好处与弊害……一切问题,都由当事人自己解决,在大多数情况下,一切习俗就把一切调整好了。

——恩格斯《家庭、私有制和国家的起源》

伊富高人的亲属团体发挥极其重要的功用,然而它的结构却是相当的简单。从个人角度看,它包括父母双方每一方上溯下推各三亲等的亲属。更远的亲属关系的认可,依据个人的声望、影响和相互关系的情况而定。这种类型的亲属制度,被人类学家们称之为夏威夷式的亲属制,它在一定程度上调整着社会关系。

——霍贝尔《原始人的法》

(来源:找法网 http://china. findlaw. cn/)

【案例分析】

马克思主义法学认为:法作为一种社会调整措施,不是从来就有的现象,它是社会发展到一定阶段的产物。原始社会并不存在法,那时的社会调整措施是习惯。在原始社会,在大多数情况下,历来的习俗就把一切都调整好了。原始社会的生产力水平十分低下,人们只能共同生活和生产,依靠集体的力量维持生存,社会中争端比较少,相应的社会调整也是最简单的,主要依靠非正式的社会调整,自己解决争端。因此,原始社会中的习俗承担社会调整的功能,无须更复杂、高级的调整方式。社会调整主要是内在的,人们遵守规则主要发于内在的自发性和习惯。这种简单的社会调节方式不仅仅取决于公有制的经济制度,还受当时人们思想发展水平的制约。原始社会的社会调整不仅受到社会经济状况的影响,而且受到社会组织状况的影响。在原始社会,伊富高人的亲属制度在社会调整过程中发挥着重要作用,这样的社会团体能够协调亲属之间的关系,化解彼此之间的矛盾,维护社会的生活秩序,在营造良好的环境方面起着重要作用。

【思考讨论】

1. 根据以上案例分析影响原始社会社会稳定的因素有哪些。

2. 原始社会的调整方式呈现出哪些特点?

(二)法的产生过程

【案例2】皋陶做"象刑"和"士"

从中国的历史看,根据《史记·五帝本纪》记载,尧帝时,由于生产力水平比较低下,剩余产品十分有限,生产资料大体属于公有,社会财富平均分配,贫富差距不大。在舜帝辅佐尧帝的 20 年间,各氏族部落的生产能力大为提高。到舜帝继位时,货物交换更为频繁,剩余产品逐渐增加,于是部落首领开始拥有私产,而且,部落首领与部落百姓之间出现贫富差距。为了管理和解决逐渐出现的各种社会矛盾,设官分职开始出现。和法的起源密切相关的是舜帝起用皋陶做"士",即任司法官吏,掌管司法和军事,制定五刑。同时《舜典》中还记载了"象刑"制度,表现出法的萌芽状态。根据古棣和周英先生的说法,"象刑"是"法庭"到刑事法庭的过渡。《舜典》"象以典刑",据古人解释,"象刑"是与肉刑相对而言的,是一种耻辱刑,即"异章服,耻辱其形象,谓之象刑"。"象刑"分为五刑:以蒙巾当墨,以草缨当劓,以菲履当刖,以艾鞴当宫,布衣无领当大辟。象刑的出现,是由于贫富分化导致贫富之间、富者之间矛盾重重,原始社会的道德关系再难以维持。在奴隶主阶级和国家形成之前,在人类即将进入阶级社会的过渡时期,"象刑"合乎规律地出现了。"象刑"已经带有强制性,但主要还是靠舆论谴责来保证实施,随着阶级社会的确立,五种象刑就变成肉刑即权隶制的五刑。到舜帝执政的下半期,已经不再实行"象刑"。而部落议事会议的机构,也越来越像国家了。

(来源:找法网 http://china.findlaw.cn/)

【案例分析】

从《史记》《尚书》中的记载中可以看出,法的产生是生产力发展的必然结果。生产力的发展是法产生的根本原因和主要推动力,伴随着历史的发展,生产力的进步,法应运而生。从原始社会末期开始,生产力的不断发展引起三次大的社会分工,这三次社会大分工又促进了交换的发展。生产方式的变革极大地推动了生产力的解放和进步,进而实现了生产力的发展进步,为法的产生提供源源不断的物质基础和保障。在这个过程中,产生了私有制,个人财富不断积累,导致了阶级的诞生,原始社会的经济结构和社会结构都发生了根本性的变化,对立阶级之间不断产生矛盾和冲突,为了协调两者之间的矛盾,就需要一个凌驾于社会之上的力量,把这种阶级冲突限定在秩序的范围之内,这样就产生了以国家强制力为保障的国家和法律。

【思考讨论】

1. 结合案例分析法是如何产生的。

2. 影响法律产生的影响因素有哪些?

(三)法产生的标志

【案例3】禹舜时期的社会状况

《史记·五帝本纪》记载,黄帝之后,另有五帝,其中最重要者为唐尧和禹舜,在舜继位后,生产能力大大提高,剩余产品增加,交换逐渐频繁,开始拥有私产的部落首领与部落百姓间出现贫富差距。为了管理和解决逐渐出现的各种社会矛盾,开始设官分职。在禹舜时期,社会中出现了一种重要的国家机器。禹舜在中央设置了九个官职,在地方设了二十四个官职,他们显示着"国家机构"的成立。这时出现了相互配合的权力系统,无论中央还是地方都形成了自己独属的权力。他起用禹任司空,主管治水,掌管内政;用弃做后稷,掌管农业;用契做司徒,掌管教化;用垂做共工,掌工程兴建;用益做虞,治理山川;用伯夷作秩宗,掌管礼仪、祭祀,掌管渔猎;用龙做纳言,传送诏令,接待宾客;舜起用皋陶,制定五刑。在地方上,舜设立四岳十二牧,对地方事务进行管理。尧舜时期对社会生活的改造和调整,对地方事务和官职设置的专门化和分工化,极大地提高了社会的管理效率和实效,推动社会变革和相关法的完善和发展,滋生了法的萌芽。它为我们了解和研究古代法产生的历程提供了线索或信息,创造了我国远古时代灿烂的法律文化。

(来源:找法网 http://china. findlaw. cn/)

【案例分析】

从上述案例中,我们可以大致勾勒出法产生的标志。1. 国家的产生使正在形成的私有制获得了社会的普遍承认,并得到国家强制力的保证,从而使"法"这种新的行为规则具有物质保障。原始社会组织的解体的直接促进了国家的出现,法开始产生。2. 出现权利和义务的划分。原始社会时期,人们依据氏族习惯行事,在一般情况下没有所谓的的权利和义务。后来,社会中出现了"你的""我的"这些私有观念和私有财产,这种区分表明权利和义务的相互分离,这种现状的产生也是法律产生的条件,因为法对人们行为的调控必须以权利和义务的分离为条件。3. 出现专门解决纠纷的机关。原始社会时期,没有诉讼和审判,氏族内部的纠纷大多由当事人自主解决。而部落之间的纠纷常常诉诸武力,以复仇和战争的形式结束。后来随着生产力的发展,对于很多重大的冲突,当事人很难去解决,于是渐渐出现了专门的组织对纠纷进行裁判,随着专门裁判机构的产生,在其行使权力过程中形成了一定的诉讼程序。专门的诉讼机构和诉讼程序的出现是法律活动专门化产生的重要标志。

【思考讨论】

结合案例分析法产生的标志体现在哪几个方面,最根本的标志是哪个? 其对法的产生有哪些突出的意义?

二、法的本质

(一)法是统治阶级意志的体现

【案例4】清朝"严刑峻法"

1755 年,清朝文人胡中藻写了《坚磨生诗钞》一文。其中有"一把心肠论浊清""与一世争在丑夷""斯文预被蛮"的语句。清朝政府认为,这些语句实为含沙射影,在"清"的国号上加"浊"字,并且使用"夷""蛮"等字,是诋毁谩骂满人的意思。清朝政府认定,胡中藻犯有诋骂满人的罪行,于是,将胡中藻处以死刑,对其家人也实行了连带责任制,这极大地限制了人们的思想自由,危害人民的生命和人身安全。后来,祝庭舒因为在《续三字经》中写有"发被左,衣冠更。难华夏,遍地僧"等字句,被认定为反清复明,犯有重罪,被凌迟处死。冯王孙同样因为在《五经简咏》写有"飞龙大小见,亢悔更何年"等字句,石单槐在《茶园诗钞》中写有"大道日以没,谁与相维持"等字句,被判触犯刑律,或者处以戮尸,或者处以凌迟。此外,1761 年,清朝政府规定了"江洋大盗"的罪名极其刑罚。这条规定指出,凡在滨海或沿江行劫客船的,均应定为"江洋大盗",只要抢到财物,不论是首犯还是从犯,皆处以死刑。后来到了嘉庆、道光年间,对江洋大盗的处罚更重。一经查获,立即斩首示众。如果拒捕杀人,立即凌迟处死。

(来源:找法网 http://china. findlaw. cn/)

【案例分析】

中国古代几乎所有的封建王朝的法律,均反映和维护封建统治阶级的利益,维护封建等级特权。清代文字狱是清代统治者加强思想和文化控制的反动措施之一。清代统治者为防止和镇压知识分子和汉人的反抗,从其作品中摘取字句,罗织罪名,构成冤狱。清代文字狱贯穿整个清代250年左右。文人学士在文字中稍露不满,或皇帝疑惑文字中有讥讪清朝的内容,即兴大狱,常常广事株连。清代的文字狱保守估计有200余起。一方面,清帝大施文字狱可以维护自己的统治,打击异己分子,为镇压对自己统治不利的的思想言论而制造出一些因言论而获罪的案件。另一方面,这恰恰反映出法律是统治阶级意志体现这一本质。例如自隋唐以后就出现了"十恶"之规定,"十恶"就是十种直接危害封建统治的不可饶恕的严重犯罪行为,此源于《北齐律》的"重罪十条"。隋开皇律在"重罪十条"的基础上加以损益,最终确立了"十恶"制度。隋朝皇律"十恶"的制定是统治阶级意志的体现,十恶规范被统治阶级的行为,从根本上维护了统治阶级的利益。

【思考讨论】

1. 结合案例分析封建时期的严刑峻法如何维护统治阶级的意志。

2. 简要分析封建时期法律在社会生活中的地位和作用。

【案例5】《爱国者法》的制定

2001年"9·11"恐怖袭击事件发生后不久,美国国会通过《爱国者法》,作为反恐行动的法律依据,其中一些重要条款本应在2005年年底到期。美国政府希望《爱国者法》成为永久性法律。但是由于一些国会议员认为这一法律中某些条款赋予执法部门过大的权力,侵害了公民的人身自由,这一愿望一直未能如愿。2006年3月7日,美国国会众议院以280票对138票的表决结果,通过了延长《爱国者法》的法案。国会参议院也通过了该法案。据此,《爱国者法》中即将到期的14项条款将永久化,另两项条款的有效期限延长4年。法案还增加了一些保护公民自由权利的条款。2006年3月9日,该法案在布什总统签署后正式生效。布什总统在签署该法案时说,自国会通过《爱国者法》以来,该法律达到了预期的目的。这一法律帮助执法人员发现恐怖组织、粉碎他们的阴谋并挽救美国人的生命。持续到今天,美国现在仍然处于反恐战争之中,美国人民一直深受恐怖主义的袭击和威胁,恐怖主义对人民的生命财产安全造成严重损害。《爱国者法》对于打赢反恐战争、保护人民至关重要。

(来源:找法网 http://china.findlaw.cn/)

【案例分析】

以上案例说明,在是否延长特定时期所颁布的法律效力的问题上,统治阶层并没有完全一致的认识。民权主义者认为,美国《爱国者法》是对民主自由的直接伤害。伊拉克和阿富汗的冲突相当程度上使人们担心恐怖分子还会再度袭击美国本土。在很多人看来,这种担心助长了政府对国土安全问题的本能反应。美国《爱国者法》的铁杆支持者则认为,政府应当采取一切必要的措施保护美国公民不受他们所说的穆斯林激进分子的威胁。即使这意味着人民要放弃民自由,允许普遍的秘密调查,人民也应当接受下来。多数美国人处于争论双方的中间地带,他们认为在动荡的世界中加强国土安全确有必要,但所采取的措施必须适当,要以美国的立国之本为基础。经过美国国会的讨论和决定、美国总统的同意和部署,统治阶级才得以整合出"延长《爱国者法》的效力"的决定,并将这种决定转化成为美国的法律。国会的讨论与表决、总统的统一和签署,都是统治阶层形成共同意见并将这种意见上升为法律的重要环节。正是从这个意义出发,我们才能理解"法"反映了掌握国家权力的阶级即统治阶级"被奉为法律"的意志。

【思考讨论】

1. 结合案例分析法律如何体现统治阶级的意志。

2. 简要概述统治阶级如何运用法律维护自己的统治。

(二)法的内容由一定的物质生活条件决定,符合特定时代背景的需要

【案例6】美国的"谢尔曼法案"

1890 年美国联邦政府通过了第一个联邦反垄断法,被称为"谢尔曼法案"。以后该法案于 1914 年、1936 年、1950 年多次被修订补充。它非但不允许一家公司独霸市场,还禁止几家大企业暗中达成协议,逃避竞争。出台谢尔曼法案是美国采取的第一个限制联合和垄断的措施,该法案是联邦政府最古老的反托拉斯法律。法律中说明:"所有合约,用信托或其他的方式形成联合,抑或共谋,以限制几个州内或者和外国的商业贸易,那么这就被定义为非法。"法律同样说明:"如果任何人进行垄断,或试图进行垄断,或联合任何人或集团进行垄断,或者垄断任何州贸易的部分,抑或联合外国,将被定位为重罪。"法案规定由政府检查机构和地区法庭去追踪并调查信托,以及任何涉嫌违反克莱顿法案,试图扩大反垄断法之下自有权利的公司和组织。"美国政府制定反垄断法不仅仅是为经济,还为了政治,即反对权力过于集中,从而保障民主政权的稳定。甚至出于道德方面考虑。美国

人认为竞争有利于激发人们奋发向上的精神,而垄断可能打击这种精神使人垂头丧气。在该法出台以来的一百多年内,几十家大公司都曾经被控告为垄断经营。

(来源:找法网 http://china.findlaw.cn/)

【案例分析】

马克思说:"法律应该是社会共同的、由一定物质生产方式所产生的利益和需要的表现,而不是个人肆意横行的产物。"由此可知,法的确定,除了由经济基础和生产力来决定,还受统治阶级整体利益的影响。法律就是人类创造出来的,在不同时期依据相应的社会的政治、经济、文化等各方面条件,调整利益和需要并控制和化解冲突的国家标准。所以,对于美国的谢尔曼法案,我们必须深挖它出现的深层次原因,它的出台,绝非是立法者纯粹的智慧,相反,美国资产阶级整体的利益需求和考虑,才是这部法律产生的真正原因。正是为了更好地维护资产阶级的整体利益,调节和避免资产阶级之间的利益冲突,"谢尔曼法案"才应运而生。

【思考讨论】

1. 结合案例分析影响法律产生和发展的因素。

2. 简要概述如何更好地促进法律的完善和发展。

【案例7】《中华人民共和国婚姻法》司法新解释出台

2011年8月12日,最高人民法院召开新闻发布会,通报适用《最高人民法院关于适用〈中华人民共和国婚姻法〉若干问题的解释(三)》的有关情况。《解释》指出,以个人财产支付首付款并在银行贷款,婚后用夫妻共同财产还贷,不动产登记于首付款支付方名下的,人民法院可以判决该不动产归产权登记一方所有。……《最高人民法院关于适用〈中华人民共和国婚姻法〉若干问题的解释(三)》已于2011年7月4日由最高人民法院审判委员会第1525次会议通过,自2011年8月13日起施行。为正确审理婚姻家庭纠纷案件,根据《中华人民共和国婚姻法》《中华人民共和国民事诉讼法》等相关法律规定,对人民法院适用婚姻法的有关问题做出如下解释:第一条,当事人以婚姻法第十条规定以外的情形申请宣告婚姻无效的,人民法院应当判决驳回当事人的申请。当事人以结婚登记程序存在瑕疵为由提起民事诉讼,主张撤销结婚登记的,告知其可以依法申请行政复议或者提起行政诉讼……第七条,无民事行为能力人的配偶有虐待、遗弃等严重损害无民事行为能力一方的人身权利或者财产权益行为,其他有监护资格的人可以依照特别程序要求变更监护关系;变更后的监护人代理无民事行为能力一方提起离婚诉讼的,人民法院应予受理。

（来源：北大法宝 http://vip.chinalawinfo.com/）

【案例分析】

2011 年修订的《婚姻法》施行后,在审判实践中遇到了法律适用的很多疑难问题。数据显示,2008 年全国法院一审受理婚姻家庭纠纷案件共计 1 286 437 件,2009 年为 1 341 029 件,2010 年为 1 374 136 件,案件数量呈逐年上升趋势。2010 年全国法院一审受理离婚案件 1 164 521 件,受理抚养、扶养关系纠纷案件 50 499 件,受理抚育费纠纷案件 24 020 件,受理婚约财产纠纷案件 24 676 件。案件中相对集中地反映出婚前贷款买房、夫妻之间赠与房产、亲子鉴定等争议较大的问题,《婚姻法》的适用标准亟须进一步明确。最高人民法院遂于 2008 年 1 月启动了《婚姻法解释(三)》的起草工作。经过充分论证,特别是在广泛征求、认真汇集社会公众的意见和建议后,审判委员会讨论通过了《婚姻法解释(三)》,在此之后,为了更好地解决我国婚姻状况出现的新情况、新问题,我国于 2011 年对婚姻法又进行全新的司法解释。由此可知,伴随着时代发展,随着我国婚姻问题、婚姻情景的不断变化,婚姻法也在不断地修正和完善,不断地适应特定时代对婚姻法的要求。婚姻法的完善和发展,能够及时有效地为解决婚姻纠纷提供法律依据,提高婚姻纠纷解决的效率,实现家庭和谐和社会稳定。

【思考讨论】

1. 法的本质问题是法理学的重要问题。请结合本案例谈谈对法的本质的认识。

2. 怎么理解法的本质的不同层次的表现？

三、法的基本特征

（一）法是调整人们行为的特殊社会规范

【案例 8】"十块钱"的代价

无业男子宋某现年 41 岁,平时游手好闲,为了筹集"过节费用",便入室盗窃他人财物,令人啼笑皆非的是,宋某只盗窃了十元钱。近日,河南省柘城县人民法院以盗窃罪判处被告人宋某拘役 6 个月,并处罚金人民币 10 000 元。今年元月十日晚上 9 点左右,宋某在柘城县城关镇某小区外溜达时,看到二楼一户人家没有灯光,窗户也没完全关闭,于是从窗户进入室内,翻箱倒柜只找到了十元钱。不料,还没逃离现场,就被外出归来的户主抓获,随后,宋某因涉嫌盗窃罪被公安局刑事拘留,被批捕后,检察院就宋某涉嫌盗窃罪向法院提起公诉。在被告席上,宋某对自己的行为懊悔不已。法院查明,2014 年 12 月 3 日,宋某曾因打架斗殴被派出所处行政拘留七日。法院审理后认为,被告人宋某以非法占有为目的,入户秘密窃取他人财物,其行为已构成盗窃罪,应予惩处。检察院指控被告人宋某犯盗窃罪的事实清楚,证据确实、充分,罪名成立。被告人宋某一贯有劣迹,可酌情从重处罚,遂依法做出上述判决。

(来源:北大法宝 http://vip.chinalawinfo.com/)

【案例分析】

法律具有"概括性"的特点。根据《中华人民共和国刑法》规定:盗窃公私财物,数额较大或者多次入室盗窃、携带凶器盗窃、扒窃的处三年以下有期徒刑、拘役或者管制,并处或者单处罚金;数额巨大或者有其他严重情节的,处三年以上十年以下有期徒刑,并处罚金;数额特别巨大或者有其他特别严重情节的,处十年以上有期徒刑或者无期徒刑,并处罚金或者没收财产。《最高人民法院最高人民检察院关于办理盗窃刑事案件适用法律若干问题的解释》第三条规定:二年内盗窃三次以上的,应当认定为"多次盗窃"。非法进入供他人家庭生活,与外界相对隔离的住所盗窃的,应当认定为"入户盗窃"。在公共场所或者公共交通工具上盗窃他人随身携带的财物,应当认定为"扒窃"。也就是说,即使偷了一块钱也会被判刑,宋某虽然仅仅偷了十元,但其罪行符合上述"入户盗窃"的条件,这就导致其必须接受法律的制裁。

【思考讨论】

1. 结合案例分析法的"概括性"特点。

2. 结合现实分析法体现"概括性"的原因。

【案例 9】法律规范具有"逻辑结构"

法律规范通常由假定、行为模式、法律后果三个部分构成。假定,是指法律规范中规定的适用该法律规范的情况和条件。每一个法律规范都是在一定条件出现的情况下才能适用,而适用这一法律规范的必要条件就称为假定。只有合乎该种条件、出现了该种情况,才能适用该规范。例如《中华人民共和国公司法》(以下简称《公司法》)第 11 条规定:"设立公司必须依法制定公司章程。"该法律规范中,"设立公司"就是假定部分,意指这条法律规范是在设立公司时适用。行为模式是指法律为人们的行为所提供的标准和方向。如上例中关于"必须依法制定公司章程"的规定,就是法律为人们制定的行为模式。法律后果一般是指法律对具有法律意义的行为赋予某种结果。法律后果常常集中表现在一部法律的"法律责任"部分。如《中华人民共和国会计法》(以下简称《会计法》)第43条规定:"伪造、变造会计凭证、会计账簿,编制虚假财务会计报告,构成犯罪的,依法追究刑事责任。"其中的"依法追究刑事责任"就是对伪造、变造会计凭证、会计账簿,编制虚假财务会计报告,构成犯罪的行为的制裁。

(来源:北大法宝 http://vip.chinalawinfo.com/)

【案例分析】

法律规范是一种最发达、最完善的社会规范,它应当具有完整的逻辑结构,这种逻辑结构实际上表现为"如果……,则……;否则……"的公式。假定、行为模式和法律后果即分别体现这三个部分。一部完整的法律规范,上述三个要素都是不可或缺的。但是,如果我们仔细研究一下各种法律文件,就会发现在一条法律条文中把这三个部分都明确表述出来的情况是很少有的。如常常把假定部分省略或没有把假定部分和行为模式明确分开,又或者把法律后果放到另一条文或另一法律文件中。这是为了使立法简明扼要,从立法技术上所做的处理。因此,绝不能把法律规范同法律条文等同起来。另外,在许多重要规范性法律文件中,除了规范性的规定外,往往还有一些非规范性的规定,这是为了帮助人们准确理解和正确适用该法律文件,而它们本身并不是法律规范。

【思考讨论】

1. 法律作为特殊的社会规范,特殊在哪些方面,结合案例进行分析。

2. 简单了解法律的常规逻辑结构。

(二)法是由国家制定或者认可的行为规范

【案例10】《宪法》由国家最高权力机关制定

《中华人民共和国宪法》是中华人民共和国的根本大法,拥有最高法律效力。中华人民共和国成立后,宪法历经巨大的变动。1949年,中国人民政治协商会议第一届全体会议选举了中央人民政府委员会,宣告了中华人民共和国的成立,并且通过了起临时宪法作用的《中国人民政治协商会议共同纲领》。1949年颁布的《中国人民政治协商会议共同纲领》,虽不是真正意义上的宪法,却为宪法的订立奠定了基础。第一部《中华人民共和国宪法》于1954年在第一届全国人民代表大会第一次会议上通过,共4章106条。被称为五四宪法。第二部《中华人民共和国宪法》于1975年在第四届全国人民代表大会第一次会议上通过,共30条,被称为七五宪法。第三部《中华人民共和国宪法》于1978年在第五届全国人民代表大会第一次会议上通过,共4章60条。被称为七八宪法。1982年,中华人民共和国第四部宪法在第五届全国人大第五次会议上正式通过并根据1988年第七届全国人民代表大会第一次会议通过的《中华人民共和国宪法修正案》、1993年第八届全国人民代表大会第一次会议通过的《中华人民共和国宪法修正案》、1999年第九届全国人民代表大会第二次会议通过的《中华人民共和国宪法修正案》和2004年第十届全国人民代表大会第二次会议通过的《中华人民共和国宪法修正案》进行了修正。这些宪法的制定和修改只有全国人民代表大会有权进行,并由全国人民代表大会发布公告,予以公布实施。

(来源:找法网 http://china.findlaw.cn/)

【案例分析】

宪法是国家的根本大法,通常规定一个国家的社会制度和国家制度的基本原则、国家机关的组织和活动的基本原则,公民的基本权利和义务等重要内容,有的还规定国旗、国歌、国徽和首都以及统治阶级认为重要的其他制度,涉及国家生活的各个方面。宪法具有最高法律效力,是制定其他法律的依据,一切法律、法规都不得同宪法相抵触。宪法作为国家的根本大法,它的出台从决定起草到法草案的拟定,从草案的讨论修改到草案的通过,都是由国家最高权力机关完成的。立法又是国家的重要职权,人大作为代表人民利益的最高权力机构分配权利和义务,通过向社会公布法律草案征求意见的形式推进民主立法和科学立法。纵观整个宪法的发展历程,整个宪法的修正都是由国家最高权力机关,即全国人民代表大会进行的。

【思考讨论】

1. 结合案例分析宪法制定的相关程序。

2. 简要了解宪法在国家法律中的地位和作用。

【案例11】2013年《中华人民共和国消费者权益保护法修正案》由全国人大常委会制定

《中华人民共和国消费者权益保护法》是维护全体公民消费权益的法律规范的总称,是为了保护消费者的合法权益,维护社会经济秩序稳定,促进社会主义市场经济健康发展而制定的一部法律。2014年3月15日,由全国人大修订的新版《消费者权益保护法》(简称"新消法")正式实施。《消费者权益保护法》分总则、消费者的权利、经营者的义务、国家对消费者合法权益的保护、消费者组织、争议的解决、法律责任、附则,共8章63条。《消费者权益保护法》的基本原则是指贯穿该法的内容及整个调整过程的总的指导思想或总的指导方针,是国家处理有关消费者问题,对相关社会关系进行法律调整的基本准则;是贯穿于消费者权益保护的立法、司法以及消费活动的每一个环节,反映市场经济条件下,国家保护消费者权益的根本宗旨;是消法实施 20 年来的首次全面修改。在此法的修正过程中,全国人大常委会法制工作委员会收集并公布了社会公众对《消费者权益保护法修正草案》的意见。全国人大"原汁原味"地公布了公众关于《消费者权益保护法修正案草案》的意见,梳理并呈现了来自网民的意见、群众来信。这期间,全国人大相关部门还联合召开座谈会,分别听取了专家和社会公众的意见。这堪称一次民主立法、科学立法的生动实践。

(来源:找法网 http://china.findlaw.cn/)

【案例分析】

《消费者权益保护法》作为国家基本法律之外的其他法律,是经过多方采取民意,在全国人大常委会的组织和监督下制定完成的。该法案的修订主要从四个方面完善消费者权益保护制度,维护消费者的合法权益,如强化经营者的义务,规范网络购物等新的消费方式,加强消费者协会公益诉讼制度建设以及完善消费者个人信息维护等。这次保护法的制定实施严格遵循既定程序,由全国人大常务委员会领导修改。它为打击假冒伪劣、提高产品质量提供了有力的法律保障。它还是维护市场秩序的一个重要手段,这就以法的形式对生产经营者和消费者的相互关系与市场行为作了规范,对保护消费者的权益,规范经营者的行为,维护社会经济秩序,促进社会主义市场经济健康发展具有十分重要的意义。

【思考问题】

结合相关材料,了解目前我国各地方、各部门的立法权限。

【案例 12】诉讼法中各法律关系主体之间的权利义务关系

浙江省杭州市人民检察院指控:2013 年 10 月,淳安县民政局责令被害人詹某(女,1934 年 6 月 26 日出生)及其家人将被害人丈夫的坟墓迁入本村集体公墓。被害人詹某怀疑是被告人蒋某举报而心生不满,多次找被告人吵闹。同年 10 月 15 日上午 6 时许,被害人詹某再次到被告人蒋某家里,与被告人的母亲余某(女,1929 年 8 月 14 日出生)发生争执、扭打并双双倒地。倒地后两人仍互相推搡。被告人蒋某见状,将被害人詹某拖拉至门口处,并推出门外,造成被害人詹某头部撞击水泥地面受伤。被告人蒋某随即又将母亲余某拖起推出门外。被害人詹某于同年 11 月 20 日医治无效死亡。(经法医鉴定,系减速运动致严重颅脑损伤死亡)。事后,蒋某投案自首,公安机关依法对犯罪嫌疑人进行了拘留。拘留后,蒋某提出要聘请律师为他辩护,开庭审判前,审判人员告知被告人蒋某有权委托辩护人为其辩护。蒋某认为自己杀了人,罪行严重,请了辩护人也难免一死,故表明不请辩护人。法律考虑到蒋某罪行严重,有可能被判处死刑,被告人虽表示不委托辩护人,法院还是指定了律师为其辩护。

(来源:找法网 http://china.findlaw.cn/)

【案例分析】

本案反映了一桩刑事案件中犯罪嫌疑人与公安机关、被告人和法院之间在不同的诉讼阶段表现出的权利义务关系。刑事诉讼法规定了诉讼过程中诉讼当事人及其代理人、国家审判机关、检察机关等诉讼主体的权利和义务。在本案中,詹某违规建坟有错在先,又因被政府部门查处,无端猜忌并迁怒于实施正当举报行为的蒋某,多次至蒋的住处滋扰、辱骂,并于案发当日进入蒋宅内部引起纷争,在本案的起因及矛盾激化方面负有重大过错。公安机关在接报警及初查后已掌握詹某在蒋某家中受伤的主要事实,因当时不符刑事立案标准而作为治安管理案件处理;在被口头传唤第一次接受询问时,蒋某亦未如实供述罪行,故蒋某既无投案行为,又无接受法律惩处的主动性和自愿性,依法不能认定自首。但考虑到被告人蒋某到案后认罪态度诚恳、其亲属能代为赔偿部分经济损失,可对其从轻处罚,蒋某已被拘留,他有权聘请律师为其提供法律咨询、辩护等权利,与之对应,公安机关有义务告知犯罪嫌疑人此项权利,因此,公安机关同意他聘请律师,这样可以保护被告人的合法权利,保证死刑案件的正确处理。

【思考讨论】

1. 结合以上案例说明不同法律类型规定的权利义务关系。

2. 简单概述诉讼法的主要内容。

(四)法是由国家强制力保证实施的

【案例 13】肆意传播"非典"的后果

今年 36 岁的刘某是河南省唐河县张店镇牛园村农民。今年 4 月,刘某在山西太原打工期间患上非典,太原方面要求其就地隔离治疗,但他不顾政府有关规定,于 4 月 19 日突然从被隔离治疗的医院逃出。太原警方紧急追踪,在从太原开往南阳的火车上将刘某截留,强制送往就近的山西临汾市传染病医院进行隔离治疗。但刘某仍不安心配合治疗,4 月 23 日夜间再次从隔离治疗医院破窗逃跑。当夜,临汾警方根据掌握的情况,迅速通过河南省公安厅向南阳市发出了协查警报。

南阳市和唐河县公安局立即抽调人员,对刘某可能出现的地方进行布控、检查。4月24日晨7时,刚刚回家的刘某,被警方强行送往唐河县人民医院进行隔离治疗。唐河县卫生防疫站和县公安局共同调查认定,刘某逃离太原、临汾乘火车回到南阳期间,在火车上恶意接触19人,在唐河县恶意接触20人。经有关部门共同努力,目前其接触过的所有人员已全部被隔离观察。河南省唐河县医院收治的非典患者刘某康复出院后,随即被唐河县公安局办案人员带上了警车。警方以其涉嫌妨害传染病防治罪,依法将其刑事拘留。

（来源:找法网 http://china.findlaw.cn/）

【案例分析】

强行性规则为社会关系参加者规定了明确的行为模式,且参加者不得自行变更其内容。依《传染病防治法》及其《实施办法》相关条款,"非典"病人、"非典"疑似病人及与他们密切接触者有义务接受隔离,违反上述规定的被隔离人员,有关部门应对他进行劝阻和制止,必要时公安部门应协助医疗机构进行强制隔离;违反行政法规的应依法进行处罚,如罚款(5000 元 ~ 20 000 元)等;构成犯罪的,如引起甲类传染病传播或者有传播严重危险的,依法追究其刑事责任,处三年以下有期徒刑或者拘役,后果特别严重的,处三年以上七年以下有期徒刑。刘保成拒绝履行接受隔离治疗的义务,有关部门依法靠强制力强迫其履行义务,让其承担因违反法律义务引起的法律责任。

【思考讨论】

1. 结合以上案例分析国家强制力对法实施的作用。

2. 简单概述国家强制力对法律保障作用的具体表现形式。

【案例 14】抗税案

马某,男,1933 年生,彝族,云南省宁蒗县人,无业。马某于 1998 年 9 月 1 日伙同沙石万、何文忠为了谋取利益,在宁蒗县新营盘乡毛家村收购苹果运往昆明销售。9 月 25 日 15 时左右马某途经武定县农业特产税查验征收站,经查验,农税干部发现马某欠缴 2500 公斤苹果的税款,责令其补交。马某不但不交,反而用拳头、板凳、砖头等物品将农税干部打跑,最后开车逃离现场,当公安机关赶到时被告人马某仍采取同样手段殴打公安人员,造成农税干部、公安干警一人轻伤,二人甲级轻微伤,一人乙级轻微伤的严重后果。云南省武定县人民检察院认为被告人马某的行为触犯了刑法第 202 条和全国人大常委会《关于惩治偷税、抗税犯罪的补充规定》第 6 条之规定,构成抗税罪,请求法院依法判处,对其进行相应的处罚。

最终,法院判决马某犯抗税罪,判处有期徒刑 1 年零 6 个月。马某赔偿龙云海、廖跃先、张祖洪三人医疗费 5595 元,限当年 12 月 31 日之前付清。

(来源:找法网 http://china.findlaw.cn/)

【案例分析】

纳税是公民应尽的义务,任何公民以各种方式不履行法律义务,国家将强制其履行法定的义务。法的国家强制性,既表现为国家对违法行为的否定和制裁,也表现为对合法行为的保护。规则是否具有国家强制力是衡量其是否是法的决定性标准。正如德国法学家耶林所言,没有国家强制力的法律规则是"一把不燃烧的火,一缕不发亮的光"。马某逃税漏税,还抗税,打伤公安干警,严重触犯了法律,如果不对其进行相关的法律处罚,会大大危害法律的权威,严重损害社会和人民的相关利益。因此,这时候必须依靠国家强制力对其依法进行制裁,按照相应的法律条款对其进行相关的量刑,为社会提供警示的范例和反面教材,有效规范纳税行为,营造良好的社会风气。

【思考讨论】

1. 简要分析上述案例如何体现法律由国家强制力保障实施。

2. 阐释怎样运用国家强制力去保障法律的贯彻实施。

第二节　法的传承和演变

【本节要点】

法律移植是指一个国家对同时代其他国家法律制度的吸收和借鉴。它所表达的基本意思是:在鉴别、认同、调适、整合的基础上,引进、吸收、采纳、摄取、同化外国的法律,使之成为本国法律体系的有机组成部分,为本国所用。法的继承是不同历史类型的法律制度之间的延续和继受,一般表现为旧法对新法的影响和新法对旧法的承接和继受。法的继承是客观存在的,法就是在继承中发展的。法作为文化现象,其发展表现为文化积累的过程,其继承是不可避免的。法的阶级性并不排斥法的继承性,社会主义法可以而且必然要借鉴资本主义法和其他类型的法。

法的类型复杂多样,主要分为奴隶制法、封建制法和资本主义法律制度。奴隶制法的特征包括确认并用极其残酷的刑法维护奴隶主的私有制,公开规定奴隶主、自由民、奴隶之间的不平等地位,大多保留了原始社会中维护奴隶主阶级利益的某些行为规范。封建制法的特征包括维护地主阶级的土地所有制,确认农民对封建地主的依附关系,确认和维护封建制度。资本主义法律制度的特征主要包括确认和维护以剥削雇佣劳动为基础的资本主义私有制以及资产阶级议会民主制,维护资产阶级的政治统治,确认和维护资产阶级的自由、平等和人权等。

法系是具有共同法律传统的若干国家和地区的法律,它是一种超越若干国家和地区的法律现象的总称。当代世界主要法系有三个:大陆法系、英美法系、以前苏联和东欧国家的法律为代表的社会主义法系。大陆法系和英美法系是当前世界的两大法系,存在很大的区别,主要表现为法律渊源不同、法典编纂的不同、法律分类的不同以及诉讼程序的不同。

一、法的继承和移植

（一）法的继承

【案例1】人民调解制度的历史继承

人民调解是一项具有中国特色的,化解矛盾、消除纷争的非诉讼纠纷解决方式的法律制度。人民调解植根于"息诉止讼"的中国传统文化,是我国人民独创的化解矛盾、消除纠纷的非诉讼纠纷解决方式。儒家文化和历代统治者崇尚"无诉是求",其目的是追求一种"和谐社会",进而实现"无讼世界",这是一种理想化的境界。然而,在现实中却难以避免客观存在的各种纷争和矛盾,为了缩小理想和现实之间的差距,实现"贵和持中"和秩序稳定,统治阶层不得不探索一些"无讼"的途径和模式。于是,历朝历代都以"无诉是求"为理念,建立了"调处息争"的法律机制。中国古代通过"调处息争",解决纠纷的制度叫"和息"或"和对",亦即调解。我国古代调解制度,依调解主持人身份的不同,主要可以分为官方调解、半官方调解与民间调解三种。正是立足我国悠久的人民调解历史,我国现在设立了100多万个调解委员会,其职责是依照社会公德、法律及乡规对一些民事纠纷和轻微刑事案件进行调解,最终在当事人相互谅解的基础上达成协议。这一制度的实施,确实对家庭和睦、邻里团结起到了积极的作用。

（来源:找法网 http://china.findlaw.cn/）

【案例分析】

中国一直以来崇尚"中庸"的道德理念,这在《尚书》《易经》及出土的文物中都有所证明。西周时期的青铜器上就已经印刻着"不中不刑"的铭文,指的是不公正的话不能够判刑,种种迹象表明当时尚中的道德理念已经深深融入司法领域,成为法律制定的一种道德影响因素了。在《论语》中,孔子也曾说过,"刑罚不中,民无所措手足",强调司法公正在治理好民众中的重要作用。正是从"中"至德出发,中国传统社会一直崇尚和为贵的价值目标,这也成为处理各种社会关系和矛盾的重要标准。就这样,民间调解成为一种传统,"中庸"和"慎刑"成为调剂社会关系的基本途径,传统的文化调节和整理是维系社会稳定的安定因素,对中国社会的民间调解产生深远影响,并流传至今。

【思考讨论】

1. 结合案例理解法律继承的深刻内涵。

2. 如何更好地吸收借鉴前人创造的法律文化促进社会主义法制建设?

【案例2】我国古代的诉讼管理制度

在中国传统社会,一些特定身份的当事人参与诉讼时受到法律限制。通常,他们必须由人代理诉讼。这种诉讼代理历史久远。太平兴国二年(977年)北宋朝廷重宣上引唐律之前,老人尚可参与诉讼,但不久便受限制,《宋会要辑稿》记载:"明年(乾德三年,965年)六月三日,宋州观察判官何保枢上言:民争讼婚田,多令七十以上家长陈状,自今应年七十以上,不得论讼,须令以次家人陈状如实。无他丁而孤老……不在此限。从之。"第二年六月,朝廷再次申明,凡七十以上的老人争讼婚田,由家人陈状。宋代法律由此确立老人应由家人代理民事诉讼。后期一些地方性法规对上述法律作了扩充。如成书于北宋徽宗政和年间的《作邑自箴》规定:"百姓年七十以上或笃疾及有孕妇人,不得为状头。"南宋抚州《词讼约束》规定:"非单独无子孙孤孀,辄以妇女出名,不受。"这些地方法规将诉讼资格受限的范围由老人、笃疾扩大到妇女。这些人涉讼(不限于户婚等细故案件),事实上得由他人代理诉讼。

(来源:找法网 http://china.findlaw.cn/)

【案例分析】

我国现行法律中的诉讼代理制度是继承古代法中的相关制度而延续下来的。我国古代的诉讼代理源于西周。西周时期的诉讼代理,始见于《周礼》:"凡命夫命妇不躬坐狱讼。"《周礼疏》曰:"古者取囚要辞,皆对坐。治狱之吏皆有威严,恐狱吏褒,故不使命夫命妇亲坐。若取辞之时,不得不坐,当使其属子或子弟代坐也。"表明贵族上层人士可以请人或者命令其家臣代理参加诉讼。类似制度在《左传僖公二十八年》亦有记载:"僖公二十八年(公元前632年),卫侯与元喧讼,宁武子为辅,针庄子为坐,士荣为大士。"因卫侯为君,元喧为臣,卫侯遂派人代理出庭。此后至唐宋,未见有关诉讼代理的成文法规定。平民的诉讼,除有条件的老废笃疾者以怜恤之外,是不准有诉讼代理人的。由此可知,周朝的诉讼代理是为维护奴隶主贵族的特权而设立的,是奴隶主阶级意志在司法活动中的一种表现。另外,在考古发现的地下文物中,也证实了西周存在诉讼代理的情形。

【思考讨论】

结合案例分析我国现行诉讼代理制度的历史渊源

(二)法的移植

【案例3】罪刑法定原则"引入"中国

罪刑法定,就是法院在判定一个人是否犯罪以及判处何种刑罚,必须依照法律的明确规定,不能随意判案。具体说,只有法律将某一种行为明文规定为犯罪的,才能对这种行为定罪。判定某一行为是否构成犯罪,必须严格按照法律规定的条件和标准,不符合法律规定的条件和要求的,不能对其任意解释、推测而定为有罪,并且在罪名的认定上也要按照法律的规定,法律规定是什么罪,就定什么罪。同时,对于犯罪的处罚,即判什么刑,也必须严格按照法律规定的量刑标准,轻罪轻判,重罪重判,不能轻罪重判,重罪轻判。1979年制定的《刑法》,由于当时历史条件,规定了与罪刑法定相对称的类推适用,"本法分则没有明文规定的犯罪,可以比照本法分则最相似的条文定罪判刑,但是应当报请最高人民法院核准"(第79条)。1997年修订后的《中华人民共和国刑法》第3条规定:"法律明文规定为犯罪行为的,依照法律定罪处刑;法律没有明文规定为犯罪行为的,不得定罪处刑。"原刑法规定的"类推适用"被删除。在中国刑事立法史上,这一修改是一个重大的进步,受到社会舆论的普遍赞扬。

(来源:找法网 http://china. findlaw. cn/)

【案例分析】

罪刑法定原则也是我国积极借鉴其他国家法律文化的鲜明体现。意大利的贝卡利亚在1764年因发表《论犯罪和刑罚》小册子而名闻全欧,被后人奉为刑事古典学派创始人。他的著作《论犯罪与刑罚》在整个欧洲有相当大的影响力。他呼吁以更人道的方式对待囚犯,呼吁改革法律并改善监狱环境,提出很多进步性的刑事学说,其中之一就是罪刑法定原则,即犯罪和刑罚应有明确的规定,法官不作任何解释,不容许类推。1978 年的法国《人权宣言》第 8 条规定:"法律只应规定确实需要和显然不可少的刑罚,而且除非根据在犯法前已经通过并且公布的法律而合法地受到科处,不得处罚任何人。"第 1 条已将"罪刑法定"于"法律不溯及过往"的原则联系在一起。1949 年联合国通过《世界人权宣言》以及 1966 年联合国通过的《公民权利和政治权利国际公约》都规定了"罪刑法定"的原则。汲取别国、别的民族法律文化的精华适用于我国国情,对于当前全面深化法制改革至关重要。

【思考讨论】

1. 结合材料理解"罪刑法定"原则的内涵。

2. 阐述"罪刑法定"原则引入我国的历史脉络。

【案例 4】中国辩诉交易第一案

2000 年 12 月 18 日晚被告人孟某在黑龙江省绥芬河火车站北场内,因车辆争道问题与吊车司机王某发生争执,继而发生激烈的争吵。孟某打电话叫来六个人,与王某等人发生了互殴。被害人王某小腿骨折、脾脏破裂,被鉴定为重伤。案发 15 个月后公安机关没能抓到孟某同案的其他人。公诉机关牡丹江铁路运输检察院欲以故意伤害罪起诉孟某。孟某应对找人行凶并造成王某重伤的结果承担主要责任,但控辩双方意见严重分歧。为解决问题,公诉方建议辩方同意采用案件管辖法院准备试用的辩诉交易方式审理本案。辩护人征得孟某的同意,向公诉机关提出了辩诉交易申请。经双方协商:辩方同意认罪,并自愿承担民事责任;控方同意建议法院对被告人适用缓刑从轻处罚。协议达成后,公诉机关向法院提交了辩诉交易申请,请求法院对双方达成的辩诉交易予以确认。牡丹江铁路运输法院收到该申请,对辩诉交易程序进行严格审查后,决定受理。开庭前,合议庭组织被告人和被害人双方就附带民事赔偿进行庭前调解,达成赔偿人民币 4 万元的协议。2002 年 4 月 11 日,牡丹江铁路运输法院开庭审理此案。法庭休庭合议后,当庭宣判:孟某犯故意伤害罪判处有期徒刑三年,缓刑三年。这起国内第一例试用辩诉交易方式审理的刑事案开庭时间仅用了 25 分钟。对于法院的判决结果,被害人和被告人都表示非常满意。

(来源:找法网 http://china.findlaw.cn/)

【案例分析】

本案是我国移植美国"诉讼交易"司法制度的范例。所谓辩诉交易，又称辩诉协商或者辩诉协议，意为诉讼中辩控双方可就被告人的罪责问题进行讨价还价。根据美国权威的《布莱克法律辞典》的解释，辩诉交易是指刑事被告人就较轻的罪名或者数项指控中的一项或几项做出有罪答辩以换取检察官的某种让步，通常是获得较轻的判决或者撤销其他指控的情况下，检察官和被告人之间经过协商达成的协议。辩诉交易产生于19世纪的美国，其目的主要是为了解决因犯罪率激增而导致的刑事案件积压和司法拖延的问题。这一案件是我国借鉴和移植西方法律制度的典型表现，体现了不同文明之间的相互借鉴，但是具体到我国的现实国情，这种辩诉交易制度能否应用到我国仍值得商榷。

【思考讨论】

1. 结合案例分析法律移植的相关概念界定。

2. 如何更好地吸收借鉴其他民族、国家的法律制度？

二、法的历史类型

（一）法具体的历史类型

【案例5】中西方的奴隶制法

《十二铜表法》维护奴隶主的利益

第三表　执行

六、在第三次牵债务人至广场后，如仍无人代为清偿或保证，债权人得将债务人卖于台伯河(Tiber)外的外国或杀死之。

七、如债权人有数人时，得分割债务人的肢体进行分配，纵未按债额比例切块，亦不以为罪。

第四表　家长权

三、家长如三次出卖其子的，该子即脱离家长权而获得解放。

四、夫得向妻索回钥匙，令其随带自身物件，将其逐出。

第五表　继承和监护

一、除维斯塔(VeEta)贞女外，妇女终身受监护。

十一、以遗嘱解放奴隶而以支付一定金额给继承人为条件的，则该奴隶在付足金额后，即取得自由；如该奴隶已被转让，则在付给让受人以该金额后，亦即取得自由。

第八表　私犯

一、以文字诽谤他人,或公然歌唱侮辱他人的歌词的,处死刑。

二、毁伤他人肢体而不能和解的,他人亦得依同态复仇而"毁伤其形体"(原文为 memberum rupEit)。

三、折断自由人一骨的,处 300 阿斯的罚金;如被害人为奴隶,处 150 阿斯的罚金。

四、对人施行其他强暴行为的,处 25 阿斯的罚金。

第十一表　前五表的补充

一、平民和贵族,不得通婚。

—《十二铜表法》

殷人尊神,率民以事神

—《礼记》

普天之下莫非王土,率土之滨莫非王臣

—《诗经》

用命,赏于祖;弗用命,戮于社。

—《书·甘誓》

欲左,左。欲右,右。不用命,乃入吾网

—《史记·殷本纪》

(来源:找法网 http://china. findlaw. cn/)

【案例分析】

从上面的案例中我们可以归纳出奴隶制法的特征:

1. 确认并用极其残酷的刑法维护奴隶主的私有制。特别是维护奴隶主占有生产资料和生产者——奴隶。奴隶主不仅直接掠夺奴隶的劳动成果,而且完全占有奴隶的人身。在法律上,奴隶不是权利主体,而是权利客体——物。奴隶主可以任意处置奴隶,就像处置自己的所有物一样,可以买卖、赠与、继承,甚至屠杀和充作殉葬品。

2. 公开规定自由民之间的不平等地位。奴隶制法不仅明确规定了奴隶的无权地位,也明确划分了自由民内部的不同等级以及他们在法律上的不同地位。中国古代的礼,严格划分了统治者与被统治者的界限,维护着奴隶主贵族的特权地位和奴隶主内部上下等级之间的关系。

3. 大多保留了适合于奴隶主阶级利益的原始社会的某些行为规范的遗迹。

如埃及、巴比伦、中国等一些古代东方国家较长时期地保留着以国王为代表的奴隶主集体占有土地和奴隶的公有制;在刑法方面,原始社会的同态复仇,即以命偿命、以伤抵伤的痕迹在奴隶制法中也有反映。

【思考讨论】

1. 结合案例深入理解奴隶制法的基本特征。

2. 探讨中西方奴隶制法的差异性。

【案例6】中西方的封建制法

法者,所以兴功惧暴也;律者,所以定纷止争也。

——《商君书》

法不阿贵,绳不挠曲。法之所加,智者弗能辞,勇者弗敢争。刑过不避大臣,赏善不遗匹夫。故矫上之失,诘下之邪,治乱决缪,绌羡齐非,一民之轨,莫如法。

——《韩非子·有度》

夫人臣之侵其主也,如地形焉,即渐以往,使人主失端,东西易面而不自知。故先王立司南以端朝夕。故明主使其群臣不游意于法之外,不为惠于法之内,动无非法。峻法,所以凌过游外私也;严刑,所以遂令惩下也。威不贰错,制不共门。威、制共,则众邪彰矣;法不信,则君行危矣;刑不断,则邪不胜矣。

——《韩非子·有度》

(来源:找法网 http://china.findlaw.cn/)

【案例分析】

封建制法是指封建制国家制定或认可,并以国家强制力保证实施的行为规范的总和。封建制法存在的历史悠久,具有相同的特征。通过上面的案例,我们可以归纳出封建制法的共同特征。

1. 维护地主阶级的土地所有制,确认农民对封建地主的依附关系,严格保护封建土地的所有权。封建制法的所有规定,归根结底都是为保护它的经济基础——封建土地所有制这个根本任务服务的。

2. 确认和维护封建等级特权。在封建社会里,除了阶级外,还存在等级划分。等级是以占有土地多少和权力大小来划分的。国王(皇帝)是一国最大的地主,高踞于封建等级的顶端,将全国土地分封所属诸侯,诸侯再将领地封赐所属家臣,形成一个自上而下的阶梯式封建等级。

3. 刑罚酷烈,罪名繁多,滥施肉刑,广为株连,野蛮擅断。封建制法继承了奴隶制法的刑罚制度,在封建社会,春秋战国时期仍然以五刑为主,秦法尚未形成完整的体系,有明显的过渡的特征。汉代对刑罚进行了改革,汉文帝十三年,下诏废除肉刑,着手改革刑制。之后的各个朝代都规定了诸多刑罚。西欧也是如此,在封建时期,也存在着诸多刑罚。

【思考讨论】

1. 结合案例深入理解封建制法的基本特征。

2. 探讨中西方封建制法的差异性。

【案例7】自由资本主义制度时期的法律

《人权宣言》,全名为《人权和公民权宣言》,是法国大革命中的重要文献。1789年7月9日,根据穆尼埃的建议,制宪会议着手起草《人权宣言》,8月26日通过。宣言以美国的《独立宣言》为范本,明显受到了启蒙思想的影响。

第一条　在权利方面,人们生来是而且始终是自由平等的。只有在公共利益上面才显出社会上的差别。

第二条　任何政治结合的目的都在于保护人的自然的和不可动摇的权利。这些权利就是自由、财产、安全和反抗压迫。

第四条　自由就是指有权从事一切无害于他人的行为。因此,各人的自然权利的行使,只以保证社会上其他成员能享有同样权利为限制。此等限制仅得由法律规定之。

第六条　法律是公共意志的表现。全国公民都有权亲身或经由其代表参与法律的制定,除德行和才能上的差别外不得有其他差别。

第十七条　财产是神圣不可侵犯的权利,除非当合法认定的公共需要所显然必需时,且在公平而预先赔偿的条件下,任何人的财产不得受到剥夺。

(来源:找法网 http://china.findlaw.cn/)

【案例分析】

从这一案例中,我们可以看出,资本主义法律制度具有以下特征:

1. 确认和维护以剥削雇佣劳动为基础的资本主义私有制

确认和维护资本主义私有制即资产阶级的财产权,是资本主义法律制度的核心内容。在资产阶级夺取政权以后,就以宪法的形式将早在反对封建统治的斗争中提出的"私有财产神圣不可侵犯"的原则加以确认。

2. 确认资产阶级议会民主制,维护资产阶级的政治统治

确认和维护资产阶级政权的国家制度,是资本主义法律的重要内容。资产阶级夺取政权以后,将其在反封建专制的斗争中提出的民主政治主张和民主成果法

律化,成为资本主义国家的基本政治制度,以此维护资产阶级的政治统治。这也是资本主义法区别于前资本主义法的一个重要特征。

3. 确认和维护资产阶级的自由、平等和人权

维护资产阶级的自由、平等和人权,是资本主义法不同于前资本主义法的一个显著特征。17、18 世纪资产阶级启蒙思想家针对封建专制、封建特权和神权政治提出了自由、平等、追求幸福等天赋人权的口号和理论,成为当时新兴资产阶级和广大劳动人民反封建革命斗争的思想武器。资产阶级夺取政权后,便将这些政治口号具体化为宪法与法律权利,成为资产阶级民主与法制的重要原则。

【思考讨论】

1. 结合案例深入理解资本主义法律制度的基本特征。

2. 简要阐释资本主义法律制度的实质。

【案例8】垄断资本主义时期"日本经济法"的演变

日本经济法产生发展大致经历了两个阶段。两次世界大战期间,日本资本主义经济结构发生了明显的变化,垄断资本主义逐渐形成和壮大。日本的卡特尔在明治中期已产生。最初,日本对卡特尔采取保护与扶植的政策。日本政府先后颁布《出口组合法》和《重要出口商品生产组织法》,它们属于规制未加入卡特尔的组织使之从属于卡特尔的强制卡特尔法;1931 年《重要产业统制法》和 1932 年《工业组合法》也是促进卡特尔的法律。二战后,日本统治者在恢复和发展经济的过程中,非常重视运用经济手段调整和管理经济,制定了大量的经济法。为了防止已被解散的财阀复活垄断资本,日本政府于 1947 年颁布了《关于禁止私人垄断和确保公正交易的法律》,还颁布了《排除经济力量过度集中法》;1952 年进入 20 年高速发展期,这时期的重要立法有《企业合理化促进法》《中小企业基本法》《农业基本法》《消费者保护基本法》;20 世纪 70 年代以来,日本为摆脱危机、振兴经济、通过立法活动不断完善原有的各种经济法。主要的立法有《投机防止法》《稳定国民生活紧急措施法》《石油供应适度化法》《关于能源使用合理化的法律》《中小企业破产互助法》,在新的时期,日本针对实际状况进行相关法律的制定。

(来源:北大法宝 http://vip.chinalawinfo.com/)

【案例分析】

通过上述案例可以看出资本主义已经进入垄断资本主义时期,强化了国家对社会生活的干预,同时法律和国家福利政策相结合。在法律制定方面,随着资本主义经济从自由竞争到垄断的转变,资本主义法律制度发生了很大变化。第一种

变化是某些资本主义国家出现法西斯化的倾向,公开破坏法治的民主内容。第二种变化是垄断时期资本主义法律制度的结构性变化,表现出自由资本主义法律制度的特征不同的倾向,主要包括国家对社会生活进行干预,并且积极参与社会财富的再分配,司法实践中法律推理由注重"形式公平"转变为注重"结果公平",从以法律规则为中心转变为以目的和政策为依据。公法和私法之间的界限打破,法官的自由裁量权的加强,违宪审查制度建立,议会立法的中心作用受到削弱,严格责任原则的地位重塑,在法律理论上,更加注重法外因素对法和法律过程的影响。法院的自由裁量权加强,授权立法和行政立法作用增大,正是资本主义法在新时期的特征。

【思考讨论】

1. 结合当时的历史背景,思考垄断资本主义时期法律的基本特征。

2. 阐释资本主义法律制度产生上述变化的原因。

三、法系

（一）法系分类

【案例9】复杂多样的法系分类学说

日本法学家穗积陈重最初提出"法系"的概念时,其实就存在对于法系的划分标准不统一的问题。穗积陈重最初提出"法系"研究范式时,他认为世界有五大法系(法族),包括印度法族、中国法族、回回法族、英国法族、罗马法族。但他并没有说明其分类的标准,也没有指出各种法系内在的区分依据。法国比较法学家勒内·达维德经过反复研究,1950 年在《比较民法原论》中以意识形态与法律技术为标准,将世界各国法律分为五类:西方法系、社会主义法系、伊斯兰法、印度法和中国法。德国的 K. 茨威格特和 H. 克茨曾自问道:"是否可能将世界上为数众多的法律秩序加以分类,归入少数的几个大的集团或'法圈'"？为此,他们提出法系划分的五种标准:法律体系的起源及其历史演变、法律论证的特殊方法、独特的法律制度、法律渊源的性质及其解释方法、思想意识因素。据此他们划分出八种法系:罗马法系、德国法系、北欧法系、普通法系、社会主义法系、远东法系、伊斯兰法系、印度法系。我国法学家李步云认为法系是从法律形式的角度,就世界范围内对法律所做的一种分类。主张以法律的形式渊源为标准来划分世界法系,分为大陆法系和英美法系,把社会主义法归入大陆法系。

（来源:中国律师网 http://www.acla.org.cn/）

【案例分析】

从以上对各种法系分类标准的历史梳理,我们可以看出不同的时代背景下,法律有不同的划分标准。针对不同的划分标准,我们应该秉持一种理性的态度合理去看待它,科学合理认清不同的法系分类学说内在的合理性和缺点,进而有针对性地进行取舍,最重要的是选取适合本国国情的学说体系,为我国法制文化建设增添助力。

【思考讨论】

1. 对法系划分标准进行了解。

2. 阐释划分标准形成的原因并分析其实施的依据。

(二)英美法系的特点与大陆法系的特点

【案例10】谁是凶手?

欧美法律界有一个经典问题:3个探险家,A、B和C在沙漠中偶遇。A决定借机谋杀C,他偷偷在C的水壶里下了剧毒。B也想杀害C,但他不知道A已经有所行动。趁C没留神,B在C的水壶底凿了个洞而使水漏光了。当天晚上C因为缺水死在了沙漠里,离营地只有一英里。那么谁是凶手呢?如果说A是凶手,可C是渴死的,跟A下的毒药无关。如果说B是凶手,B把毒水从C的水壶里排掉,延长了他的寿命。要是没有B,C一喝下剧毒的水就会死亡,而不可能坚持到晚上。如果C早点儿赶到营地,他就不会死,那B就成了他的救命恩人。社会学家以此为例,指出法律的局限性。从伦理道德角度看,A和B心怀叵意,都犯了不可推卸的道德罪,而从法律角度考虑,不同的陪审团和不同的法官得出截然不同的结论。看问题的角度不同,得出的结论就不同。

(来源:找法网 http://china. findlaw. cn/)

【案例分析】

文章中提到这是一个欧美法学界的经典问题,我们知道,欧洲大陆、俄罗斯、日本和我国的法律都属于或者接近于大陆法系,美国、英国等国家的法律则属于英美法系。大陆法系的犯罪构成理论是由构成要件符合性(行为是否符合犯罪的构成要件,即犯罪的事实基础)→违法性(对行为的法律评价,包括正当防卫等排除违法性事由)→有责性(对行为人的主观评价,是追究刑事责任的依据)这样逐层递进的三个层次组成的。英美法系则出于完全不同的角度,更强调程序的正当性,而不看重制定法的规定。首先,在英美法系国家,关于刑事诉讼的犯罪事实问题是交由陪审团裁断的。陪审团可以独立做出被告人有罪或无罪的裁断,只有做出有罪裁断时,法官才适用刑法。英美至今保留陪审团的理由之一就是陪审团可以提供当地关于判决的公正性的概念,可以修正不符合当地情况的实体刑法,使其更适应社区的价值观念。其次,英美法系国家的法官具有相当大的自由裁量权。在英美,法官通过习惯法否定制定法是司空见惯的事。我们可以看到,在是否构成犯罪的问题上,大陆法系和英美法系采取了截然不同的方法,大陆法系更注重实体法的严格、统一适用,英美法系更注重区别具体情况,实现个体正义。

【思考讨论】

1. 通过以上案例,分析大陆法系与英美法系有哪些区别?

2. 简要概述大陆法系和英美法系的特征。

第三节 法的要素

【本节要点】

法的要素是与法的系统或整体相对的一个概念。即法的要素是指彼此相互联系、相互作用从而构成完整的法的系统的各种元素。一般认为,法律由规则、原则和概念三种要素构成。

法律规则是采取一定的结构形式具体规定人们的法律权利、法律义务以及相应的法律后果的行为规范。法律规则的结构形式:假定条件、行为模式、法律后果。假定条件是法律规则中有关适用该规则的条件和情况的部分,包括适用条件和主体行为条件;行为模式即法律规则中规定人们如何具体行为之方式的部分;法律后果是法律规则中规定人们在做出符合或不符合行为模式的要求时应承担相应的结果部分。

法律原则是指在一定法律体系中作为法律规则的指导思想、基础或本源的综合性、稳定性原理和准则。法律原则直接决定了法律制度的基本性质、内容和价值取向。法律原则是法律精神最集中的体现,因而构成了整个法律制度的理论基础。法律原则是法律制度内部和谐统一的重要保障。法律原则对法制改革具有导向作用。

法律概念是法的要素中比较特殊的一类,它不涉及权利义务的分配,不对法律主体的行为做出指示或提出要求,而是仅仅对法律中的一些重要的概念做出解释、说明与界定。因此,法律概念不属于法律规范的范畴。法律概念与日常生活用语中的概念不同,它具有明确性、规范性、统一性等特点。法律概念是构成整个法律体系的原子,是法律知识体系中最基本的要素。

一、法律规则

【案例1】假慈善、真功利

靠造假与谎言编制的慈善,是经不起阳光"暴晒"的,背后暗藏的那巨大的功利心是对慈善本身的亵渎,一旦谎言被戳穿,意味着慈善公信力的失效。据了解,云南当地媒体纷纷以"女老板(或千万富婆)寻子八年"为题,大篇幅报道了"悲情妈妈"王玉琼艰辛寻子的历程。在接受多家媒体采访时,王玉琼无一例外都会提及自己将斥资500万建造敬老院,以儿子"王誉"的名字命名敬老院一事。"慈善妈妈"的美誉自此而来。然而就是这样一位被大家称为"慈善妈妈"的她却被举报说是骗政府项目敛财数千万。从政府手中低价拿地60亩,称壹基金向其捐助1500万,又从政府手中获得14年出租车广告收益权。然而,敬老院至今都没开工,有关投资一事目前被壹基金证实造假。"慈善妈妈"光环的背后,疑点重重。只能说王玉琼的行为是功利而虚伪的,靠假慈善引起社会公众的关注,进而博得公众的同情心,真可谓是演技超群,瞒天过海,骗公众,骗政府。为什么这么多钱财被其装入自己腰包却刚被举报呢?可想而知是监督的"药"力不够大,监督部门缺乏必要的监督管理,被舆论的声音蒙蔽,过于相信这位演技超群的公众人物,结果也让政府和监督部门处于尴尬的境地。慈善机构自身机制不健全,近年来郭美美事件、陈光标慈善造假事件,已然将本该造福社会,受公众敬仰的机构颜面扫地,公信力严重受损,可见自身机制漏洞百出,不能不引起某些机构负责人的反思,如此下去,以后谁还会再相信慈善?那些表面热衷慈善,心里却打着自己如意算盘的伪慈善家们,最终暴露于阳光下,原形毕露,公众的眼睛不可能一直被蒙蔽。

(来源:卫东网 http://www.weidong.gov.cn/)

【案例分析】

在所有法的要素中,法律规则无疑是最重要的一类。它是明确关于权利、义务、责任的记载和表述,是立法者意图的集中体现。法律规则数量庞大,内容繁杂,涉及范围广泛,是法律的主体部分。在司法审判中,几乎所有的普通案件的审判都是以法律规则为依据的。在本案中,审判涉及的法律原则是《合同法》第186条规定:"赠与人在赠与财产转移之前可撤销赠与。具有救灾、扶贫等社会公益、道德义务性质的赠与合同或者经过公证的赠与合同,不适用前款规定。"在这条规则中,第 1 款是针对一般赠与问题所做的统一规定,第 2 款是针对集中特殊赠与问题做出的专门规定。应该说,这是一个很典型的例子,能够体现法律规则的所有特点,清晰、确定、结构严谨、可操作性强。

【思考问题】

结合案例分析法律规则在法律要素中的地位,在此基础上明确法律规则的作用。

二、法律原则

【案例 2】悬赏广告酬金纠纷案

上诉人(原审原告):李某,女,34 岁,天津市市政工程局工人。

被上诉人(原审被告):朱某某,男,37 岁,北京铁路局天津机车车辆配件厂工人。

被上诉人(原审被告):朱＊华,男,32 岁,河南省洛阳市机电公司干部。

原审第三人:王某,男,35 岁,天津市公安局和平分局民警。

上诉人李某因与被上诉人朱某某、朱＊华悬赏广告酬金纠纷一案,不服天津市和平区人民法院(1993)和民初字第 440 号民事判决,向天津市中级人民法院提出上诉。

第一审法院认定:被告朱某某与被告李绍毕是朋友关系,朱＊华委托朱某某代办汽车提货手续。1993 年 3 月 30 日中午,朱某某在天津市和平区电影院看电影,散场时,将装有洛阳市机电公司面值 80 余万元人民币的汽车提货单及附加费本等物品的一公文包遗忘在座位上。位于后几排看电影的原告李某发现后,将公文包拾起,与同去看电影的第三人王某(原系李某同学)在现场等候良久,未见失主来寻,便将公文包带走,并委托王某予以保管,同年 4 月 4 日、5 日和 7 日,朱某某先后在天津市《今晚报》和《天津日报》上刊登寻包启事,表示要"重谢"和"必有重谢"拾得人。

4 月 12 日,朱＊华得知失包情况后,在《今晚报》刊登内容相同的寻包启事,声明"一周内有知情送还者酬谢 15 000 元"。当晚,李某得知以李绍毕名义刊登的寻包启事,即告诉王某并委托其与朱＊华联系。次日,双方在约定的时间和地点交接钱物。由于在给付酬金问题上,双方发生争执,李某遂向法院提起诉讼,要求朱某某、朱＊华依其许诺支付报酬 15 000 元。

朱某某、王某称:寻包启事许诺给付酬金不是其真实意思,且公文包内有朱＊

华单位及本人的联系线索,李某不主动寻找失包人,物归原主,却等待酬金。请求法院驳回李某的诉讼要求。王某表示,本人仅替李某保管公文包,不要求酬金。原审法院认为,李某在影院内拾到的内装面值80余万元的汽车提货单、附加费本等物品的公文包,确属被告朱＊华所在单位的财物,系被告朱某某遗失的。

根据包内所装提货单及其他物品线索,均可找到遗失人或财物所属单位。依照《中华人民共和国民法通则》第七十九条第二款的规定,李某应将拾得的遗失物归还原主。但是,李某不主动与失主联系,反而在家等待"寻包启事"中许诺的并非真实意思表示的酬金,依照《民法通则》第五十八条第三项的规定,在违背真实意思的情况下所为的民事行为,应属无效。对李某的诉讼要求不予支持。据此,该院于1994年6月16日判决:驳回李某的诉讼请求。本案诉讼费625元由李某负担。

（来源:找法网 http://china.findlaw.cn/）

【案例分析】

法律的要素包括法律概念、法律规则、法律原则。它们在法律的适用中承担着不同的功能。在本案中法律并没有"悬赏广告"的法律概念,同时也没有直接适用于案件双方当事人的法律规则。在这种情况下,只能依据法律原则,即"诚实守信"原则对案件做出判决。我国目前处于法制建设的初期,相当一部分现行法律的构成要素都是不完善的,通常的法律概念和法律规则不完整。在这种情况下,法律原则就发挥着巨大的作用。我们常常听到法院因为没有法律的直接规定而对一部分案件说"不",拒绝对其予以审理。事实上,在很多情况下,虽然没有法律的直接规定,缺乏法律原则,但是完全可以运用法律原则来处理案件。

【思考问题】

1. 结合案例思考法律原则的适用范围。

2. 分析法律原则的作用。

三、法的概念

【案例3】赵某"受贿"案

2003年12月12日上午9时,北京市第一中级人民法院对原中央电视台某主任赵某受贿案进行宣判,以受贿罪,判处赵某(男,44岁)有期徒刑10年,并处没收个人财产人民币20万元。北京一中院审理此案查明,赵某于1994年至2000年期间,利用先后担任中央电视台春节联欢晚会和大型文艺节目总导演职务上的便利,多次接受词作者张某的请托,使张某创作的作品得以在上述晚会及赵某主管的各类文艺晚会上演出,使宣传张某的专题片得以在中央电视台播出。为此,赵某收受张某以给予的人民币 11 万元及价值人民币 50 万元的音像设备。依据我国《刑法》第 385 条的规定:"国家工作人员利用职务上的便利,索取他人财物的,或者非法收受他人财物,为他人谋取利益,是受贿罪。"因此,法院认为,赵某身为国有事业单位中的工作人员,利用职务上的便利,非法收受他人财物,为他人谋取利益,其行为已构成受贿罪。鉴于赵某能坦白部分犯罪事实,且受贿的款、物已被全部追缴,可酌予从轻处罚。据此,做出上述判决。

(来源:找法网 http://china.findlaw.cn/)

【案例分析】

法律概念是法的要素中比较特殊的一类,它不涉及权利义务的分配,不对法律主体的行为做出指示或提出要求,而是仅仅对法律中的一些重要的概念做出解释、说明与界定。因此,法律概念不属于法律规范的范畴。在本案中,法院以受贿罪对被告人做出了惩罚。在这里,要判断赵安是否构成受贿罪,首先要解决的一个问题就是他是否属于刑法中的"国家工作人员",这属于犯罪构成要件中的主体问题。一般说来,在国家行政、司法、立法机关担任职务的人属于"国家工作人员"没有疑问,但是在电视台这样的事业单位中工作的人是否属于"国家工作人员"可能就会存在争议,尤其是被告人,为了减轻或逃避惩罚可能不会承认自己是什么"国家工作人员"。在这种情况下,假如法律没有明确规定,法庭上控辩双方激烈的争斗和司法操作中各地的差异便无可避免。为了防止在受贿罪以及其他国家工作人员职务犯罪的认定上出现上述问题,明确在中央电视台这种事业单位从事公务的赵安,属于刑法中的"国家工作人员",因此在受贿罪的主体资格上,不存在任何问题。基于这样的判断,法院判决赵安有罪。

【思考讨论】

1. 结合赵某受贿案分析法律概念的内涵。

2. 分析法律概念在法律构成中的地位和价值。

第四节　法和社会

【本节要点】

法是国家制定或认可、并由国家强制力保证其实施的行为规范的总和。道德是评价人们行为的善与恶、光荣与耻辱、正义与非正义的行为规范的总和。法与道德既有区别又有联系,法与道德(统治阶级的道德)都是建立在一定经济基础上的上层建筑,归根结底是受统治阶级的物质生活条件决定的。法与道德的区别主要表现在法律和道德起源的时间不同、法律和道德调整的范围不尽相同、法律和道德具体内容规定不完全相同、法律和道德的表现形式不同、法律和道德实现的方式和手段不同,以及法律和道德的历史命运不同。

文化是指人类在长期历史实践过程中所创造的精神现象和制度的总和。文化对法的决定作用:法所反映的是在社会中据支配地位的生产生活的要求,法所包含的基本价值标准,是社会中据主导地位的价值标准,法律规则通常是社会中通行的主要规则的重述,社会中亚文化对法也有重要的影响。法对文化的作用:法对文化的主要作用表现为对主文化的加强、促进文化事业的发展、强化主文化的价值准则、强化社会主义文化的行为模式对亚文化的影响。

科技对法律的发展有着积极的作用,影响法律的内容、形式、传播等;而法律对科技的反作用表现为法律为科技提供规则和秩序,保证科技为人类福祉服务的正确方向等。科技的发展影响着立法的内容,成为法律规定的重要依据。法组织和协调科技活动,为科技活动和科技管理提供民主、科学的规则和秩序。

一、法和道德

【案例1】:泸州"二奶"继承案

四川省泸州市某公司职工黄某和蒋某1963年结婚,但是妻子蒋某一直没有生育,后来只得抱养了一个儿子。由此原因给家庭笼罩上了一层阴影。1994年,黄某认识了一个张姓的女子,并且在与张认识后的第二年同居。黄的妻子蒋发现这一事实以后,进行劝告但无效。1996年底,黄和张租房公开同居,以"夫妻"名义生活,依靠黄的工资(退休金)及奖金生活,并曾经共同经营。2001年2月,黄到医院检查,确认自己已经是肝癌晚期。在黄即将离开人世的这段日子里,张面对旁人的嘲讽,以妻子的身份守候在黄的病床边。黄在2001年4月18日立下遗嘱:"我决定,将依法所得的住房补贴金、公积金、抚恤金和卖泸州市江阳区一套住房售价的一半(即4万元),以及手机一部遗留给我的朋友张某一人所有。我去世后骨灰盒由张负责安葬。"4月20日黄的这份遗嘱在泸州市纳溪区公证处得到公证。4月22日,黄去世,张根据遗嘱向蒋索要财产和骨灰盒,但遭到蒋的拒绝。张遂向纳溪区人民法院起诉,请求依据继承法的有关规定,判令被告蒋某按遗嘱履行,同时对遗产申请诉前保全。从5月17日起,法院经过4次开庭之后(其间曾一度中止,2001年7月13日,纳溪区司法局对该公证遗嘱的"遗赠抚恤金"部分予以撤销,依然维持了住房补贴和公积金中属于黄某部分的公证。此后审理恢复),于10月11日纳溪区人民法院公开宣判,认为:尽管继承法中有明确的法律条文,而且本案中的遗赠也是真实的,但是黄将遗产赠送给"第三者"的这种民事行为违反了民法通则第七条"民事活动应当尊重社会公德,不得损害社会公共利益,破坏国家经济计划,扰乱社会经济秩序",因此法院驳回原告张某的诉讼请求。

(来源:找法网 http://china.findlaw.cn/)

【案例分析】

本案中需要平衡的主要是两种利益和权利,即个人的遗嘱自由和合法婚姻家庭的保护,黄与张从1996年到2001年租房以"夫妻"名义生活,已经构成了事实婚姻和重婚行为,这种行为已经触犯了我国《刑法》,如果让张因这种违《刑法》的行为而顺理成章地得到遗产,就会在保护公民的财产处分自由权和遗产继承权的同时,势必出现与我国《宪法》和《刑法》,以及《婚姻法》所保护的合法的婚姻家庭关系相冲突的情形。对于重婚行为,即使检察院没有提起公诉,被害人也没有提起自诉,而如果民事判决出现了因为这种违法行为而获利的判决,那么,这种判决的精神就会和《宪法》和《刑法》以及《婚姻法》对婚姻家庭的保护精神相冲突。

本案中,法官的利益衡量尺度掌握是适宜的,法官根据公序良俗原则对本案进行了审判。法律的目的在此就是维护社会实质的公平和公正。在本案中,人们坚信公正在合法妻子一边,这并不是对她个人有什么偏爱,而是每个人都将之视为同他们的婚姻家庭一样的一种秩序,一种关系。法官的判决可能决定着他们每一个人今后对法律的评价和对自己生活方式的选择。近年来的社会现实无情地表明,由于"包二奶"现象愈演愈烈,合法婚姻家庭已经变得如此脆弱,道德舆论的支持已经不足以抵御金钱和利益的力量,如果法官此时再拒不对合法配偶伸以援手,公道安在?毋庸置疑,通过这样一个判决并不能杜绝类似规避法律的行为,但法官至少表明了他们的立场,对于公众而言,这就是法律的态度。通过这样的信息,使公众可以预见到破坏合法婚姻家庭应付出的成本和代价,促使当事人三思而后行。

【思考讨论】

如何理解法律与道德的关系?

【案例2】法不等于道德

王某于2000年6月1日在某商场购买了一台"清新"牌空调机,并支付了2000元。商场收款后开好发票,并将空调送到王某家中为其免费安装好,承诺保修一年。在使用一个星期后,即2000年6月8号,王某发现该空调不能启动,随即打电话到商场维修部找维修工人上门维修。维修工人检查后发现问题,答应为王某联系厂方的维修人员为其上门检查,王某也就未再与商家争执。后王某到外地出差,把维修空调的事情忘记,之后厂方也未派人来维修。2003年1月,王某出差回归,想起空调未被修理,于是再度联系厂家,商场却以保修期已过为由拒绝上门维修,也拒绝帮助王某联系厂家。最终王某将商场告上法庭,要求商场为其免费维修,并承担本案的诉讼费。法院经过周密的调查,发现王某的空调毁坏的原因确实是商场销售的产品本身存在问题,同时也有好多和王某类似的顾客对其销售的产品投诉。商场在接受很多顾客投诉的情况下,依旧销售有质量问题的产品,商场的这种行为触犯了民法的相关规定。民法规定,对商场出售有质量问题的商品未予声明的,民法的诉讼时效是两年。由于王某在知道自己权益受到侵害后的两年内未向法院提起民事诉讼,已超过过诉讼时效,故法院依法裁定驳回王某的起诉。

(来源:找法网 http://china.findlaw.cn/)

【案例分析】

从本案可以看出法和道德之间的关系。通过王某的案例,可以看出法律规范和道德在调整范围、手段、内容、后果等方面均不同,各有侧重,各有范围。在社会现实中,有部分行为道德和法律均予容许,如诚实守信,有些行为是两者都不允许的,如杀人、盗窃等;有些行为是法律允许而道德不允许的,例如周某要求厂家修空调,厂家推诿,它的行为不被法律禁止,但是违背了诚信原则,有些行为是法律禁止而道德许可的,如周某要求厂家维修空调,在道德层面完全合情合理,但是却因为诉讼期限已过,而不能得到法律的支持,由此可见,法律和道德之间虽存在共性,但其内部之间依旧存在很大的差异性。

【思考问题】

1. 通读案例,仔细分析法律和道德之间的区别。
2. 结合案例分析法律与道德的联系。

【案例3】沃尔芬登报告

20世纪40年代以后英美等西方国家的同性恋人数不断增加,他们开展争取"合法权利"的斗争,成立全国性或地区性的同性恋者组织,以强大力量为同性恋的合法性争取权利。在 50 年代初期，社会上围绕着同性恋和卖淫的伦理和法律问题发生了一系列公开的争论，引起社会和政府的关注。于是 1954 年英国议会任命议员沃尔芬登为首组成一个特别委员会——"同性恋和卖淫调查委员会。该委员会提出一项立法建议：不应继续把同性恋与卖淫作为犯罪惩罚，但应通过一项立法禁止公开卖淫。英国议会先后通过了该项建议。对此，时任英国高等法院王座分庭法官的德富林发表《道德强制》的演讲，阐述了如下三个问题：一、社会是否有权利对道德问题做出判断？二、如果前者证成，他是否也有权利使用法律武器强制实行它的判断？三、如果前者证成，社会是否应该在所有情况下使用法律武器，它根据什么原则区分不同情况？德富林对前两个问题的回答都是肯定的。对于第三个问题，道德是一个存在着公共利益和个人利益的领域，要平衡两者。他提出法律强制实施道德时应遵循四项原则：一是容忍与社会完整统一相协调的最大限度的个人自由；二是容忍限度的改变；三是尽可能充分地尊重个人隐私；四是法是最低限度而不是最高限度的行为标准。德富林的观点简单地说就是：法可以而且应该禁止不道德的行为，强制实施道德。他提出的上述原则和"沃尔芬登委员会"的报告是对立的。哈特、德沃金等人对他的"道德强制主义"理论进行了严厉批评。虽然争论不断，但"沃尔芬登报告"中的建议得到立法上的贯彻和体现，同性恋不再被视为犯罪行为。

（来源：找法网 http://china.findlaw.cn/）

【案例分析】

"沃尔芬登报告"是法学史上的一个重大事件，报告出台后曾在英国引发了德富林勋爵和分析学家哈特之间的激烈辩论。实际上，该报告的核心任务是在道德和法律之间划分了界限，他主张法律的职责是调整社会公共秩序，维护可接受的公共风俗标准，而不是侦查人的私生活；报告主张应避免试图通过建立公共法规去建立道德风尚，实际上是反对在卖淫和同性恋问题上进行道德的法律强制。"沃尔芬登报告"在欧洲影响颇大，随着个人隐私权日益受到尊重，人们普遍放弃了禁欲主义时代那种自觉充任"道德警察""道德法官"的做法，成年人之间的自愿的性行为从法律中逐渐淡出，开始回归到道德和私生活范畴中。

【思考讨论】

如何理解法治思维和道德思维？

二、法与文化

【案例4】全国人大代表广告征议案

今年43岁的周某原是诸暨人,高中毕业后开始走南闯北经商,后固定在义乌中国小商品城摆摊经营饰品。完成资本原始积累后她于1995年创办新光饰品公司,如今企业已发展成为拥有员工3600名的全国饰品生产龙头企业。她是义乌市、金华市人大代表,2003年1月在省人代会上又被选为全国人大代表,是义乌市第一位也是唯一一位全国人大代表。"人民选我当代表,我能为大家做什么?"周晓光一定要当一个称职的人大代表,履行好代表职责。在去年3月举行的全国十届人大一次会议上,她领衔或签名向大会提交了36个议案和申议。然而,她太忙了,"想到自己水平和精力有限",怕写不好议案辜负人民期望。后来,她有了个主意,想组建一个全国人民代表议案调研组,帮助她深入企业、街道、机关调研。周晓光把这个"宏伟设想"和家人谈了,特别强调了她这样做可能会投入大量时间、精力和经费,使她无暇顾及生意。想不到她父亲很支持她:"人民选你当代表,你就应为人民做点贡献。"从去年11月份底始,周晓光开始与当地一些新闻媒体接触联系,她想发挥社会资源优势帮她征求议案内容,"否则议案的广度、深度和高度都不够"。据介绍,周晓光支付的广告费用并不多,共计8000元,从1月18日到2月8日,共播20天,当地电视台综合频道一天播两次,图文信息频道则是滚动播出。在打广告之前,周晓光和议案调研组已经准备了20多项议案和建议,主要关于"三农"问题、资源利用、社会治安、法律法规修订等。

(来源:找法网 http://china.findlaw.cn/)

【案例分析】

通过上述案例,我们可以看出人大代表和公民的法律意识不断提高和改善。周某作为人大代表去开创和寻找和人民沟通的新途径和新方法,反映出其对人大代表身份定位的改变,不再把人大代表当作一种荣誉和政治职务,而是当作一种责任,尽心尽力为人民服务,周某的这种行为本身反映出人大代表法律意识的变化,这种变化对我国科学民主决策将发挥重要作用。同时选民能够积极主动地对人大代表反映自己的意见和需求,踊跃向人大代表反映自己的意见和见解,体现出民众的政治热情和政治参与能力极大增强,深刻认识到人民当家做主的地位,更体现出改革开放以来人民法律意识发生了极大变化。

【思考讨论】

1. 结合全国人大代表广告征议案,试分析法和法律意识的相关概念。

2. 结合案例探析法与文化之间的关系。

【案例5】古代"定夺争婚"

刘克庄、吴重五家贫,妻死之时,偶不在家。同姓吴千乙兄弟与之折合,并挈其幼女以往。吴重五归来,亦幸其女有所归,置而不问。未几,吴千乙、吴千二将阿吴卖与翁七七为媳妇,吴重五亦自知之。其事实在嘉定十三年十一月。去年八月,取其女归家,至十一月,复嫁给李三九为妻,致翁七七经府县有词。追到吴千二等供对,却称先来系谋娶得阿吴为妻,自知同姓不便,改嫁与翁七七之子。同姓为亲,抵冒法禁,离正之可也,岂应改嫁接受财礼?吴千二将阿吴嫁与翁七七之子,固是违法。然后来已自知情。又曾受过翁官会二贷文,岂应复夺而嫁之?但阿吴既嫁李三九,已自怀孕,他时生子合要归着。万一生产之时,或有不测,则吴重五、李三九必兴词讼,不惟翁七七之家不得安迹,官司亦多事矣。当厅引上翁七七,喻以此意,亦欣然退厅,不愿理取,但乞监还财礼,别行婚娶。阿吴责还李三九交领。吴千乙、吴千二、吴重五犯,在赦前且免于断引,监三名备元受钱会,交还翁七七。单于按:古代妇女地位低贱至于斯。母亡父走,受同姓兄弟欺侮而父不顾,被卖于他人,父又欣然勒取财礼。后被迫复嫁他人,身怀有孕,而不得归着。老爷判案,归于钱财,翁公见钱,欣然退厅,吴氏兄弟也可归还财礼而免罪。一叹。古人取名,圃于数字,千乙、千二、七七、重五,莫不如是。盖无计划生育,子多而莫能辨,皆取雅名字号,劳神费力,不如走此捷径也。二叹。

(来源:找法网 http://china.findlaw.cn/)

【案例分析】

法与文化是不可分割的,每一种文化都有其特定的法律,每一种法律也有其特定的文化。在对文化和法的双向理解中,首先,就文化之法而言,是整体和部分的关系。这个整体是文化,部分是法。对于这一点,近代给"文化"一词首下定义的英国人类学家爱德华泰勒在其《原始文化》一书中曾明确指出,文化表现为复合的整体,其中包括知识、信仰、艺术、道德、风格以及人作为社会成员必备的能力和习惯。其次,就法之于文化而言,法是一种至关重要的文化现象。这种重要主要体现在两个方面:第一,人们对于社会文化或者群体文化的了解常常始于对规范的认识。这是由规范的外显特点决定的。第二,法通过积极地参与,既可以推动和促进主流文化的发展和进步,又可以对具有社会危害的反文化进行遏制。总而言之,法和文化关系十分紧密。一方面,法的生命深藏于文化之中,文化构成了法产生和发展的社会基础;另一方面,法也能动地参与文化,法的运行不仅仅是一种国家意志,更是一种文化的体现。

【思考讨论】

1. 通读古代"定夺争婚"案例,探析法和文化的相关概念。

2. 结合案例探析法和文化两者之间的关系。

【案例6】"撞了白撞"案

1999年8月30日,沈阳市41号政府令《沈阳市行人与机动车道路交通事故处理办法》出台,并于1999年9月10日实施。该办法共有16条,在全国范围内首次规定五种交通事故行人要负全责,司机不承担责任,也不需要给付赔偿;这种规定被新闻媒体称为"撞了白撞"。据1999年10月5日《沈阳日报》报道,从该办法实施至1999年9月20日,10天内已有47名行人在交通事故中承担了全部责任。自从这一规章出台后,在社会上引起了一场关于"汽车撞人该不该白撞"的讨论,中央电视台、《中国青年报》《羊城晚报》《检察日报》《南方周末》等先后展开了讨论。在沈阳之后全国相继又有济南、上海、中山、武汉、郑州、鞍山、乌鲁木齐、天津等10多个城市颁布了类似的《办法》或《通告》。2008年5月1日正式开始施行的《道路交通安全法》第76条明确规定,机动车与非机动车驾驶人、行人之间发生交通事故,非机动车驾驶人、行人没有过错的,由机动车一方承担赔款责任;有证据证明非机动车驾驶人、行人有过错的,根据过错程度适当减轻机动车一方的赔款责任;机动车一方没有过错的,承担不超过10%的赔款责任。

(来源:找法网 http://china.findlaw.cn/)

【案例分析】

通过沈阳市政府对《沈阳市行人与机动车道路交通事故处理办法》的调整,反映出立法者立法价值观和法律意识不断变化和发展。首先,法律的创制必然涉及创制人员的法律知识、法律理论、立法经验和技巧,以及法律方案的设计等,这些均离不开人们的法律意识,法律意识是完善立法的动因和方法。众所周知,任何国家法的形成、法律制度的完善,归根到底,都是社会经济结构决定的社会发展的客观需求,每一个立法者都不可能不顾及客观条件而任意制造社会规范。与此同时,立法者法律意识的水平,在法律的创制过程中起着重要的作用。其次,法律意识的重要作用还表现在法律的实施上。一方面,从事法律工作的专业人员必然有法律职业意识,否则,无法进行日常的法律工作,更不能处理特殊的法律事务。同时,司法人员法律意识的强弱,不仅影响到他的工作效率,也涉及法律权威和司法公正这个大问题。另一方面,普通群众法律意识的有无,会在更大范围内影响法律的实施,也直接关系到社会的守法和治安状况。因此,加强人们的法律意识与人们的幸福、安全和社会的公正这些人类最基本的价值联系在一起。

【思考讨论】

1. 从"撞了白撞"到"撞了不白撞",反映了立法者哪几方面的变化?

2. 结合案例分析产生这些变化的原因。

三、法与科技

【案例7】戴维斯夫妇冷冻胚胎归属案

一对美国夫妇朱利耶·路易斯·戴维斯和玛丽·苏·戴维斯结婚后长期没有怀孕,他们决定采用人工授精的方法生育孩子。1988 年 12 月 8 日,妇科专家成功提取了 9 个单细胞受精卵并放于玻璃试管进行培育,使这些单细胞物质变成了 4 个或 8 个细胞。1988 年 12 月 10 日,一个受精卵被植入玛丽·戴维斯的子宫,剩下的受精卵被冷冻保存起来,不幸的是她并没有怀孕。当诊所正要为她再一次植入受精卵时,朱利耶·戴维斯提出了离婚,那是 1989 年 2 月。他声称他早就知道他们的婚姻"不是很牢固",因为相识只有一年多一点的时间,他希望孩子会改善他们之间的关系。玛丽·戴维斯说她不认为他们的婚姻出了什么问题。然而,由于有"冷冻胚胎"的问题,离婚程序变得复杂起来。

玛丽·戴维斯首先要求拥有这些"冷冻胚胎"的所有权,因为在离婚之前受精胚胎是移植在她的体内使其怀孕。朱利耶·戴维斯反对说宁愿使胚胎保持原状直到他决定是否想成为父亲。此后,当事人双方的情况发生了变化,他俩分别再婚,玛丽·戴维斯离开了美国,再也不想使用这些"冷冻胚胎",她想把它们捐献给那些不能生育的夫妇。但朱利耶·戴维斯坚决反对,宁愿扔掉它们。初审法官认为,从受精的那一刻起,胚胎就变成了"人类",所以把"监护权"授予了玛丽·戴维斯,准许她"通过植入体内的形式把这些孩子带走"。上诉法院认为,朱利耶·戴维斯"有权利拒绝生育孩子,拒绝怀孕发生,这是符合宪法的",还认为,不能违反一方意愿植入胚胎,这 7 个胚胎属于双方共享。此案由此陷入僵局,之后针对此案的说法众说纷纭,此案也成为法律中的经典案例。

（来源:找法网 http://china. findlaw. cn/）

【案例分析】

这一案例非常典型地反映出科学技术的发展对法律调整的影响。科学技术的发展,使得人工授精成为可能,试管婴儿也因此出现。新的行为方式和社会关系也因此而出现,例如人工授精如何进行,如何确认人工授精过程中形成的诸多关系,如精子和卵子提供者之间应是何种关系,是否必然或必须是夫妻关系;本案所涉及的实际上就是这个问题。此案件非常典型地表现出,科学技术对法律的重要影响。但同时也应注意到问题的另一面,法律对科学技术的调整和控制也同样引人注意。首先,科学技术的发展意味着人影响自然的能力增强,这种能力的增强所造成的后果可以是正面的,也可以是负面的。其次,人工授精活动及由此产生的社会关系要由法律调整。科学技术的发展,会使人们的行为方式和行为结果发生重大变化,也因此会产生新的社会关系。再次,法律对科学技术的调整仍然是基于人类普遍的正义观念。本案中所涉及的夫妻双方对于"前胚胎"的权利的认定,也仍然要遵循人类的基本道德观念以及反映在法中的已经为人们公认的权利观念,如自由权,隐私权等。最后终审法院法官做出了维持上诉法院判决的决定,认为双方当事人对胚胎应共同决定,平等发表意见。

【思考讨论】

1. 结合案例分析科学技术的发展如何影响法律的制定和调整。

2. 结合案例分析法律如何影响科学技术的发展。

【案例8】"科学技术"是把双刃剑

1994年4月发生在深圳市、1996年在上海市发生两起证券行业的计算机犯罪案件。在前一案件中,案犯通过电脑网络登录到深圳一家证券部的用户密码库,解密后在某用户的空白账户上凭空增设可用资金110多万元,并以每股5.45元的当日最高价买入10万3200股深圳某公司A股股票,造成该种股票价格的激烈波动。如果案犯在上述虚增资金数目后面再多加几个"零",变成1亿、10亿、100亿,然后用这天文数字的虚设资金将股价抬到任意位置,股市便会遭到灭顶之灾。在后一案件中,案犯利用毕业实习的机会,在上海某证券部得悉用户密码,解密后,通过电脑低价卖出用户拥有的股票,而买主则是自己,然后再以较高的价格卖给第三人,结果在他人不知不觉中操纵了股市,在短时间里凭空得到巨额的非法"收入"。

(来源:找法网 http://china.findlaw.cn/)

【案例评析】

上述案例生动地表明科技发展具有两重性。科学技术一方面带给人们极大的便利,同时为不法分子提供了犯罪手段,危害社会的安定。为了防止对科技成果的误用、滥用、非道德使用所造成的社会危害,必须有相应的法律加以防治,并对受害者给予法律救济。至于研究开发的科技成果,其应用有可能危害人类社会,造成不可逆转的后果,也应当以相应的立法预先做出应用范围与性质的规定。例如,一些国家制定并已逐渐为国际社会认同的原子能法,就是旨在和平利用原子能、安全处理核废料、严格禁止核扩散、有效防止核战争的法律。此外,克隆技术应用法、信息安全法等,便分别对有关生物技术、信息加密与解密技术、网络安全技术等应用的范围和性质做出相应规定。

【思考讨论】

1. 结合案例分析科学技术的发展对人们生活的影响。

2. 结合自身生活实际谈谈如何运用法律规避科学技术的不良影响。

【案例9】矛盾重重的"克隆技术"

1996 年英国克隆羊多莉诞生的消息已经公布,国际舆论一片哗然。因为既然能克隆出羊这种哺乳动物,那么就有可能克隆出人。随即 1998 年欧盟通过了一项决议禁止克隆人类,中国政府也于 1997 年 3 月对克隆人做了"四不"的表态,也即在任何情况、任何场合、任何条件下,都不赞成、不允许、不支持、不接受生殖性克隆人的实验。2001 年,联合国对是否通过《禁止人的克隆生殖国际公约》存疑。2005 年 3 月 8 日,第 59 届联合国大会以 84 票赞成,34 票反对,37 票弃权的结果通过了《联合国关于人的克隆宣言》,要求各国禁止有违人的尊严的任何形式的克隆人研究。对该宣言,比利时、中国、英国、瑞士、日本、新加坡等国投了反对票,这些国家的代表在表决后纷纷发言,强调他们的国家将不受上述宣言约束,将继续允许治疗性克隆研究。

(来源:找法网 http://china.findlaw.cn/)

【案例分析】

上述案例反映了法律和科技之间具有紧密联系。当前,生命科技的不断创新和发展,势必会给人类社会产生重要影响,其中包括负面影响,因而亟须法律的规制。克隆人的技术,对人类生命的含义具有颠覆性的影响,同时对人的尊严和人权保障也具有重要威胁。目前,几乎所有的国家都反对人的生殖性克隆,其缘由便是如此。而目前以研究和治疗为目的的克隆是否应被禁止,还存在巨大差异,这一部分是因为各国的道德观念之间存在差异,治疗性克隆研究具有社会效益的重要价值,更重要的原因在于生殖性克隆和治疗性克隆的不同性质。倘若两者无法做出明确区别,甚至具有类似影响,那么基于人的尊严观念,应限制乃至禁止治疗性克隆研究。如何既维护生命科技的研究、发展和运用,使其满足人类福祉,同时又确保人类生命尊严、身体健康、人伦秩序,正考验着人类的智慧,而法律在其中必将发挥重要作用。

【思考讨论】

1. 结合案例分析法律和科学技术两者之间的辩证关系。
2. 简要概述法律和科学如何相互促进、相互制约。

第五节 法的效力

【本节要点】

法律生效的范围,包括法律对人的效力、空间效力和时间效力。法律对人的效力是指法律对哪些人(包括法人)适用,法律对人的效力的原则主要有以下几种:属人主义,又名国民主义;属地主义,又名领土主义;保护主义,以属地主义为基础,以属人主义、保护主义为补充。空间效力是指法律在哪些范围内适用。一般说来,一个主权国家的法律适用于主体所及的全部领域,包括陆地、水域及其底土和领空。此外还包括延伸意义的邻土,即本国驻外使馆和在本国领域外的本国船舶和飞行器。法律的空间效力一般有以下三种情况:在全国范围内生效;在局部地区生效;不仅在国内而且在本国领域外生效。法律的时间效力是指法律何时开始生效和何时终止生效(或失效)以及法律对其生效以前的行为和事件有无溯及力的问题。

法的效力位阶,是指不同国家机关制定的规范性文件在法律渊源体系中所处的效力位置和等级。在法的位阶中处于不同或相同的位置和等级,其效力也是不同或相同的;据此,可以分为上位法、下位法和同位法。我国《立法法》根据法的效力原理规定了法的位阶问题,主要体现为上位法的效力高于下位法,同位法之间具有同等效力,在各自的权限范围内施行、国际法的效力高于国内法、特别法优于一般法。

一、法的效力范围

(一)法的对象效力

【案例1】日本游客珠海集体嫖娼案

2003年3月间,日本幸辉株式会社(以下简称会社)成员广××(日本籍)与珠海市某酒店联系,计划在该酒店举行会社表彰活动,后因非典疫情而推迟。8月底,广边功与该会社的高桥××、福永××(均为日本籍)到珠海与该酒店签订了接待协议,并向酒店部门副经理刘××提出届时组织"三陪女"为会社成员提供嫖宿、陪侍等服务。酒店总经理助理叶某得知后,决定借机谋利,遂联系明某和张某某,由其串联多处娱乐场所的"妈咪",暗中网罗了一批"三陪女"。9月16日下午,会社一行200多人从珠海入境并于当晚召开表彰会后,部分成员挑选了"三陪女"并带回酒店嫖宿,18日上午8时许,会社成员全部离境。2003年12月17日珠海市中级人民法院以组织卖淫罪判处被告人叶某、明某无期徒刑,并处没收财产;以组织卖淫罪分别判处被告人刘某、张某有期徒刑15年和12年,并处罚金;以组织卖淫罪、协助组织卖淫罪分别判处其余10名被告人2至10年不等的有期徒刑,并处罚金。另,检察机关已对广××、高桥××、福永××等3名日本人以涉嫌组织卖淫罪的罪名,通过国际刑警组织对上述人发出红色通缉令。与此同时,中国外交部向日方提出交涉,要求日方配合中国公安机关的缉捕工作。

(来源:找法网 http://china.findlaw.cn/)

【案例分析】

这个案件涉及法的对象效力问题。法的对象效力,是指法律规范适用于哪些人和组织。在世界各国的法律实践中先后采用过四种对人的效力的原则,即属人主义、属地主义、保护主义和以属地的原则为主,与属人主义、保护主义相结合的原则这四种原则。根据我国法律,对人的效力包括对中国公民的效力和对外国人、无国籍人的效力两个方面。对中国公民的效力指的是中国公民在中国领域内一律适用中国法律。对外国人和无国籍人的效力指的是外国人和无国籍人只要在中国领域内,除法律另有规定外,都适用中国法律。从此例可以看出即使是日本公民,一旦进入中国境内,就必须遵守中国法律,自觉接受中国法律的约束,如果出现违法犯罪行为,则中国司法机关对其具有完全的管辖权。

【思考讨论】

1. 结合案例分析法的对象效力的内涵?

2. 阐释法的对象效力的外延?

(二)法的空间效力

【案例2】各地治理"随地吐痰"

法律的空间效力2003年5月16日,长沙市第十二届人大常委会第三次会议通过了关于修改《长沙市城市市容和环境卫生管理办法》事物决议,其中一项重要内容是,对随地吐痰、乱扔果皮等行为的罚款额度由原来的5~20元提高到每次50元以上200元以下。2003年5月29日陕西省人民代表大会常务委员会公告第5号公布自公布之日起施行的《陕西省人民代表大会常务委员会关于修改〈陕西省爱国卫生条例〉的决定》第一次修正。该规定对6种不文明的陋习进行重罚,其中随地吐痰可以最高处罚50元。2003年4月底,深圳市人大分组审议了《深圳经济特区市容和环境卫生管理条例》。《修改草案》对公共场合的环境卫生做出了明确的规定:"禁止随地吐痰、便溺和乱吐、乱扔香口胶渣、甘蔗渣、瓜果皮核、纸屑、烟头或者其他废弃物。违者责令清理,并可处最高200元的罚款。"

(来源:找法网 http://china.findlaw.cn/)

【案例分析】

非典疫情让人们意识到良好的生活习惯对人们生存环境的重要性。在使民众自觉加强卫生防疫的同时,不少地方也相继采取了一些措施,教育和培养人们的卫生习惯。从本案例中可以看出,不同省份依据各地的特殊状况制定相关法律,对当地人的公共行为进行规制,尤其限制随地吐痰的行为,这种法律约束力只对本区域的人们有效,对超越自己管辖区的人们没有约束力。

【思考讨论】

1. 结合案例探析何为法的空间效力?

2. 法的空间效力具体表现在哪些方面?

(三)法的时间效力

【案例3】投机倒把为何无罪

陈某,男,甘肃省兰州市人,1962年10月20日生,农民。该人于1995年初听内地的朋友顾某说,甘草在内地非常有市场,销路很好,张某遂起兴趣贩卖甘草。1995年9月起,陈某开始一边雇人在甘肃省内各地挖甘草,一边想办法租用卡车进行贩卖,运至内地由顾某组织进行销售,获利后一人一半。1995年9月至1997

年 7 月,陈某和顾某共计贩卖甘草 2 万公斤,获利达 30 余万元。1997 年 8 月,陈某的行为被当地农民赵某发现,向公安机关举报张某犯有投机倒把罪。由于 1997 年 3 月 14 日新颁布的《中华人民共和国刑法》已经取消了投机倒把罪,故公安机关关于 1997 年 8 月 6 月依法决定对陈某的行为不予立案。

（来源：找法网 http://china.findlaw.cn/）

【案例分析】

这一案例体现出法律的时间效力。一般自新法颁布之日起旧法即自动失效,如果在新法中明确了生效时间的,就从该时间起新法失效、旧法失效。在新法颁布以前的行为由旧法调整,新法不具有溯及既往的效力。刑法由于具有特殊的国家强制力,对违反刑法的行为的惩戒也最为严厉,故为了防止严刑峻法,刑法的时间效力有一定的特殊性,即遵循"从旧兼从轻"原则,也就是说,在新刑法颁布实施之前的行为仍由旧刑法调整,但如果该行为在新刑法中处罚较轻或者不认为是犯罪的,就根据新刑法的规定加以调整。所以,在本案例中,由于投机倒把行为在新刑法中不认为是犯罪,故对陈某的行为不认定为犯罪。

【思考讨论】

1. 结合案例探析何为法的时间效力?

2. 法的时间效力的具体表现?

二、法的效力等级

（一）国际法与国内法之间的效力等级

【案例 4】飞机"劫持案"

1983 年,从沈阳机场运载 105 名乘客飞往上海的中国民航 296 号班机,自沈阳东塔机场起飞后,被机上乘客卓某、姜某、安某、王某、吴某和高某等 6 名持枪歹徒采用暴力和威胁的方式劫持。他们用枪射击驾驶舱门锁,破门闯入驾驶舱后,对舱内人员射击,将报务员王某和领航员王某击成重伤,威逼机长王某和副驾驶员和某改变航程,并用枪顶着机长的头和威胁乘客要与全机同归于尽,还强行乱推驾驶杆,使飞机在颠簸倾斜、忽高忽低(最低离地面 600 米)的状态下飞行,严重危及着飞机和全机人员的安全。飞机被迫在我国渤海湾、沈阳、大连和丹东的上空盘旋后飞经朝鲜人民共和国,又飞入了韩国领空,被韩国 4 架鬼怪式战斗机拦截,迫降在该国的春川军用机场。飞机降落后,罪犯们又控制飞机和机上人员长达 8 小时之久。最后向韩国当局缴械并受到拘留。国家外交部收到通知后,向韩国提出请求按照有关国际条约规定,立即将被劫持的航空器以及机组人员和乘客交给中国民航当局,并将劫机嫌疑犯引渡给中国处理。随后经韩国民航局局长金彻荣的同意,中国民航局局长沈图率民航工作组一行 33 人于 1983 年 5 月 7 日赴汉城协商处理这一事件。经与韩国代表谈判签署了一份关于交还乘客、机组人员和飞机问题的备忘录。按备忘录规定,被劫持的飞机上的乘客除 3 名日本乘客回日本外,其余中国乘客和机组人员都先后返回中国。被劫持的飞机经韩国有关部门作了技术检修后归还了中国。7 月 18 日,汉城地方刑事法院开始审判。经审理后法院作出判决,判处卓某、姜某有期徒刑 6 年,安某、王某有期徒刑 4 年,吴某和高某有期徒刑 2 年。

(来源:找法网 http://china.findlaw.cn/)

【案例分析】

1970 年《关于制止非法劫持航空器的公约》(简称《海牙公约》)第 1 条明确规定:"凡是在飞行中的航空器内的任何人:(甲)用暴力或用暴力威胁,或用任何其他恐吓方式,非法劫持或控制该航空器,或企图从事任何这种行为,或(乙)是从事或企图从事这种行为的人的同犯,即是犯有罪行。"根据这一规定,卓长仁等 6 人均构成了国际法上的空中劫持罪。由于本案的 6 名被告都是中国人,被劫持的航空器为中国民航班机,中国方面享有对该案的管辖权。根据《海牙公约》的规定,上述罪行是可引渡的罪行,如果一缔约国规定只有在订有引渡条约的情况下才予引渡,而有关国家间又无引渡条约时,则公约就是引渡的法律根据。因此,中国通过外交途径向韩国当局提出了引渡罪犯的请求。由于公约所规定的引渡并非缔约国的一项义务,当时中韩尚未建立外交关系,韩国方面拒绝了中国的引渡请求。依公约的规定,如果不引渡罪犯,则应无例外地将此案提交主管当局起诉。韩国方面承担并履行了起诉及审判卓长仁等 6 名罪犯的义务。

【思考讨论】

1. 韩国对中国被劫持的 96 号民航机、机组人员及其乘客所采取措施是否符合《海牙公约》的规定?

2. 韩国拒绝引渡卓长仁等罪犯是否违反国际法? 为什么?

(二)上位法的效力高于下位法

【案例5】"闯红灯"的是与非

E 省 N 市市民杨某骑自行车在本市新开街由南向北行驶时,经路口遇红色信号灯未停,闯红灯违章,被执勤交警发现,民警谢某对其违章行为予以纠正,并以

N 市交管局二大队名义,开具公安交通管理当场处罚决定书,对原告处以罚款 100 元。杨某认为处罚过重,拒绝缴纳,并当场与交警发生争执,引起围观,交警遂将杨某的自行车扣留。杨某不服,向 N 市公安局提出复议申请,复议机关作出维持罚款的复议决定,杨某不服,遂向人民法院提出行政诉讼,请求法院依法判决撤销被告对原告罚款和扣留自行车的处罚决定。法院在审理中查明:被告交管局的处罚依据的是《N 市道路交通管理规定》第 24 条第 4 项、第 53 条,根据该规定对非机动车行驶违章处 100 元以下罚款或警告,该《N 市道路交通管理规定》是于 1999 年 8 月 11 日经 E 省第八届人民代表大会常务委员会第十六次会议的批准于同年 10 月 2 日起正式施行的。

(来源:找法网 http://china. findlaw. cn/)

【案例分析】

根据《道路交通安全法》第 89 条之规定,行人和非机动车违法,只能处以警告或 5 至 50 元罚款而本案中原告杨某骑自行车遇红色信号灯时闯红灯,违反了交通规章,事实清楚,被告依职权进行处理,其行为是合法的,但被告在适用法律上却有问题。交管局对杨某罚款 100 元,显然与此规定不符。虽然该局所依据的《N 市道路交通管理规定》有罚款 100 元的规定,但依据"上位法优于下位法、后法优于前法"的原理,以及《立法法》的规定,《N 市道路交通管理规定》与《道路交通安全法》中对同样违法的行为处罚标准不一致,下级法与上级法相抵触时,下级法无效。交管局有法不依继续适用本市土政策是错误的。因此,交管局的处罚错误,其罚款数额不符合法定标准。对拒绝接受罚款处罚的非机动车驾驶人,可以扣留其非机动车。杨某毕竟有交通违法行为,不能不负法律责任,依《道路交通法》第 89 条规定,同时从本案情况看,交警是在其拒不接受处罚时扣其自行车的,扣车行为并不违法。尽管交管局超额罚款不对,但并不意味杨某的诉讼请求正确。

【思考讨论】

1. 结合案例分析上位法和下位法的概念?

2. 如何在社会现实中正确处理两者之间的关系?

(三)特别法的效力高于一般法

【案例 6】被"趁人之危"的无奈

甲因儿子生病而急需用钱,但又求借无门。某乙趁机表示愿借给甲 3000 元,但半年后须加倍偿还,否则以甲的两头耕牛代偿。甲表示同意。甲乙之间的行为是可撤销的民事行为,理由是乘人之危。乘人之危合同是指一方当事人故意利用他人的危难处境或急迫需要,迫使对方订立对其极为不利的合同。最高人民法院《关于贯彻执行<中华人民共和国民法通则>若干问题的意见(试行)》第70条规定:"一方当事人乘对方处于危难之机,为牟取不正当利益,迫使对方作出不真实的意思表示,严重损害对方利益的,可以认定为乘人之危。"

(来源:找法网 http://china.findlaw.cn/)

【案例分析】

本案涉及乘人之危的认定和效力问题。乘人之危的构成要件有:(1)一方当事人处于危难处境或者紧迫需要;(2)行为人有乘人之危的行为,使对方迫于无奈而与之订立了合同;(3)行为人具有主观上的故意;(4)受害人的意思表示对自己严重不利。《中华人民共和国民法通则》第五十八条规定下列民事行为无效:(1)无民事行为能力人实施的;(2)限制民事行为能力人依法不能独立实施的;(3)一方以欺诈、胁迫的手段或者乘人之危,使对方在违背真实意思的情况下所为的;(4)恶意串通,损害国家、集体或者第三人利益的;(5)违反法律或者社会公共利益的;(6)经济合同违反国家指令性计划的;(7)以合法形式掩盖非法目的的。这些都是无效的民事行为,从行为开始起就没有法律约束力。由此,乘人之危的行为是为无效的民事行为,本案例中乙某和甲某之间的行为也是无效的,更何况他们的行为也违反了《合同法》的规定,依据"特别法优于一般法"的法律适用原理,在合同领域,乘人之危也是可撤销的民事行为。

【思考讨论】

1. 结合案例思考如何在实际生活中去运用法律维护自己的权益,杜绝别人乘人之危的行为对自己带来的伤害?

2. 探析法律在公民人身安全中的价值和意义?

第六节　法的价值

【本节要点】

法的价值是指法律满足人类生存和需要的基本性能,即法律对人的有用性。法的基本价值主要包括秩序、自由和平等。秩序是人类一切活动的必要前提,是社会发展所应追求的基本价值。维护一定的社会秩序是法的目的或职能,调整人们的行为或社会关系是法的作用,而能够指导、评价、制裁人的行为等,则是法自身的功能。但是,秩序价值仅仅是法的价值之一,它绝不是法的惟一价值,更非法的终极价值。在法的基本价值中,自由代表了人的最本质的需要,是法的价值的顶端,法律必须承认、尊重和维护人的自由权利。法也具有平等价值,主要表现为法律将平等权利化、将权利平等化。法律为平等提供统一标准。以既定的法律规定作为衡量平等与否的客观依据,人们不仅可以通过法律的已有的规定获得一致的平等与否的结论,而且还可以依据法律的规定平等地分配权利和义务,以实现平等。法律保护被确认的平等。法律并不是对其他规范体系中的平等给予保护,法律只是保护自己所确认的平等。

　　法的各种价值之间有时会发生矛盾,从而导致价值之间的相互抵牾。法的价值冲突常常出现于三种场合:一是个体之间法律所承认的价值发生冲突,例如行使个人自由可能导致他人利益的损失;二是共同体之间价值发生冲突,例如国际人权与一国主权之间可能导致的矛盾;三是个体与共同体之间的价值冲突,典型的即如个人自由与社会秩序之间所常见的矛盾情形。处理这些情况时,必须始终坚持价值位阶原则、个案平衡原则以及比例原则。

一、法的价值类型

(一)法的秩序价值

【案例1】"非典"时期的行政法规建设

　　2003 年 4 月,整个中国遭遇了一场事关国家、民族生死存亡的"非典风暴"。在"非典"期间,为能够有效控制疫情,保护民众的生命财产安全,行政机关出台了一系列应急措施,这些措施包括:(1)非法定的行政即时强制措施,如对患者的强制隔离治疗、对疑似病例或接触者的隔离、对相关场所封锁和控制;(2)对不特定的公众科以非法定的义务,如要求公共场所的经营者对公共场所进行消毒、要求用工单位不得遣散员工并承担员工治疗费用、要求流动人口进行健康检查和登记;(3)颁布公共警告、控制人员流动;(4)简化防治"非典"药物的行政许可程序,如新药许可和进口药物许可;(5)对相关商品进行限价;(6)对特定人员科以非法定的义务,如要求国家工作人员不得离职,否则将重罚等等。这些行政法规的制定规范当时人们的行为,维护了良好的社会秩序。

　　(来源:找法网 http://china. findlaw. cn/)

【案例分析】

　　从上述案例中可以看出,当一个国家或者社会处于紧急状况上时,如何去维护社会秩序成为法律的首要价值,因为如果社会失控,法的秩序价值没能实现,那么其他的法律价值也会很难实现。所以,在法的制定层面上,秩序价值往往是其首要的价值目标。针对当时"非典"时期特殊的社会状况,国家制定了相关的行政法规,以此调整那一时期人们的行为,安稳人们的情绪,为人们战胜非典提供良好的秩序环境。

【思考讨论】

1. 结合案例深入探究法律的秩序价值的地位。

2. 分析法律秩序价值的具体表现?

(二)法的自由价值

【案例2】

被告人唐某(绰号:虎子),男,19xx年x月x日出生,汉族,出生地渭南市,高中文化,户籍地陕西省西安市临潼区xx村x组。因涉嫌犯非法拘禁罪于2012年8月1日被羁押并于当日被刑事拘留,同年8月14日被逮捕,现羁押在临渭区看守所。

被告人郭某,男,19xx年x月x日出生,汉族,出生地陕西省渭南市临渭区某小区。因涉嫌犯非法拘禁罪于2012年8月3日被羁押并于当日被刑事拘留,同年8月14日被逮捕,现羁押在渭南市临渭区看守所。

渭南市临渭区人民检察院以渭临检刑诉[2012]0＊＊＊号起诉书指控被告人唐某、郭某犯非法拘禁罪,于2012年11月7日向本院提起公诉。本院依法适用简易程序,实行独任审判,公开开庭审理了本案。临渭区人民检察院指派代理检察员张某某出庭支持公诉,被告人唐某、郭某及其辩护人杜某到庭参加诉讼。现已审理终结。

(来源:北大法宝 http://vip.chinalawinfo.com/)

【案例分析】

从上述案例可知,被告人唐某唐某犯非法拘禁罪。非法拘禁,是指以关押、禁闭、非法拘留、非法逮捕或者其他强制方法,非法剥夺他人人身自由的行为。非法拘禁一般表现为:一种是直接拘束人的身体,剥夺他人身体活动自由,如关押、捆绑;一种表现为间接束缚一个人的身体,剥夺他人身体活动自由,即将他人限制在一定的范围内,使其不能或者难以离开、逃出。这种剥夺他人自由的行为即可以是无形的,也可以是有形的。比如:主观上想拘禁妇女,将正在洗澡妇女的衣物那走,使妇女因羞耻而不能出去。非法拘禁案件,涉嫌下列情形之一的,应予立案:(1)非法剥夺他人人身自由24小时以上的;(2)非法剥夺他人人身自由,并使用械具或者捆绑等恶劣手段,或者实施殴打、侮辱、虐待行为的;(3)非法拘禁造成被拘禁人轻伤、重伤、死亡的;(4)非法拘禁,情节严重,导致被拘禁人自杀、自残造成重伤、死亡;(5)非法拘禁3人次以上的;(6)司法工作人员明知是没有违法犯罪事实的人而非法拘禁的;(7)其它非法拘禁应当追究刑事责任的情形。郭某和唐某符合非法拘禁的法律要件,理应受到法律的裁决和审判。

【思考讨论】

1. 结合案例分析法和自由的辩证关系?

2. 思考在现实生活中如何利用法律保障自己的自由权?

(三)法的平等价值

【案例3】"同命不同价"的事实背后

日前,在青海打工的王某和一位工友因救落水工友而遇难,在赔偿时候却遭遇了"同命不同价"。城市户口的工友家属获赔40万元,农村户口的王某家属只获赔19万元。此事被媒体报道后引发广泛热议,舆论普遍批评赔偿方的差别对待。在舆论压力下,赔偿方最终表示,赔偿不再涉及户口差异,王某家属将获赔50万元。此事之所以引发舆论的轩然大波,是因为赔偿方差别对待的方法。在现代社会里,每个人的人格和生命都是平等的,在人格和生命的层面上,不能区分尊卑贵贱的三六九等,更不能根据人为区分的等级,给人的生命和人格打上不同的价码。尤其是在王某和他的工友都因为见义勇为而献出生命之后,在他们的赔偿问题上差别对待,更是对见义勇为这种美好价值的伤害和亵渎。

(来源:找法网 http://china.findlaw.cn/)

【案例分析】

王某遭遇引发的这起"同命不同价"案例,体现的是城乡户口二元制问题的冰山一角。在其背后,还有一系列有违平等公正的规范和事实。除了户口问题,在其他许多社会领域,也很容易看到对平等公正原则的违背。一个社会的核心价值观具有统摄性,它应该在所有领域、所有事情上都得到伸张体现,凡是与其偏离甚至违背的,就应该进行改革。从"同命不同价"的典型案例,就可以管窥户籍制度对于平等公正价值观的背离。所以,改革城乡二元化户籍制度,正是全面深化改革之中的一项重要内容。当然,改革一项固化了几十年的庞大制度,确实需要愚公移山一般的担当和韧劲。但在那些最能体现人性的领域,比如死亡赔偿金、抚恤金的发放标准,理所当然应该成为最早动刀的地方。王某及其家属所遭遇的不平等不公正,在舆论助力之下得到改观。然而,借力媒体和舆论毕竟不是一个常规渠道。归根到底,还是要靠制度和法律的保障,只有充分发挥法律的平等价值,用法律保障人们的生命,才能实现同名同价、生命的平等,避免上述恶劣现象的发生。

【思考讨论】

1. 结合案例分析如何理解法律平等价值的具体表现。

2. 思考如何深化当前法律改革以发挥其平等价值?

二、法的价值冲突

【案例4】警察的"两难困境"

一天夜里,警察发现一个杀人嫌疑犯可能携带罪证跑进了一个住着上百户人住的村子里躲藏起来。这时摆在警察面前的就是这样一道难题,冲进村子对每户人家进行搜查有可能抓住罪犯,但这样将侵犯整个村子上百户人家公民的法律权利,包括休息权、住宅权。不冲进村子尊重了上百户人家的公民的法律权利。但这样杀人嫌疑犯有可能毁灭罪证或逃脱追缉,使法律赋予的职责无法实现。这是一个法律的价值选择问题,有人认为解决这个问题并不难。因为警察不能为追缉一个犯罪嫌疑人而侵占上百户人家的权利,但如果为追缉一个犯罪嫌疑人而侵犯一个或几个人的权利,又该怎么办? 是追缉嫌疑人而损害他人的合法权利,还是尊重他人的合法权利而放弃对嫌疑人的追缉?

(来源:找法网 http://china. findlaw. cn/)

【案例分析】

本案例涉及的是法的价值冲突的问题。法的价值冲突既有可能发生在目的价值层面也有可能发生在形式价值层面。法的各种价值之间发生冲突是不可避免的。人类生活的多样性决定了价值目标的多元化、人类社会利益主体的多元化使法的价值冲突变得更为常见和复杂。在本案例中主要涉及的是自由与秩序之间冲突。自由是最本质的价值,是人性最深刻的需要。法律是保障自由得到实现的手段、反过来自由不能超越法律的约束。而秩序是法的基本价值,秩序是法的其他价值的基础。现代社会秩序要受到正义的控制。在本案中也应视具体情形而定。一方面追捕犯罪嫌疑人对居民进行搜查损害的是居民的自由权利,但实质上维护的是社会的安定秩序,维护的是社会的正义。从利益衡量的角度来说,虽然侵犯的了自由权利,但是若由犯罪嫌疑人逃脱无疑是对居民的潜在威胁。因此在打击犯罪的时候侵犯一部分人的利益是不可避免的。我们不能持绝对的自由主义的观点,自由是有限度的,也要受到一定的规制。在维护正义的前提下,在法律的框架内我们是可以依靠群众打击犯罪的。诚然我们可以在打击犯罪方面在经过论证考量之后可以损害部分人的自由,但是对于此,我们要进行利益的考量,把损失限定在最小的范围之内,要遵循比例原则。

【思考讨论】

1. 结合案例,思考法律自由和秩序之间价值冲突的具体表现?

2. 以及如何合理地调整法律自由和秩序价值之间的冲突?

【案例5】政策的"好"与"坏"

某市为加强道路交通管理,规范日益混乱的交通秩序,决定出台一项新举措,由交通管理部门向市民发布通告,凡自行摄录下机动车辆违章行驶、停放的照片、录像资料,送经交通管理部门确认后,被采用并在当地电视台播出的,一律奖励人民币200元~300元。此举使许多市民踊跃参与,积极举报违章车辆,当地的交通秩序一时间明显好转,市民满意。新闻报道后,省内甚至外省不少城市都来取经、学习。但与此同时,也发生了一些意想不到的事:有违章驾车者去往不愿被别人知道的地方,电视台将车辆及背景播出后,引起家庭关系、同事关系紧张,甚至影响了当事人此后的正常生活的;有乘车人以肖像权、名誉权受到侵害,把电视台、交管部门告上法庭的;有违章司机被单位开除,认为是交管部门超范围行使权力引起的;有抢拍者被违章车辆故意撞伤后,向交管部门索赔的;甚至有利用偷拍照片向驾车人索要高额"保密费"的,等等。报刊将上述新闻披露后,某市治理交通秩序的举措引起了社会不同看法和较大争议。

(来源:找法网 http://china.findlaw.cn/)

【案例分析】

在上述案例中,交通部门出台相关举措,主观目的是为了促进法律的秩序价值,但是该措施在促进秩序价值的同时,却也对其他的法律价值如个人隐私造成了损害。法的价值冲突的有效解决意义重大,因为其直接关系着法律目标的实现。在历史上有不同的法的价值冲突的解决方式,如民主和专政的方式、主体认同的方式和外在统一的方式、合法的方式和非法的方式等等。在现代法治社会里,不论是立法上还是法律实施上的价值冲突,都应该通过合法的方式去解决。

【思考讨论】

1. 思考在现实生活中如何厘清法律价值的不同体现维度?

2. 如何运用法律协调不同价值之间的关系?

【案例6】艾希曼事件

1961年4月11日,以色列政府在耶路撒冷对阿道夫艾希曼进行了审判,审判前后共持续了一个多月,最终艾希曼被判处死刑。此次对艾希曼的审判,是继纽伦堡审判与东京审判之后又一可在史册上留下重重一笔的判决。阿道夫·艾希曼是前纳粹高官,也是在犹太人大屠杀中执行"最终解决方案"的主要负责者,被称为"死刑执行者"。第二次世界大战中德国战败后,艾希曼先被美国俘获后又逃脱,经过漫长的逃亡之旅后,流亡至阿根廷,改名换姓隐居起来。1960年,以色列情报部门得到消息证实艾希曼在战后并没有被击毙(被击毙的是其替身),而其本人正身处阿根廷境内。经过周密部署,以色列情报人员于1960年5月11日在阿根廷抓获艾希曼,并将其秘密押送至以色列进行审判。在整个抓捕过程中,以色列官方并没有通知阿根廷政府,在未获得允许的情况下即在阿根廷领土范围内将艾希曼抓捕至以色列,整个过程更显得像是一场精心策划的"绑架"。事后,阿根廷政府以以色列侵犯其主权为由请求联合国责令以色列向阿根廷道歉,但被以色列拒绝。以色列虽然承认国际法中"领土主权"这一实体法概念,但其也认为领土主权并不是不可突破的。以色列提出的理由是,"当事实状态引起最不平凡和非常强烈的道德冲击时,我们有理由使这一抽象原则对有关人的要素的特种考虑做出让步。"对于这一说法阿根廷表示无法接受,并提出了自己的观点,即在任何情况下都不应破坏现有的法律秩序,因为法律本身是极其脆弱的。而后联合国支持了阿根廷的主张,责令以色列向阿根廷道歉。

(来源:找法网 http://china.findlaw.cn/)

【案例分析】

在艾希曼案中,以色列声称抓捕艾希曼并对其进行审判,是因为艾希曼对犹太人犯下了滔天罪行,这令人发指的行径险些使得犹太民族灭绝于世,不可不将其绳之于法。因而该抓捕行动得到了包括犹太人在内的大多数人的支持,众口盛赞以色列政府是正义的化身。面对这种欠缺理性的呼声,真的应该顺从民意而违例一次,破坏法律秩序吗?战后,一方面是对重要战犯的审判,另一方面则是对惨痛教训的反思,后者对人类社会的意义更显重要。虽然在纳粹德国发生了以法律名义进行大屠杀的悲剧,但这并没有使人们放弃依法治国的理念,更没有让人们对法律彻底绝望。人们试图通过完善法律,凭借历史的经验与自身的理性去弥补它的缺点,并将法治观念广而告之,使其深入民心——人人应当遵守法律,信仰法律,它会是人们的守护者,使人们免于恐惧与伤害。从这一点来看,在艾希曼案件中,坚守法律秩序远应比实现正义更具有价值,这对人类社会的未来发展更具长远意义。只有坚持自由、正义与秩序的和谐统一并用以指导法治实践,促进法律体系的不断发展与完善,法律的价值方能真正得到实现,我们的法治建设目标方能逐步从理想变为现实。

【思考讨论】

1. 思考在实际生活中如何处理个案正义和法律秩序之间的冲突?

2. 如何更好地优化这种价值冲突?

第二章

社会主义法的基本理论

第一节　社会主义法的本质和作用

【本节要点】

社会主义法是以工人阶级为领导的广大人民的共同意志的体现;是上升为国家意志的以工人阶级为领导的广大人民的共同意志;我国以工人阶级为领导的广大人民的意志的内容归根结底是由社会主义社会的物质生活条件决定的。

社会主义法的基本特征:社会主义法是阶级性和人民性的统一;社会主义法是科学性和进步性的统一;社会主义法贯彻了公民的权利和义务的一致性;社会主义法的实施以国家的强制力和人民的自觉遵守有机结合为保障;社会主义法是党的主张和人民意志的统一。

社会主义法的作用:社会主义法促进和保障社会主义经济建设;社会主义法保障人民民主及对敌专政和打击刑事犯罪;社会主义法保障和促进精神文明建设;社会主义法促进和保障对外政治、经济、文化关系的发展。

一、社会主义法的本质及基本特征

【案例 1】中共中央关于全面推进依法治国若干重大问题的决定(节选)

全面推进依法治国,必须贯彻落实党的十八大和十八届三中全会精神,高举中国特色社会主义伟大旗帜,以马克思列宁主义、毛泽东思想、邓小平理论、"三个代表"重要思想、科学发展观为指导,深入贯彻习近平总书记系列重要讲话精神,坚持党的领导、人民当家作主、依法治国有机统一,坚定不移走中国特色社会主义法治道路,坚决维护宪法法律权威,依法维护人民权益、维护社会公平正义、维护国家安全稳定,为实现"两个一百年"奋斗目标、实现中华民族伟大复兴的中国梦提供有力法治保障。

全面推进依法治国,总目标是建设中国特色社会主义法治体系,建设社会主义法治国家。这就是,在中国共产党领导下,坚持中国特色社会主义制度,贯彻中国特色社会主义法治理论,形成完备的法律规范体系、高效的法治实施体系、严密的法治监督体系、有力的法治保障体系,形成完善的党内法规体系,坚持依法治国、依法执政、依法行政共同推进,坚持法治国家、法治政府、法治社会一体建设,实现科学立法、严格执法、公正司法、全民守法,促进国家治理体系和治理能力现代化。

实现这个总目标,必须坚持以下原则。

——坚持中国共产党的领导。党的领导是中国特色社会主义最本质的特征,是社会主义法治最根本的保证。把党的领导贯彻到依法治国全过程和各方面,是我国社会主义法治建设的一条基本经验。我国宪法确立了中国共产党的领导地位。坚持党的领导,是社会主义法治的根本要求,是党和国家的根本所在、命脉所在,是全国各族人民的利益所系、幸福所系,是全面推进依法治国的题中应有之义。党的领导和社会主义法治是一致的,社会主义法治必须坚持党的领导,党的领导必须依靠社会主义法治。只有在党的领导下依法治国、厉行法治,人民当家作主才能充分实现,国家和社会生活法治化才能有序推进。依法执政,既要求党依据宪法法律治国理政,也要求党依据党内法规管党治党。必须坚持党领导立法、保证执法、支持司法、带头守法,把依法治国基本方略同依法执政基本方式统一起来,把党总揽全局、协调各方同人大、政府、政协、审判机关、检察机关依法依章程履行职能、开展工作统一起来,把党领导人民制定和实施宪法法律同党坚持在宪法法律范围内活动统一起来,善于使党的主张通过法定程序成为国家意志,善于使党组织推荐的人选通过法定程序成为国家政权机关的领导人员,善于通过国家政权机关实施党对国家和社会的领导,善于运用民主集中制原则维护中央权威、维护全党全国团结统一。

——坚持人民主体地位。人民是依法治国的主体和力量源泉,人民代表大会制度是保证人民当家作主的根本政治制度。必须坚持法治建设为了人民、依靠人民、造福人民、保护人民,以保障人民根本权益为出发点和落脚点,保证人民依法享有广泛的权利和自由、承担应尽的义务,维护社会公平正义,促进共同富裕。必须保证人民在党的领导下,依照法律规定,通过各种途径和形式管理国家事务,管理经济文化事业,管理社会事务。必须使人民认识到法律既是保障自身权利的有力武器,也是必须遵守的行为规范,增强全社会学法尊法守法用法意识,使法律为人民所掌握、所遵守、所运用。

——坚持法律面前人人平等。平等是社会主义法律的基本属性。任何组织和个人都必须尊重宪法法律权威,都必须在宪法法律范围内活动,都必须依照宪法法律行使权力或权利、履行职责或义务,都不得有超越宪法法律的特权。必须维护国家法制统一、尊严、权威,切实保证宪法法律有效实施,绝不允许任何人以任何借口任何形式以言代法、以权压法、徇私枉法。必须以规范和约束公权力为重点,加大监督力度,做到有权必有责、用权受监督、违法必追究,坚决纠正有法不依、执法不严、违法不究行为。

——坚持依法治国和以德治国相结合。国家和社会治理需要法律和道德共同发挥作用。必须坚持一手抓法治、一手抓德治,大力弘扬社会主义核心价值观,弘扬中华传统美德,培育社会公德、职业道德、家庭美德、个人品德,既重视发挥法律的规范作用,又重视发挥道德的教化作用,以法治体现道德理念、强化法律对道德建设的促进作用,以道德滋养法治精神、强化道德对法治文化的支撑作用,实现法律和道德相辅相成、法治和德治相得益彰。

——坚持从中国实际出发。中国特色社会主义道路、理论体系、制度是全面推进依法治国的根本遵循。必须从我国基本国情出发,同改革开放不断深化相适应,总结和运用党领导人民实行法治的成功经验,围绕社会主义法治建设重大理论和实践问题,推进法治理论创新,发展符合中国实际、具有中国特色、体现社会发展规律的社会主义法治理论,为依法治国提供理论指导和学理支撑。汲取中华法律文化精华,借鉴国外法治有益经验,但决不照搬外国法治理念和模式。

全面推进依法治国是一个系统工程,是国家治理领域一场广泛而深刻的革命,需要付出长期艰苦努力。全党同志必须更加自觉地坚持依法治国、更加扎实地推进依法治国,努力实现国家各项工作法治化,向着建设法治中国不断前进。

【案例分析】

坚持走中国特色社会主义法治道路,建设中国特色社会主义法治体系。依法治国,是坚持和发展中国特色社会主义的本质要求和重要保障,是实现国家治理体系和治理能力现代化的必然要求,事关我们党执政兴国,事关人民幸福安康,事关党和国家长治久安。全面建成小康社会、实现中华民族伟大复兴的中国梦,全面深化改革、完善和发展中国特色社会主义制度,提高党的执政能力和执政水平,必须全面推进依法治国。

我们党高度重视民主法治建设。长期以来,特别是党的十一届三中全会以来,我们党深刻总结我国社会主义法治建设的成功经验和深刻教训,提出为了保障人民民主,必须加强法治,必须使民主制度化、法律化,把依法治国确定为党领导人民治理国家的基本方略,把依法执政确定为党治国理政的基本方式,积极建设社会主义法治,取得历史性成就。目前,中国特色社会主义法律体系已经形成,法治政府建设稳步推进,司法体制不断完善,全社会法治观念明显增强。

【思考讨论】

1. 依法治国的重要意义是什么?

2. 中国特色社会主义法治道路的所有的"中国特色"体现在哪里?

二、社会主义法的作用

【案例2】王某某等九人生产、销售有毒、有害食品案

2009 年 5 月至 2012 年 2 月,原审被告人王某某在明知他人利用"动物精炼油"(地沟油)生产食用油的情况下,仍利用鸡鸭等肉制品加工剩余的非食用原料炼制"动物精炼油"并向他人销售,共计销售 680.85 吨,销售金 572.86 万元;其中,原审被告人李某参与销售"动物精炼油"336.56 吨,销售金额 326.32 万元。

原审被告人王某甲明知"动物精炼油"不能供人食用,仍从王某某、李某经营的公司处购买共计 198.125 吨、价值 130 余万元的"动物精炼油"掺杂在自己经营的散豆油中对外销售,供人食用。原审被告人王某乙、杨某某、郑某某、马某某明知王某甲利用"动物精炼油"生产、销售有毒、有害食品,仍通过提供转账、称重、运输等方式多次进行帮助。

原审被告人王某丙在明知其利用鸡鸭等肉制品加工所废弃的非食用原料炼制的动物毛油不能供人食用的情况下,仍将其炼制的动物毛油 400 余斤出售给原审被告人孙某某用于加工食品,销售金额 2000 余元;原审被告人孙某某明知"动物精炼油"不能供人食用,仍用其炸制豆腐干出售,供人食用。

青州市法院于 2013 年 10 月 26 日作出判决,以王某某、李某、王某甲犯生产、销售有毒、有害食品罪,分别判处有期徒刑十年零六个月、有期徒刑十年、有期徒刑八年。

(来源:中华律师网 http://www.lsbar.com/)

【案例分析】

此案系关注民生民利的典型案件。原审被告人王某某等人有组织地利用公司生产、加工"地沟油",供人食用,出售牟利,作案时间跨度长、生产数量大、销售数额多,根据两高一部《关于依法严惩"地沟油"犯罪活动的通知》精神,属于依法应予严惩的源头性犯罪主体。一审法院以生产、销售有毒、有害食品罪判处 9 人缓刑,检察机关抗诉后 3 名主犯全部改判实刑,其中 2 人改判十年以上有期徒刑。对这种严重扰乱市场秩序和危害人民群众身体健康的犯罪行为的从重打击,震慑了犯罪分子,保护了民生民利,增强了司法公信力。

【思考讨论】

1. 如何看待本案的审判结果?

2. 相关法律条款的设立有什么意义?

【案例 3】王某某、马某某污染环境案

2012 年 9 月间,被告人王某某对在江阴市周庄镇华宏村江阴市高宏贸易有限公司内租用油罐做煤焦油生意的刁某某谎称其在污水处理厂有关系,可以帮刁某某处理煤焦油分离废液,二人约定每吨处理费用为人民币(下同)180 元。同年 12 月 25 日,刁某某委托王某某处理油罐内的煤焦油分离废液。同月 26 日下午,王某某租用被告人马某某驾驶的槽罐车,至刁某某装载了煤焦油分离废液 30.24 吨。随后,王某某又指使马某某将槽罐车开至其事先踩点确定的倾倒地点江阴市徐霞客镇峭岐皋岸村江阴市周涛涤塑有限公司东侧的冯泾河北支浜岸边。当晚 21 时许,王某某、马某某趁无人之际,将 30.24 吨煤焦油分离废液倾倒入江阴市冯泾河北支浜内,致使冯泾河北支浜及相连的冯泾河河水大面积被污染。

江阴市环保局为防止污染扩大、消除污染,根据江苏省环境科学研究院、江苏省环科院环境科技有限责任公司设计的应急处置方案,对该污染事件进行了筑坝拦截、调水稀释、活性炭吸附、污水处理、污泥清淤、干化焚烧等相应处置,处置费用共计 60 万余元。案发后,被告人王某某的家属自愿代为赔偿 1 万元,被告人马某某自愿赔偿 5 万元。江苏省环境科学研究院、江苏省环科院环境科技有限责任公司专家论证分析认为,煤焦油分离废液中含有大量的挥发酚和油类物质,还有大量的氨氮、硫氰化物、氰化物、各种单环或者多环芳香族化合物和杂环有机化合物,属于较难处理的工业废水。由于流入冯泾河的废液较多,该次污染事件除应急处置费用外,还对流域局部的水环境、饮水安全、农业浇灌等产生较大的负面影响,造成了不可估量的间接损失,全面消除这些影响所需费用远高于应急处置费用。

江苏省江阴市人民法院于 2013 年 10 月 10 日作出(2013)澄环刑初字第 0003

号刑事判决,以污染环境罪分别判处被告人王某某有期徒刑一年零九个月,并处罚金人民币3万元;被告人马某某有期徒刑九个月,缓刑一年,并处罚金人民币1万元。

（来源:北大法宝司法案例 http://www.pkulaw.cn/）

【案例分析】

对于擅自向河中倾倒大量工业废水的行为,在定罪时应重点界定该工业废水是否属于刑法所规定的污染物范围,被告人的行为是否属于"严重污染环境";在量刑时应当根据被告人犯罪情节适当限制缓刑的适用。《中华人民共和国刑法》第三百三十八条违反国家规定,排放、倾倒或者处置有放射性的废物、含传染病病原体的废物、有毒物质或者其他有害物质,严重污染环境的,处三年以下有期徒刑或者拘役,并处或者单处罚金;后果特别严重的,处三年以上七年以下有期徒刑,并处罚金。被告人王某某、马某某违反国家规定,向河水中排放危险废物30余吨,严重污染环境,致使公私财产损失30万元以上,二被告人的行为均已构成污染环境罪,且系共同犯罪。在共同犯罪中,王某某起主要作用,系主犯;马某某起次要作用,系从犯。王某某犯罪后自动投案,并如实供述了自己的罪行,系自首。

保护环境是我国的基本国策,事关人民群众根本利益。党中央高度重视生态文明建设和环境保护工作。党的十八大把生态文明建设放在突出地位,纳入中国特色社会主义现代化建设的总体布局。十八届三中全会、四中全会又进一步提出要求,要加快生态文明制度建设,用严格的法律制度保护生态环境。习近平总书记明确指出,保护生态环境必须依靠制度,依靠法治。只有实行最严格的制度、最严密的法治,才能为生态文明建设提供可靠保障。全国人大及其常委会历来高度重视环境保护领域立法工作,先后制定了环境保护法、大气污染防治法、水污染防治法等30多部相关法律,这些法律的颁布实施,为保护和改善我国生态环境发挥了重要作用。

【思考讨论】

1. 关于生态文明的法律条文的设立意义?

2. 能否列举出身边关于生态文明建设的例子?

【案例4】支付宝行骗的新型网络犯罪案

2014年3月至4月间,被告人杨某通过在百姓网发布代办信用卡、提高信用卡额度等虚假信息,欺骗张某某等7名被害人在农业银行办理银行卡后存入一定数额的钱款,同时将银行卡与杨某的手机号绑定,再让被害人将身份证信息和银行卡信息通过微信或者 QQ 发送给他。杨某获取上述信息后，分别用 7 名被害人的银行卡开通并绑定自己手机号的支付宝，将被害人张某某等 7 人在银行卡内共计 5 万余元的钱款转至该支付宝，再转入其本人的支付宝、银行卡内占为己有。同年 4 月 21 日，杨某被公安机关抓获，到案后如实供述了上述犯罪事实。

上海市宝山区人民法院认为，被告人杨某冒用他人信用卡，骗取他人钱款，数额巨大，其行为已构成信用卡诈骗罪。依照刑法第一百九十六条第一款第（三）项、第六十七条第三款、第六十四条、"两高"《关于办理妨害信用卡管理刑事案件具体应用法律若干问题的解释》第五条第二款第（三）项之规定，以信用卡诈骗罪判处杨某有期徒刑五年，并处罚金 5 万元。上海市第二中级人民法院经审理认为，张某某等 7 名被害人根据上诉人杨某要求办理的银行卡属于刑法规定的"信用卡"。杨某以欺骗的方式非法获取被害人信用卡信息资料后，通过互联网终端将被害人钱款转出后占为己有，其行为应当认定为冒用他人信用卡，实施信用卡诈骗，已构成信用卡诈骗罪。

（来源：110 法律咨询网 http://www.110.com/）

【案例分析】

支付宝于 2004 年从淘宝网分拆独立，逐渐向更多的合作方提供支付服务，发展成为中国最大的第三方支付平台，它所倡导的"简单、安全、快速"的支付解决方案确实给人们的生活带来了便利。近年来，随着银行卡产业的发展与信息技术的进步，信用卡的使用渠道不断拓宽，信用卡诈骗活动的犯罪手段也随之发生了变化，从传统的在自动柜员机上使用他人信用卡，演变为在销售点终端机具、网上支付、电话支付渠道使用他人信用卡或者信用卡信息。不法分子利用信用卡可以通过支付宝网上交易的特点实施犯罪。本案即是一起以欺骗的方式非法获取被害人借记卡信息资料，后通过支付宝非法转移、占有被害人钱款的新类型犯罪案件。这是人民法院充分发挥审判职能作用推动社会主义文化大发展大繁荣和促进经济自主协调发展的重要实践，是网络经济社会发展的典型案例。

【思考讨论】

1. 如何看待社会主义法律随着时代发展面临的新挑战？

2. 如何看待知识产权对个人、集体和国家发展的重要性？

【案例5】蓝某某拐卖妇女、儿童案

1988 年 9 月，被告人蓝某某伙同同案被告人谭某某等人在广西壮族自治区南宁市，将被害人向某某（女，时年 22 岁）拐带至福建省大田县，经林传溪等人介绍，将向某某出卖。1989 年 6 月,蓝某某伙同黄某某,经"邓八"介绍,将被害人廖某(男,时年 1 岁)从广西壮族自治区宾阳县拐带至大田县,经林传溪介绍,将廖某出卖。此后至 2008 年间,蓝某某采取类似手段,单独或伙同他人在广西宾阳县、巴马县等 12 个县,钦州市、凭祥市、贵港市、河池市等地,先后将被害人韦某某、黄某某等 33 名 3 至 10 岁男童拐带至福建省大田县、永春县,经林传溪、苏二妹和同案被告人郭某某、涂某某、陈某某等人介绍,将其出卖。蓝某某拐卖妇女、儿童,非法获利共计 50 余万元。

广西壮族自治区河池市中级人民法院经审理认为,蓝某某为牟取非法利益,拐卖妇女、儿童,其行为已构成拐卖妇女、儿童罪。虽然蓝某某归案后坦白认罪,但其拐卖妇女、儿童人数多,时间长,主观恶性极深,社会危害极大,情节特别严重,不足以从轻处罚。依照刑法有关规定,以拐卖妇女、儿童罪判处被告人蓝某某死刑,剥夺政治权利终身,并处没收个人全部财产。宣判后,蓝某某提出上诉。广西壮族自治区高级人民法院经依法审理,裁定驳回上诉,维持原判,并依法报请最高人民法院复核。最高人民法院经依法复核,核准蓝某某死刑。罪犯蓝某某已于近日被执行死刑。

(来源:中国法院网 http://www.chinacourt.org/)

【案例分析】

对于拐卖妇女、儿童犯罪,我国司法机关历来坚持从严惩治的方针,其中,偷盗、强抢、拐骗儿童予以出卖,造成许多家庭骨肉分离,对被拐儿童及其家庭造成巨大精神伤害与痛苦,在社会上易引发恐慌情绪,危害极大,更是从严惩治的重点。本案中,被告人蓝某某拐卖妇女 1 人,拐骗儿童 34 人予以出卖,不少儿童被拐 10 多年后才得以解救,回到亲生父母身边。众多家长为寻找被拐儿童耗费大量时间、金钱和精力,其中有 1 名被拐儿童亲属因伤心过度去世。综合考虑,蓝某某所犯罪行已属极其严重,尽管有坦白部分拐卖事实的从轻处罚情节,法院对其亦不予从轻处罚。

【思考讨论】

1. 如何保护公民合法权益?

2. 妇女和儿童在面对上述情况时应如何处理?

第二节　社会主义法治观念

【本节要点】

一个人的法治观念,是从事法治实践和其他社会活动的思想基础。法治观念是在实践中逐渐形成的,并指导人们的社会实践。树立社会主义法治观念,必须积极投身全面依法治国的伟大实践,关心社会主义法治国家建设的历史进程,要在这一进程中牢固树立正确的法治观念,增强坚持走中国特色社会主义法治道路,坚持党的领导、人民当家作主与依法治国相统一,坚持依法治国与以德治国相结合的自觉性。

社会主义法治观念的主要内容:自由平等观念、公平正义观念、法律权利与义务观念、社会主义民主法治观念等。

一、自由平等观念

【案例1】贵州艾滋病就业歧视案原告胜诉获赔案

2015年4月25日,贵州省黎平县人民法院对李成(化名)艾滋病就业歧视案做出判决。黎平县教育和科技局被判支付李成9800元经济补偿。2013年10月,已经在特岗教师岗位服务3年的李成,打算和人力资源和社会保障局续约,却被告知因为其被查出艾滋病,故体检不合格不能续约。

李成今年33岁,是黔东南苗族侗族自治州人。2010年9月,他考入黔东南州黎平县某中学成为特岗教师。按照县人社局相关政策,如果李成接下来的3年工作考核合格,便可以申请继续留在学校任教。

李成说,他喜欢教师这个职业,总是对这份工作充满激情。他回忆,自己3年教学中的6个学期,他有5个学期都是超负荷带班。一般老师带两个班,而他一直都是带3个班,超过一般老师一半的工作量。正因为如此,在同一个教学环境中,李成的考核都保持在前列。

2013年10月,李成满怀期待和学校签订留任合同,但是却被县人社局告知,李成的体检不合格,李成不能和人社局续签合同。李成后来得知,所谓的体检不合格,是自己被查出了HIV呈阳性。李成成为了一名艾滋病病毒感染者。

2014年6月,李成向黎平县人事争议仲裁委员会申请劳动仲裁,要求继续从事教育教学工作,享受当地教师同等待遇;要求黎平县人社局、教育局赔偿经济损失 22400 元,精神损害抚慰金 5 万元。10 月 10 日,这些请求被全部驳回。

10 月 24 日,李成又向黎平县人民法院提起民事诉讼。但法院裁定不予受理,理由是案件所涉人事争议属于政策性调整范围,应当由政府有关部门负责解决,不属于法院民事案件受理范围。

11 月 4 日,李成向黔东南州中级人民法院提起上诉,请求撤销一审法院做出的不予受理裁定。2015 年 1 月 19 日,黔东南苗族侗族自治州中级人民法院裁定黎平县法院应予立案。于是,在 2015 年 2 月 9 日,黎平县法院立案重审此案。

2015 年 4 月 25 日,黎平县法院做出判决,根据《劳动合同法》第四十六条第五款的规定,除用人单位维持或者提高劳动合同约定条件续订劳动合同,劳动者不同意续订的情形外,劳动合同期满后终止固定期限劳动合同的,用人单位应当向劳动者支付经济补偿。根据《劳动合同法》第四十七条的规定,经济补偿按劳动者在本单位工作的年限,每满一年支付一个月工资的标准向劳动者支付。六个月以上不满一年的,按一年计算;不满六个月的,向劳动者支付半个月工资的经济补偿。李成的原合同期间是 3 年零 1 个月,每月工资标准是 2800 元。因此,黎平县教育和科技局应该补偿李成 9800 元。黎平县人力资源和社会保障局作为合同的共同单位,承担连带补偿责任。

(来源:京华时报 http://epaper.jinghua.cn/)

【案例分析】

在本案中原告认为被告侵犯了它担任教师的平等权。按照《宪法》,"中华人民共和国公民在法律面前一律平等"。平等的反面就是歧视,歧视是社会对待一个人的态度不是根据他的行为,而是根据他的身份。平等不仅仅是一项原则,也是一项权利。平等包含了形式和实质上的两个方面,形式上的平等也就是一种机会的平等,如人们在法律上享有同等的权力,这种平等观虽然注意到了人们机会的平等,却忽视了人与人之间的差异;而实质上的平等却是从人生而不同出发,体现了每个人有其各自的特性。李成案是国内首例成功获得法院胜诉判决的艾滋病就业歧视案。

【思考讨论】

1. 如何认识自由平等观念?

2. 如果现实中你遇到类似情况将会如何处理?

二、公平正义观念

【案例2】公正执法的好法官

14年的一线执行工作,龙江县执行局局长张晓红已经历练成黑龙江省有名的疑难案执行专家,结案率高达97%。

上午8时15分黑龙江省龙江县人民法院执行局局长张晓红正要去执行一件房屋租赁合同纠纷案。虽然他自己都记不清执行过多少起案件了,但是每一次执行时他都抑制不住内心的紧张和兴奋。快到执行地点时他还不时叮嘱下属,要做好准备,以防被执行人躲避起来。

执行程序是民事、经济诉讼判决生效后司法工作的最后一道程序,在张晓红眼里,他对执行工作有自己的看法。他说,执行工作非常重要,执行工作是法院的最后一关,如果生效的法律文书得不到执行,当事人就对法院不满意,认为法院的判决是白判,甚至有的人变成顺口溜说,嘴巴磨出泡,大道跑成槽,花钱买张纸,官了事未了,意思是说申请执行人交了诉讼费,又来往到法院多次,又花旅餐费,结果得到的却是法律上的白条子。

但是如果执行好了,会对法院的尊严和法律的尊严起到很好的作用。执行是个千头万绪的工作,顺利的一个上午就可以执行完结,要是碰到难以执行的案件,就不是一天两天能够解决的,张晓红也面临这些难题,但他却坚持着,而且一坚持就是14年,克服一件件困难,这不仅要依靠张晓红的执著也因为他的大胆和勇气。

2001年张晓红接手了这么一起案件。这是一起农民诉某粮库的涉农案件,几十个农民打赢了官司却拿不到执行款干着急。由于被执行人没有了可供执行的财产,根据法律规定,这起案件应该终止执行。

但是这件案子到了张晓红手里却不认输,有没有更好的办法让他们拿到执行款呢,在查找资料时他看到了这样一份文件,这份文件让他眼前一亮。他决定试验一下这份文件。

法律规定,当事人申请执行的期限是一年,如果超过这个期限当事人就没有再到法院申请执行的这个权力,债权凭证的作用就是能保证当事人的权利永不失效,一旦发现被执行人有可供执行的财产,随时可以到法院恢复执行。但是债权凭证虽好,法律中却没有规定,黑龙江省也没有使用的先例,为此张晓红的这个实验在龙江县法院引起了很多非议。

他的同事们也多次劝他别冒这个风险。张晓红也很明白自己的处境,一旦债权凭证试验失败,从小处来说可能会受到处分,大处来讲这辈子就要调离司法部门,但是他的勇气最终使债权凭证的办法顺利使用。半年后,这起涉农案件终于顺利执行成功,债权凭证的办法也在黑龙江省推广。凭借着开拓的勇气他又首创了悬赏执行、易物执行等十几种新的执行办法,这些办法帮助他完成了不少的疑难、积压案件。

张晓红说,作为一个法官应该积极探索新的途径和新的执行方法,不然的话,已经不适应新形势下执行工作的需要,也不能驾驭执行工作,通过探索出来一些新的方式方法能解决很大的问题。有时张晓红面对的不仅仅是大胆探索的勇气,同时也要面对各种压力甚至是生命的危险。

夜已经很深了,张晓红还在伏案写作,在这些年中他有了一个习惯,就是把自己在办案中的一些心得体会用文字的方式记录了下来。当他听说人大要修订一部《强制执行法》议案的消息后他把自己积累的这些心得寄了过去,他说虽然说明不了什么,但至少这是基层法院的真实反映,至少能给他们一些参考。

张晓红对法官职业的理解:我认为一名优秀的法官应该堂堂正正做人,公公正正执法,扎扎实实干事,勤勤恳恳为民,这样的法官才是一个好法官。

(来源:中国法院网 http://www.chinacourt.org/)

【案例分析】

人民法院和人民检察院根据法律法规,公正司法,保护公民、法人和其他组织的合法权利,解决法律纠纷,惩治违法犯罪行为,从而捍卫法律权威,维护法律秩序。张晓红,作为一名普通的执行法官,正是通过自己的实际行动,维护了法律秩序,捍卫了法律权威。张晓红在执行岗位上工作了 14 年,克服了一次次困难,这不仅要依靠他的执著,也要靠他的大胆和勇气,更要靠他对国家法律的忠诚。作为一名执行法官,为适应新形势下执行工作的需要,能够更好地驾驭执行工作,张晓红积极探索新的途径和新的执行方法。今天,社会各界和广大人民群众对司法机关的形象、司法机关及其公职人员的行为以及司法的公正性越来越关注。司法机关及其公职人员代表国家行使司法权,他们的法治意识、公正意识牢不牢,在很大程度上影响社会的和谐稳定,影响到经济社会发展的环境,影响到广大人民群众的合法权利能否受到有效的保护。公正是司法的灵魂和生命,维护司法公正是司法机关的天职,公正司法是人民赋予司法工作者的使命。

【思考讨论】

1. 你怎样评价执行法官张晓红？

2. 什么是公平正义观念？怎样做到公平正义？

三、法律权利与义务观念

【案例3】坚持权利义务一致原则，实现继承法律公平——崇某案

家住上海某区的独居老人崇某去世后留下价值二十余万元的遗产。街道办事处对老人的遗产暂为保管。不久，自称是崇某丈夫的杨某要求以配偶身份继承死者的遗产。后经查明，杨某确系崇某的合法丈夫，但早在二十多年前就与另一女子另行结婚。杨某以法定继承人身份起诉至法院，要求办事处归还代为保管的财产。法院认为，依据现行继承法规定，重婚行为并不当然导致继承权丧失。据此裁判杨某为崇某的合法继承人，分得遗产。

在司法实务中，继承人没有履行与其继承权产生的身份基础相关的基本义务如赡养、抚养义务等，甚至通过欺诈、胁迫等恶意手段获得遗产的现象时有发生，如果让其目的得逞，既不符合继承立法的精神和目的，也从根本上违反了民法的公平、公序良俗原则，同时也是对逝者极大的不公正。本案涉及的重婚行为是一种严重违反一夫一妻制、违背夫妻间相互忠实义务的违法犯罪行为，破坏了配偶继承权产生的身份基础——合法的婚姻关系，让重婚者继续享有配偶继承权，于法于理都不符。它在客观上是对那种无视法律的、道德沦丧者的一种放纵，也是对立法初衷的漠视，理所当然地受到当地公民的质疑。

（来源：《坚持权利义务一致原则，实现继承法律公平——以崇某案例为分析体》中国知网）

【案例分析】

法律权利与义务观念，是社会主义法治国家的公民应当具有的基本法治观念。权利与义务相一致是我国司法实践经验的总结。长期以来，通过大量的司法实务，人们已达成共识，即享受继承遗产的权利要和对被继承人尽的扶养义务相一致。这绝不是商品经济的纯粹的等价交换、按劳付酬，而是对多尽义务者的促进、鼓励和对有条件尽义务而不尽者的批评、教育。最高人民法院《关于贯彻执行<中华人民共和国继承法>若干问题的意见》早已指出："人民法院贯彻执行继承法，要根据社会主义的法制原则，坚持继承权男女平等，贯彻互相扶助和权利义务相一致的精神，依法保护公民的私有财产的继承权。"

【思考讨论】

1. 法律权利与义务的关系是什么？

2. 如何捍卫法律权利,承担法律义务？

四、社会主义民主法治观念

【案例4】民主法治示范村建设

2003 年民主法治示范村创建开展之初,在 2004 年江西省就设立了建立 100 个示范村的目标。到目前,江西省已有74% 的行政村成功开展"民主法治示范村"创建活动,其中有61 个村被授予"全国民主法治示范村"、264 个村被命名为江西"省级民主法治示范村"。

创建工作开展以来,江西省进一步推进依法治理和法治创建活动,在普法工作上也体现出了新特点,其着重把立法、执法、庭审判案、法律服务、法律援助、人民调解等法治实践的过程变成法制宣传的过程。

江湾村推行"四议两公开"制度。江湾,是全省最早的一批民主法治示范村之一。江湾村村委会主任程福芊说,2004 年,江湾村获民主法治示范村称号,时隔已经 11 年,招牌仍挂在村委会多媒体会议室的门楣上。"凡是村级重大事务和与农民群众切身利益相关的事项,都要按照'四议两公开'工作法决策、实施。"他说,江湾村坚持"四议两公开"制度,是为了保证民主议事程序更加规范。其中,"四议"指党支部会提议、"两委"会商议、党员大会审议、村民代表会议或村民会议决议;"两公开":决议公开、实施结果公开。程福芊说,凡是与党组织、全体党员、群众切身利益密切相关的重大事项,都要通过党员"首议制"进行民主决策,让党员先知道、先讨论、先行动。

江湾村党支部以"1 + 2"培养模式,由村干部牵头,对培养对象的出生年月、专长予以公示,并进行具体帮扶培养。例如,村支书江一鸣负责联系的江云峰、汪良彪二人都在外地打工,并对其他一些外出务工的村民加强党的基本知识教育,提高政治思想觉悟。另外,还有党员结对帮扶政策,需要帮扶的都是种植户,帮扶的具体措施是提供信息,技术上给予指导。

除此之外,江西省还积极开展法治宣传,推进基层民主法制建设。不仅是婺源县,从 2003 年民主法治示范村开展创建以来,到 2004 年江西省确定建立 100 个示范村。同期,江西省加大法治宣传的力度,扎实推进新形势下的基层民主法制建设。2005 年6 月8 日至 9 日,江西省司法厅、民政厅在景德镇市召开"民主法治示范村"创建工作经验交流会,全国普法办曾发来了贺信。

会议上提出"民主法治示范村"要努力做到"七上墙",即村民委员会组织法上墙、村民自治章程上墙、"民主法治示范村"创建标准上墙、村务公开上墙、财务公开上墙、法制宣传上墙、村创建"民主法治示范村"领导小组名单上墙。会议代表参观了景德镇市昌江区竟成镇黄泥头村、吕蒙乡官庄村民主法治示范村创建情况。江湾村作为民主法治示范村在会上介绍了其经验。

为推动全省的法治舆论宣传工作,江西省司法厅、法宣办还直接组织开展了全省国家公务员说法电视大赛,"道德法律进社区"、"让宪法和法律走进千家万户"普法游园会等大型法制宣传活动,同时还创办了"江西普法网",深受群众欢迎。全体公民特别是各级领导干部的法律素质和全社会法治化管理水平明显提高,有力地推进了江西省的民主法制建设。

自2003年之后,江西省在推进依法治理和法治创建活动上有了新特点,创新之处在于把立法、执法、庭审判案、法律服务、法律援助、人民调解等法治实践的过程变成法制宣传的过程。

婺源县建立基层司法协助网络,获取基层政府、广大村居干部、行业协会、社会团体等社会力量对司法工作的支持,让人民群众积极有效地参与到法院的司法工作中来,成为了人民法院改进工作的一种有益途径。目前,借助民主法治示范村建设等抓手,婺源县正在健全普法队伍的建设,江湾村的普法工作也将纳入地方党委、政府目标考核,根据婺源县的要求,普法工作做到有计划部署、有检查指导、有考核奖惩、有总结表彰、有专项工作经费并落实到位。婺源县还开通法律援助、公证援助与司法鉴定援助"绿色通道"。在法律援助上推行"点援制"。让援助对象受援人通过"菜单"可以自主选择律师,法律援助机构尽可能根据受援人的意愿指派其选择的律师。

通过深化"民主法治示范村"创建工作,江西省74%的村开展了"民主法治示范村"创建,61个村被授予"全国民主法治示范村",264个村命名为"省级民主法治示范村"。开展了"民主法治社区"创建,已命名表彰了160个省级、212个市级、695个县级"民主法治社区"。加强了"法治城市"创建,南昌市和17个县(市、区)荣获"全国法治城市创建活动先进单位"。

【案例分析】

社会主义民主法治是社会主义的重要特征,发展社会主义民主、健全社会主义法制、建设社会主义法治国家,是中国特色社会主义建设事业的重要组成部分。

党的领导是社会主义民主法治建设的根本保证,中国共产党是社会主义民主法治建设的领导力量,是维护和发展人民民主、实行并坚持依法治国的坚强保证。削弱党的领导,脱离党的领导,放弃党的领导,社会主义民主法治就不可能建设好。发展社会主义民主政治,最根本的是要坚持党的领导、人民当家作主和依法治国有机统一。社会主义民主法治相互依存、相互促进,两者间存在着密切关系。一方面,社会主义民主是社会主义法治的前提和基础,决定着社会主义法治的性质和内容。另一方面,社会主义法治是社会主义民主的体现和保障,是社会主义民主的重要实现途径。江西省在民主法治示范村的创建中呈现出村级组织健全,村党组织充分发挥领导核心作用等特点,这是党的领导在社会主义民主法治建设中重要作用的体现。深入开展法制教育,村民法律素质提高明显;"四民主、两公开"落实,村民自治得到保障;依法建章立制,村务管理规范有序;矛盾纠纷调处及时,村民和睦社会稳定等诸多成绩则反映了社会主义民主与法治相互促进,推动社会发展和进步的重要特征。"十三五"规划建议和规划纲要都明确提出了"十三五"时期我国民主法治建设的主要目标。树立社会主义民主法治观念,全面落实法治建设目标任务,对于确保如期全面建成小康社会,协调推进"四个全面"战略布局,最终实现"两个一百年"奋斗目标、实现中华民族伟大复兴的中国梦,具有重要意义。

【思考讨论】

1. 如何树立社会主义民主法治观念?
2. 从江西省在民主法治示范村建设中获得了什么经验?

第三节 树立法治观念 尊重法律权威

【本节要点】

法治思维的内涵丰富、外延宽广,从不同的角度,可以进行不同的解读。法治思维是指以法治价值和法治精神为导向,运用法律原则、法律规则、法律方法思考和处理问题的思维模式。法治思维主要表现为价值取向和规则意识两个方面,价值取向是指个人如何看待和对待法律,规则意识是指个人如何用法律看待和对待个人。社会主义法治思维的基本内容包括:法律至上、权力制约、公平正义、正当程序、证据等。培养社会主义法治思维需要学习法律知识,掌握法律方法,参与社会实践,养成守法习惯是培养社会主义法治思维的主要途径。

法律权威是指法律在社会生活中的作用力、影响力和公信力,是法律应有的尊严和生命。尊重社会主义法律权威是社会主义法治观念和法治思维的核心要求,是建设社会主义法治国家的前提条件;尊重社会主义法律权威对于推进国家治理体系和法治能力现代化,实现国家的长治久安极为重要;尊重社会主义法律权威是实现人民意志、维护人民利益、保障人民权利的基本途径;尊重社会主义法律权威是维护个人合法权益的根本保障。人民是国家的主人翁,是法治国家的建设者和捍卫者,尊重法律权威是其法定义务和必备素质,要做到信仰法律、遵守法律、服从法律、维护法律。

一、社会主义法治思维

(一)社会主义法治思维的基本内容

【案例1】法律至上——大学毕业谎称"混得好"偷手机给妈买社保案

小林大学毕业后,带着父母的借款和嘱托一直在外创业。为了不让父母牵挂,他一直说自己赚到了钱也过得挺好。其实,他先后做过快餐店、二手手机等生意,但都亏了,为此不敢回家。有一天,母亲想给自己买份保险养老,让小林寄点钱回家。捉襟见肘的小林糊涂之下,想到了行窃筹钱。他钻进成都一手机营业厅偷了2.8万余元现金和800多元的充值卡,还将23部多数无充电器等配件的"裸机"盗走。

小林是福建人,今年26岁,是家中独子。3年前,小林从老家一所大专院校毕业后选择自己创业。父母给了他6万元,其中借了3万多元。小林到成都先开了一家快餐店,因生意没有起色,几个月后就关了。后来,他又做过二手手机生意,也没赚到钱。生意接连做亏,无颜见父母的他,即便过年也不敢回家,以工作忙搪塞。两年里,他只回过一次家,往家寄了4次钱,共7000多元。平时与父母打电话时,小林一直说自己赚了钱,过得很好。唯一让小林欣慰的是,他创业时认识了女友小邹,两人已到谈婚论嫁程度。

昨日,63岁的林父告诉成都商报记者,家里经济困难,他退休后还要摆摊修自行车挣钱。去年4月初,小林母亲看到周围有些人都按政策办了社保,也想花1.4万元办个社保,便打电话希望儿子寄点钱。小林很支持母亲想法,先寄了1200元,并说会再想办法,让母亲不要担心。

"这个孩子很听话,只是一时糊涂啊!我们一直以为他在外面很好,不该让他寄钱给我买保险。"60岁的林母说,孩子出事后的一年多里,他们一直住在郫县一个月租 200 元的房子里。听到小林被轻判,她一块石头也落了地,也该回家看看孩子外婆了,老人家至今还不知道外孙出事。

法院经审理后认定,林某盗窃的金额为 2.9 万余元,构成盗窃罪,由于他认罪态度好,并取得营业厅的谅解,予以从轻处罚,判其有期徒刑 5 年,并处罚金 5000 元。

(来源:四川新闻网 http://scnews. newssc. org/)

【案例分析】

法律至上是指在国家或社会的所有规范中,法律是地位最高、效力最广、强制力最大的规范。现代国家有很多规范,如宗教规范、道德规范、团体规范和行业规范等。法律至上要求这些规范都不得超越法律规范,不得与法律规范相抵触。任何人不论权力大小、职位高低,只要有违法犯罪行为,就要依法追究和承担法律责任。

小林大学毕业后自主创业,对父母谎称"混得好",偷手机给母亲买社保一案留给我们的教训是深刻的。公民不仅要提高科学文化素质,而且要具备良好的思想道德素质和法律素质,树立法律至上的理念,以遵纪守法为荣,以违法乱纪为耻。学习和掌握法律知识,增强法律意识,提高运用法律的能力,是培养法治思维方式的重要内容。只有认真领会社会主义法治精神,树立社会主义法治观念,加强法律修养,才能在社会主义法治国家与和谐社会建设中,做一个知法、懂法、守法的合格公民。拥有正确的社会主义法治思维方式,树立社会主义法治观念,关系到依法治国基本方略的实施,关系到社会主义法治国家建设的历史进程。

【思考讨论】

1. 林某的行为说明了什么?

2. 为什么要树立法律至上的观念?

【案例 2】公平正义——河北省张家口市人民检察院办理的赵某诈骗案

原审被告人赵某系河北省张家口市蔚县水泉镇村民,其父亲为该镇政府退休职工。赵某在其父亲因病去世后,未将其父亲遗体火化而埋葬,并花费 4000 元人民币委托阳原县殡仪馆工作人员办理了一个假火化证,之后利用该火化证及其他证明材料,向县财政局申请领取死亡抚恤金 10 万元。

张家口市蔚县法院以赵某犯诈骗罪,判处其有期徒刑一年零二个月,缓刑三年。张家口市检察院通过案件备案审查发现原判适用法律错误,应依法认定赵某的行为不构成犯罪,即按照审判监督程序于 2014 年 6 月 26 日向张家口市中级法院提出抗诉,张家口市中级法院于同年11月19日再审改判赵某无罪。

(来源:北大法宝司法案例 http://pkulaw.cn/)

【案例分析】

公平正义是指社会的政治利益、经济利益和其他利益在全体社会成员之间合理、公平分配和占有。一般来讲,公平正义主要保护权利公平、机会公平、规则公平和救济公平。

此案原判属冤错案件,张家口市检察院通过审判监督程序予以纠正,有罪改判为无罪。本案争议焦点是赵某使用假火化证申领死亡抚恤金的行为是否构成犯罪。死亡抚恤金的发放是基于死亡的事实而非火化的事实,赵某作为其已故父亲的合法继承人有权获得死亡抚恤金,其在主观上不具有非法占有的目的,不构成犯罪。张家口市检察院发现下级院的错误后,秉持客观公正立场,坚持有错必纠,依法提出抗诉,监督纠正了一起错案,有力维护了司法公正,保障了当事人合法权益。

【思考讨论】

1. 如何理解社会主义法的公平正义原则?

2. 当出现暂时的不公正情况时应如何做?

【案例3】正当程序——杜某事件

2003年7月28日,杜某拿到驾驶执照,并买了一辆小客货,贩菜为生。2005年5月23日,杜某偶然查询得知,自己于2004年7月20日至2005年5月23日在驾驶小货车运菜时,在每天必经的北京市西城区真武庙头条西口被"电子眼"拍下闯禁行105次,被罚款10500元。这接近于他全年的收入。

2005年6月1日,杜某前往北京西城交通支队执法站接受了巨额罚款。西城交通支队执法站民警将长达5页的交通违法行为记录交给了他——总共105起交通违法行为均被"电子"拍摄并记录在案。缴纳了10500元的罚款。

北京交管部门随后向市属媒体披露"违章大王"接受万元处罚的事情,以期教育广大驾驶员自觉遵守交通法规。

不料,此事在媒体和公众中引起强烈反应,"杜某万元罚单事件"迅速成为政府部门在行政执法过程中管理与服务是否失衡的热点话题。有媒体评论称,目前的交通执法有以罚代管、缺乏人性关怀之嫌。6月10日,北京市公安局新闻发言人单志刚就"杜某事件"回答记者提问时表示,北京市公安将整改规范公安执法行为,促进执法公正。6月13日,杜某向北京市西城区人民法院提起行政诉讼,申请撤销北京市公安交通管理局西城交通支队西单大队对他的行政处罚决定。6月18日,北京西城法院正式受理"杜某案"。6月30日,因北京市公安交通管理局西城交通支队西单大队申请补充证据,法院依法裁定,延长举证期限。7月13日,北京市交管部门向社会公布了交管局规范执法行为的八项具体措施。包括进一步完善规范执法告知制度,规范交通标志设施,规范固定违法监测设备的设置以及规范移动违法监测设备的使用等。7月27日,在北京交管部门根据《人民警察法》及《公安机关内部执法监督规定》,以内部执法监督的方式,对西单大队的执法行为予以纠正后,杜某撤诉。

(来源:根据网络整理)

【案例分析】

正当程序原则包括:任何人不能为自己案件的法官(回避制度);公民有在合理时间以前得到通知的权利;为自己辩护的权利。只有严格按照法律程序办事办案,处理结果才可能公正并具有公信力和权威性。程序的正当,表现在程序的合法性、中立性、参与性、公开性、时限性等方面。交通管理部门进行交通执法,并对道路交通违法行为进行处罚,属于行政处罚的范畴。其执法目的和处罚程序不仅要遵守道路交通法律法规的相关规定,还必须符合《行政处罚法》的原则要求,保证执法目的和处罚程序均具有正当性。

北京市公安机关交通管理部门在对杜某实施行政处罚的执法过程中,的确存在着许多瑕疵。杜某105次违法均属同一违法情节、发生在同一地点且持续时间较长,而交警部门利用"电子眼"对违法行为拍摄后就自动生成了处罚结果,却没有及时提醒或警告违法司机,使同一违法行为长期、持续且反复发生。虽然违法者最终受到严厉处罚,却严重违背了行政处罚的目的和行政处罚的正当程序。

【思考讨论】

1. 如何看待杜某事件?

2. 什么是正当程序以及如何实现?

(二)培养社会主义法治思维

【案例4】复旦大学投毒案

林某与黄某均为复旦大学上海医学院2010级硕士研究生,分属不同的医学专业。2010年8月起,林某入住复旦大学某宿舍楼421室。一年后,黄某调入该寝室。之后,林因琐事对黄不满,逐渐怀恨在心。

2013 年 3 月 29 日，林某在大学宿舍听黄某和其他同学调侃说愚人节即到，想做节目整人。林某看到黄某笑得很得意，便联想起其他学校用毒整人的事件，便计划投毒"整"黄某，让同学难受。

2013 年 3 月 31 日下午，林某以取物为借口，从他人处借得钥匙后，进入复旦大学附属中山医院 11 号楼 204 影像医学实验室，取出其于 2011 年参与医学动物实验后存放于此处的、内装有剩余剧毒化学品二甲基亚硝胺原液的试剂瓶和注射器，并装入一个黄色医疗废弃物袋中带离该室。

2013 年 3 月 31 日 17 时 50 分许，林某携带上述物品回到 421 室，趁无人之机，将试剂瓶和注射器内的二甲基亚硝胺原液投入该室饮水机内，后将试剂瓶等物装入黄色医疗废弃物袋，丢弃于宿舍楼外的垃圾桶内。

2013 年 4 月 1 日 9 时许，黄某在 421 室从该饮水机接水饮用后，出现呕吐等症状，即于当日中午到中山医院就诊。4 月 2 日下午，黄某再次到中山医院就诊，经检验发现肝功能受损，遂留院观察。4 月 3 日下午，黄某病情趋重，转至该院重症监护室救治。2013 年 4 月 16 日，黄某经抢救无效，于当天下午 3 点 23 分在上海某某医院去世。经法医鉴定，黄某系因二甲基亚硝胺中毒致急性肝坏死引起急性肝功能衰竭，继发多器官功能衰竭死亡。

2013 年 4 月 25 日，黄浦区检察院以涉嫌故意杀人罪对复旦大学"4·1"案犯罪嫌疑人林某依法批准逮捕。2013 年 10 月 30 日，上海市第二中级人民法院披露，市检察院二分院对嫌疑人林某的公诉已被该院正式受理，公诉方指控涉案人林某以投毒方式故意杀人。

2014 年 2 月 18 日，上海市第二中级人民法院一审宣判，被告人林某犯故意杀人罪被判死刑，剥夺政治权利终身。

2015 年 12 月 9 日，最高法院下发核准林某死刑裁定书。

（来源：根据网络整理）

【案例分析】

警察是国家机器，当人们的行为触犯了人类最基本的底线，伤害人类共同的情感时，社会就会以一种法律方式讨回公平。

作为当代大学生，必须具有较强的法律意识。法律意识是人们对于现行法和有关法律现象的观点、知识和心理态度的有机结合体。法律意识是一种观念的法律文化，是社会意识的一种，它与人们的世界观、价值观、道德观有着密切联系。它可变现为对现行法律的评价和解释，对法律动机，权利义务的认知，对法律制度了解、掌握、运用的程度以及对行为是否合法的评价等。

【思考讨论】

1. 林某是什么原因导致杀人?
2. 从林某身上,你认为作为当代大学生应该具备哪些法律意识?

二、尊重社会主义法律权威

【案例5】社会联动解决"执行难"

"执行难"一直是社会关注的热点,多年难以解决,直接影响了法治和经济环境,已经成为制约司法活动的"瓶颈",挑战了法律的权威。执行难的表现形式千差万别。有的被执行人挖空心思逃避债务,采取各种办法对抗执行。有的以隐藏、转移、变卖可供执行财产的办法来逃债;有的钻法律空子,公款私存,造成财产权属不明;有的一年一开张,一年一废业,打一枪换一个地方;有的干脆以"要赖"、"软磨"、"硬顶"、"躲避"等手段来对付执行。

在经济体制转化过程中,一些被执行企业利用"关、停、并、转"的机会规避执行。有的被执行企业将剩余的资产抽走,成立新的法人实体,留下空壳应付债务。一些亏损企业、社会福利企业及濒临破产的企业,常年发不足、发不出工资,一经强制执行,就导致上访闹事甚至暴力抗法事件的发生。哈尔滨市南岗区法院执行局的工作人员介绍,处理"涉困"案件时,一旦强制执行,企业内部的矛盾就会转嫁给法院,很可能导致上访闹事,甚至暴力抗法,造成社会不稳定。

某些银行、工商、房地产登记管理部门等负有协助义务的单位妨碍执行,有的在协助执行中无故推诿、拖延,甚至给当事人通风报信。

群众法律意识淡薄影响了执行工作的开展。哈尔滨市香坊区法院工作人员说,在执行过程中,被执行人躲账的现象很常见,有的甚至暴力抗法,基本上每个执行员都受过伤。一些被执行人在法院依法执行的情况下,通过重复上访、越级上访甚至是进京上访的方式给法院施加压力。更有甚者,有的地方打着优化经济环境的旗号,设立"区重点企业"、"市重点企业"来保护本地企业,对某些企业实行重点保护,实际上是给了他们逃避执行的特权。因为执行难的问题,导致执行案件实结率低,涉执行案上访率居高不下,人民群众反映强烈。

2007年11月,哈尔滨市中级法院与市公安局、市财政局、市审计局等18个职能部门会签的《执行联动机制实施意见》正式实施,标志着哈尔滨市执行联动机制的正式启动。其核心意义在于,整合利用社会资源,在司法权和行政权的作用下,迫使被执行人自动履行义务,解决过去只靠法院一家单打独斗的问题。执行联动机制,将使不履行义务的被执行人在融资、置产、出境、任职、经营、日常消费等领域受到限制。

各联动单位要自觉接受市解决人民法院执行难问题领导小组的统一领导和协调,把落实执行联动机制情况,纳入社会治安综合治理目标考核范围,凡是联动机制运行中出现协调解决不了的问题,都要报领导小组研究解决。

同时,执行联动机制拓宽了查找被执行人财产的渠道,各部门将实现信息共享,已建立信息库的公安、人民银行、工商、税务、社保、房产、土地等部门向法院提供被执行人户籍、车档、账户资金、工商档案、缴税、养老保险、房产登记、土地使用权等情况,便于法院及时发现被执行人的财产并及时采取控制性措施。

当出现启动联动机制事由后,由法院向各联动单位发出启动联动机制通知书、协助执行通知书等相关法律文书。各联动单位收到执行法院的相关法律文书后,立即启动联动措施,对被执行人进行限制。

具体来讲,法院对有拒不履行、抗拒执行、隐匿、转移、毁损财产等行为的被执行人,除采取常规执行措施外,将依申请执行人申请或直接依职权启动执行联动机制。将不履行生效法律文书确定义务的被执行人姓名或者其单位名称、法定代表人、负责人姓名及相关信息向社会公布,有关部门将被执行人的相关信息录入企业或者个人信用信息基础数据库,在被执行人信息未删除前,有关部门将按照法院协助执行通知书内容的要求,对被执行人进行规划审批、工程项目招投标、施工许可审批、土地使用权转移、变更、抵押登记;企业、个体注册、股权转让、出国等给予必要的限制。

(来源:新华网 http://news. xinhuanet. com/)

【案例分析】

哈尔滨市出台强力措施,启动了执行的社会联动机制,18 个部门联手解决执行难问题。在全社会营造良好的社会氛围,使逃避执行者无处遁形,债权人的合法权益得到实现,推动执行工作整体提高,维护了法律的权威。法律权威是就国家和社会管理过程中法律的地位和作用而言的,是指法的不可违抗性,法律权威是国家稳定的坚实基础,法律权威不可能完全建立在外在强制力的基础上,但必要的外在强制力,是树立法律权威的不可缺少的条件。法律的内在说服力是法律权威的内在基础,如果仅仅依靠外在强制力,法律不可能形成真正的权威。法律的内在说服力即来源于法律本身的合理性,如法律合乎情理、维护正义、促进效率、通俗易懂,也来源于法律实施过程的合理性,如执法公平、司法公正。

【思考讨论】

1. 什么是法律权威?维护法律权威的意义是什么?

2. 法律权威应当通过哪些途径确立?

【案例6】情系百姓检察官

郭爱云同志从事检察工作22年来,先后6次被评为县检察院先进工作者,3次被评为县优秀公务员,曾被黑河市检察院树立为全市检察机关"十优标兵",并2次被评为优秀接待员,2次荣记个人三等功。嫩江县人民检察院控申举报接待室分别被评为全省、全国检察机关文明接待室。

十几年来,郭爱云同志始终以履行检察职责为己任,默默的践行着自己的诺言。她在每个岗位上,都以高度负责的工作态度,严谨务实的敬业精神,扎扎实实地工作。她曾在公诉科当过书记员,在民行科当过助检员,一边办案,一边兼做内勤,院里的同志都说,郭爱云无论干什么,干得都是最好的。1993年,郭爱云同志被安排到控告申诉科接待室工作,在这个工作岗位上,她一干就是15年。

郭爱云深知,控申接待室是面向上访群众的"窗口",是体现公正执法、为民执法的重要阵地。15年来,经她接待和处理的涉检信访案件无数,但几个影响极大的集体访案件却让她难以忘记。2004年4月的一天,嫩江县桦木、新江两个移民村70多人租用两辆大客车直奔县城,车上贴着"打倒腐败分子XXX"的标语。正在上班途中的郭爱云迎面碰上了这两辆车,职业的敏感使她意识到,这是一起集体上访事件。面对这起情势紧急的集体上访事件,虽然上访人没有告到检察院,但是郭爱云的人生字典上,还从未有过对群众的告急视而不见的先例。一瞬间,她的脑子里闪过两个念头:事出有因,必须解决平息。来不及多想,她立即上前拦住车辆,上访人员情绪激动言辞过激,纷纷指责:"我们上省里告状,你拦什么车?你算老几,你管什么闲事?"郭爱云神情自若,她一字一顿地说:"我不是管闲事,我是检察院的,管这事正是我的职责。要是你们说的事属实,咱们应该用法律说话!"上访人员根本不听劝告,七嘴八舌地说"走开!快走开!压着不管,我们花钱租的车耽搁了你拿钱吗?"无数次经历过这种危急场面的郭爱云,很快想到了解决的办法。她当即拿出600元钱说:"我叫郭爱云,是检察院控申举报接待室的。你们选几个代表到检察院反映问题,今天我保证给你们答复。车钱我给你们付"。听说"郭爱云"三个字,一名上访者说:"郭爱云?我有个亲戚的事就是她给处理的,挺公道的,我们就跟她走一趟"。于是上访人派了三位代表到检察院反映情况,其他人等候处理结果。来到院里,郭爱云认真地记录下三位上访人代表反映的情况。原来这70多名村民是因不满该村村长在移民过程中雁过拔毛、盘剥群众的劣行屡次上告。这天约定开车越级去省里告状。郭爱云在向院领导做了汇报后,检察院当天就成立了案件调查组前往这两个村进行调查。查实了不存在盘剥问题,国家对土地补偿款是分期分批拨付没有全部到位。经过耐心细致的宣传解释,村民们了解了实情,表示相信政府,回家安心种地。一场一触即发的集体越级上访事件平息了。

郭爱云曾接到群众送给她的一面锦旗,上面写着金灿灿的八个大字:"公正正义、秉公办案",这是群众对郭爱云发自心底的评价。送锦旗的是嫩江县医药一商店全体职工。事情的起因是:2001年7月的一天,医药一商店的60多名职工到检察院集体上访,举报其经理冯某某侵占、贪污职工集资款等问题。这是他们多次到有关部门上访未给予解决,准备到省里上访之前,本着试试看的想法来找检察院反映问题的,如果不能得到解决就租车到省里上访。郭爱云在认真听取了几个代表反映的情况后,一方面劝说上访职工要相信法律,依法行事,不能轻率地越级上访,并态度坚决地表示检察院不会坐视不管,一定给大家一个满意的结果;一方面及时向检察长做了汇报。院领导将案件交给自侦部门。反贪部门迅速介入,最终查实这是一起贪污案件,侦查终结后移送审查起诉,最后冯某某被判处有期徒刑4年。不但职工的利益得到保护,而且一起集体上访案件得到平息,在全县产生了强烈的反响。

2005年3月嫩江县海江镇五星村的全体村民几十人到检察院反映2000年嫩江干流堤防工程占用本村土地补偿费不到位和有关部门及村干部的贪污问题。郭爱云接待后发现村书记付某某等人有贪污嫌疑,立即向检察长做了汇报。当日,她带领科里另外两名同志驱车前往该村进行调查。经过连续5天的工作,共调查取证了100多人,查阅村委会近来的帐目近百册,最后查清在嫩江干流堤防工程占用本村部分土地支付补偿费用的过程中,付某某等4人套取土地补偿费2,2500的犯罪事实,付某某等人被依法追究了刑事责任,群众无不拍手称快。

郭爱云同志在接待信访工作中,始终把维护人民群众的合法权益放在首位,设身处地为上访者着想,视上访者为亲人,无论是否归检察机关管辖的案件,她都认真倾听,积极协调,想方设法帮助上访群众解决实际问题和遇到的各种困难,被群众亲切地称为"百姓的贴心人"。

(来源:中国广播网 http://www.cnr.cn/)

【思考讨论】

1. 结合案例,谈谈什么是法律信仰。

2. 大学生应如何增强法治观念,树立法律信仰?

【案例分析】

郭爱云从事涉检控申接待工作 15 年来,她以对党、对人民、对法律始终如一的忠诚,牢记宗旨,执法为民,以严格公正的执法行为,严谨务实的工作作风,诠释了"人民检察为人民"的根本宗旨,为老百姓开启了一扇明亮而又纯净的"窗口",赢得了人民群众的普遍赞誉,被誉为"执法为民的楷模,维护稳定的典范"。郭爱云以自己的实际行动,维护了法律的尊严。郭爱云说过:"如果不在控申接待的岗位上尽职尽责,往小了说是工作失职,往大了说是对公平正义的践踏。"可见,一个人只有从内心深处真正认同、信任和信仰法律,才会自觉维护法律的权威。郭爱云正是树立起了对法律的信仰,才在工作中做出了突出的成绩。社会主义法律权威的树立,除了国家的努力,也有赖于公民个人的努力。

公民应当信仰法律、信奉法律,树立崇尚法律、信仰法律的牢固概念,增强对法律的信任感、认同感。对法律常怀敬畏之心,常思敬重之情。树立法律信仰应当通过认真学习法律知识,深刻把握社会主义法律精神来完成,有了法律信仰,才能维护法律的尊严。

第四节　社会主义法的创制与实施

【本节要点】

社会主义法的创制,也可以说是社会主义国家的立法,它是指特定的国家机关依照其法定的职权和程序,制定、修改和废止法律文件以及认可法律规范的活动。

社会主义法的创制坚持从实际出发,实事求是;灵活性与原则性相结合;维护法的严肃性、稳定性、连续性;坚持群众路线,坚持领导与群众相结合的原则。

社会主义法的实施包括:社会主义法的遵循,社会主义法的执行,社会主义法的适用,社会主义法的监督。

一、社会主义法的创制

【案例1】从物权法的制定过程看立法程序

物权法议案的提出。1992年,我国经济体制改革的目标被最终确定为建立社会主义市场经济体制。在我国社会条件和经济基础条件逐渐具备的前提下,制定统一的物权法提上了立法机关的工作日程。物权法的起草工作始于1993年。全国人大常委会对制定物权法高度重视。2002年1月,全国人大常委会法工委公布了《物权法(征求意见稿)》。

物权法草案的审议。2002年,九届全国人大常委会第三十次会议对民法草案的物权法编进行了第一次审议。在此基础上,法工委对民法草案第二编物权法进行了修改完善,形成了物权法草案。2004年至2007年,十届全国人大常委会第十二次、第十六次、第十八次、第二十三次、第二十四次、第二十五次会议,对物权法草案进行了6次审议。全国人大常委会办公厅于2005年7月10日,全文公布了物权法草案,面向社会征求意见。社会各界为进一步完善物权法草案积极建言献策,共提出意见11543件。2007年3月,十届全国人大五次会议对物权法草案进行第八次审议。

物权法草案的表决。2007年3月16日,十届全国人大五次会议2900余名代表认真审议中华人民共和国物权法草案。3月16日表决。赞成票2799票,反对票52票,弃权票37票,高票通过《中华人民共和国物权法》。

物权法的公布。2007年3月16日,《中华人民共和国物权法》由中华人民共和国主席胡锦涛签署第62号主席令予以公布。

(来源:本书编写组:《"思想道德修养与法律基础"课教学设计》,高等教育出版社2013版。)

【案例分析】

法律制定就是有立法权的国家机关依照法定职权和程序制定规范性法律文件的活动,是法律运行的起始性和关键性环节。在我国,一部法律草案提出后,需要经过全国人大常委会三次审议一般就会付诸表决,但是,物权法草案却在反复修改的过程中进行了8次审议。这是全国人大立法史上第一部进入审议的法律草案,也是审议次数最多的法律草案。我国物权法的立法过程,充分体现了立法的民主和透明,公众的积极参与,被称为我国民主立法、科学立法的典范。

【思考讨论】

1. 物权法的制定过程体现了什么？
2. 社会主义法的创制所遵循的是什么？

二、社会主义法的实施

【案例2】怀孕职工提交假材料请病假，被合法解除劳动合同案

2010年6月12日，程某入职某商贸公司，双方签订了起止期限为2010年6月12日至2013年6月30日的劳动合同。程某于2012年3月怀孕，并在2012年4月15日至2012年9月16日期间休了病假。2012年10月12日，商贸公司以程某存在提交虚假诊断证明和门诊就诊记录为由与程某解除了劳动合同。程某到劳动仲裁委申诉，仲裁委裁决某商贸公司支付程某违法解除劳动合同赔偿金368258元。商贸公司不服裁决，起诉至法院。商贸公司向法庭提交了北京某妇幼保健院诊断证明书、门诊就诊记录复印件及其休假申请表，主张该组证据系程某向其公司提交的请假材料，但经其公司核实，诊断证明书和门诊就诊记录为伪造的。其公司员工手册载明：员工提供虚假的个人信息（包括但不限于教育学历、离职证明、健康证明、体检证明、病休证明……）属于严重违纪行为，公司可立即解除与其之间的劳动合同。原告公司主张程某存在伪造病历请假的行为，其公司解除与程某劳动合同的行为合法，请求法院判令其公司无需向程某支付违法解除劳动关系赔偿金。经法院调查核实，程某提交的门诊就诊记录并非程某所述的医院医生所出具。法院认为，程某存在提交虚假门诊就诊记录请假的行为，原告公司依据员工手册规定与程某解除劳动合同，符合法律规定，原告公司无需向程某支付违法解除劳动合同赔偿金。

（来源：北大法宝司法案例 http://www.pkulaw.cn/）

【案例分析】

本案中，程某在向单位请病假时提交了假的门诊就诊记录，根据原告公司的规章制度，该种行为属于严重违反了用人单位的规章制度，故原告单位与程某解除劳动合同的行为是合法的，无需向其支付违法解除劳动合同赔偿金。在劳动者严重违反用人单位规章制度时，双方之间的劳动合同就不再受《劳动合同法》第四十二条用人单位不得解除劳动合同规定的约束。因此，"三期"期间的女职工一定不要抱侥幸心理，如果真有需要，一定要走正规的请假手续，以免给用人单位合法解除劳动关系提供理由。另外，劳动仲裁委在审理案件时，受其调查权限的限制，有时并不深入调查一些关键证据的真伪。本案中就是因为仲裁委认定程某提交的请假材料是真实的,故裁决支持了其要求违法解除劳动合同赔偿金的申请请求。但在诉讼阶段,法院会依法履行调查权,认真调查核实相关关键证据的真伪。

女职工特殊权益保护不仅仅是女职工的个人问题,而是关系到我国的经济社会发展和社会文明程度提高的重要问题。国家出台一系列法律法规加强女职工劳动保护,保障女职工合法权益,是适应国家经济社会发展的客观需要,符合女职工劳动保护的现实要求,对于减少和解决女职工在劳动中因生理特点造成的特殊困难,保障女职工的身心健康,促进社会和谐稳定具有十分重要的意义。徒法不足以自行。法律只有真正落实到位,才能起到定纷止争、保护权益、维护和谐的作用。国家和地方各有关单位要加大执法力度,加大对用人单位的监督检查力度,加强对违法行为的监督惩处力度,让用人单位不敢违反法律。用人单位要自觉提升劳动法律意识,依法制定规章制度,照顾女职工"三期"期间的待遇,增加保护女职工权利的措施,建立良好的工作环境。女职工增强自我保护意识,在自身权益受到侵害时,要及时适当地行使法律赋予的权利,以维护自己的合法利益。

【思考讨论】

1. 员工和雇主如何提高自己的法律意识?

2. 国家应如何保护女员工的合法权利?

第三章

宪　法

第一节　宪法调整的范围

【本节要点】

宪法（constitution）是一个国家的根本大法，适用于国家全体公民，是特定社会政治经济和思想文化条件综合作用的产物，集中反映各种政治力量的实际对比关系，确认革命胜利成果和现实的民主政治，规定国家的根本任务和根本制度，即社会制度、国家制度的原则、国家政权的组织以及公民的基本权利和义务等内容。法律的调整范围是指法律调整和规范的社会关系。从大的法律门类来说，各个门类的法律都是调整特定的社会关系。这其中，宪法调整的是公民权利和国家权力之间的关系。再具体一点，我国宪法的监督范围包括：第一，规范性文件，即审查法律、法规、规章和其他规范性文件是否违背宪法的基本原则和精神；第二，国家机关及其负责人，国家机关负责人的违宪与普通公民的违法不同；第三，监督并制裁侵犯公民基本权利的行为是我国宪法监督制度的重要职责。

【案例1】王某等诉粗粮王红光店案

2000年5月7日，王某等三位四川大学法学院的学生到粗粮王红光店就餐，发现该店门口的灯箱广告中写明："每位18元，国家公务员每位16元；1.3米以下儿童9元；当天生日者凭身份证免费就餐一次。"王某等三位学生每人缴纳了18元就餐。事后，王某等三位学生认为粗粮王红光店的灯箱广告中关于"每位18元，国家公务员每位16元"的内容侵犯了公民宪法上的平等权，是对非公务员消费者的歧视，给其心理造成了巨大伤害。基于上述考虑，王某等三位学生于2000年6月向成都市青羊区人民法院起诉，要求确认粗粮王红光店的灯箱广告内容违宪，撤除广告中对消费者歧视对待的内容，向原告赔礼道歉，并返还多收的6元人民币。

成都市青羊区人民法院受理了王某等三位学生的诉讼,在审理过程中,粗粮王红光店辩称:对不同的消费者实行不同的优惠是商家经营促销的一种手段,没有违反宪法关于"在法律面前人人平等"的规定。其设置的灯箱广告获得了成都市工商行政管理局青羊分局的许可,其灯箱广告从形式到内容均是合法的。

经审理,成都市青羊区人民法院对王某等三位同学的诉讼未给予支持。官司最后上诉至成都市中级人民法院。该院做出的终审判决认为:被上诉人在其灯箱广告中标明服务方式与价格,并以此向消费者发出消费要约,没有强迫消费者的意图与行为。上诉人作为消费者,有权根据自己的实际需要选择是否消费,其平等权并没有受到侵犯。而且被上诉人就同种服务针对不同的消费群体以不同的价格发出要约,实为适应市场需要的一种竞争手段,其行为并没有违反国家有关法律规定。因此,对上诉人要求被上诉人返还费用和赔礼道歉的诉讼请求不应支持。关于撤销广告有关内容的问题,虽然该广告并没有违反法律规定,但客观上对国家公务员带来了一些负面影响,造成社会对国家公务员的议论,同时也给社会的其他消费群体以不良感受,应予消除。

(来源:王守田、沈国琴主编:《宪法学教学案例研析》,中国人民公安大学出版社2013年版,第14页~15页)

【案例分析】

根据詹宁斯在《法与宪法》中的解释,"宪法一直以来被视为规定政府主要机构组成、权力和运作方式的规则以及政府机构之间关系的一般原则"。因此,在宪法法律关系中,很重要的一点就是宪法法律关系的主体必然有一方是国家或者国家机关。本案中,很显然,粗粮王红光店是市场经济主体,并非国家机关,不行使国家公权力,该店和王某等学生之间的关系应当归为民事主体之间的关系,也就是说二者之间的矛盾不属于宪法的调整范围,属于民法调整的问题。因此,王某等学生诉粗粮王红光店侵犯了他们宪法上的平等权利属于对宪法认识上的错误。宪法的权利是针对国家权力主体而言的,并非针对平等主体。

【思考讨论】

1. 宪法的内涵是什么?

2. 宪法规范的范围是什么?

第二节 宪法的基本原则

【本节要点】

原则是指行为处事时应遵循一定的法则、准则或标准。总的来说,宪法的基本原则是在制定宪法时制宪者所遵循的原则,这些基本原则指导着宪法的制定、解释和修改,它们构成一部宪法的主线、核心与灵魂。同时,宪法的基本原则也是在宪法的内容中所体现出的最基本的规则或准则,是宪法所规定的调整社会关系和指导国家生活的最高准则。宪法基本准则具有最高性、普遍性、抽象性等特征。

基本人权原则。基本人权原则由人权学说发展演化而来,在许多国家的宪法中都有体现。我国宪法第二章"公民的基本权利和义务"专章规定和列举了公民的基本权利,体现了对公民的宪法保护。2004年,我国通过了宪法修正案,把"国家尊重和保障人权"写入宪法。

法治原则。法治是相对于"人治"而言的,是指一种治理国家的理论、原则和方法。近代宪法的法治原则以西方的法治思想和法治理论为基础,日益发展成熟。法治原则在我国宪法中的确立主要体现在:以抽象的原则形式确立了法治原则是我国宪法的基本原则;宪法确立了其本身的最高效力;确立了社会主义法制统一的原则。宪法规定了各种主体都有遵守宪法和法律的义务和责任;公民在法律面前一律平等;宪法维护司法独立,维护宪法尊严。

一、基本人权原则

【案例1】乙肝歧视案

2003年6月,原告张某在芜湖市人事局报名参加安徽省公务员考试,报考职位为芜湖县委办公室。经过笔试和面试,张某综合成绩在报考该职位的考生中名列第一,按规定进入体检程序。芜湖市人事局指定铜陵市人民医院进行体检。体检报告显示,其乙肝检查呈阳性,主检医生依据《安徽省国家公务员录用体检实施细则(试行)》确定其体检不合格。张某随后向芜湖市人事局提出复检要求,并递交书面报告。9月25日,芜湖市人事局经请示安徽省人事厅同意,组织包括张某在内的11名考生前往解放军第八六医院进行复检。复检结论仍为不合格。依照体检结果,芜湖市人事局依据成绩排名,改由该职位的第二名考生进入体检程序,并以口头方式向张某宣布,由于其体检结果不合格而不予录取。

张某接到通知后,表示不服。2003 年 10 月 18 日,他向安徽省人事厅递交《行政复议申请书》。10 月 28 日,安徽省人事厅作出《不予受理决定书》。11 月 10 日,张某以被告芜湖市人事局的行为剥夺其担任国家公务员的资格,侵犯其合法权利为由,向法院提起行政诉讼,请求依法判令被告的具体行政行为违法,撤销其不准许原告进入考核程序的具体行政行为,依法准许原告进入考核程序并被录用至相应的职位。

法院审理后认为,国家行政机关招录公务员,由人事部门制定一定的标准是必要的,国家人事部(现人力资源和社会保障部,下同)作为国家公务员的综合管理部门,根据国务院《国家公务员暂行条例》,制定了《国家公务员的录用暂行规定》这一部门规章。安徽省人事厅(现人力资源和社会保障厅)及卫生厅共同按照规章授权目的和范围行使权力,制定《安徽省国家公务员录用体检实施细则(试行)》,该规范性文件与上位法并不冲突,即未突破高阶位法设定的范围,也未突破高阶位法的禁止性规定。因此,依照最高人民法院《关于执行 < 中华人民共和国行政诉讼法 > 若干问题的解释》第六十二条第二款规定,《安徽省国家公务员录用体检实施细则(试行)》属合法有效的规范性文件,可以参考适用。

被告芜湖市人事局根据《安徽省国家公务员录用体检实施细则(试行)》的规定,委托解放军第八六医院对考生进行体检,应属行政委托关系,被委托人所实施的行为后果应由委托人承担。因解放军第八六医院的体检不合格的结论违反《安徽省国家公务员录用体检实施细则(试行)规定》,芜湖市人事局作为招录国家公务员的主管行政机关,仅依据解放军第八六医院的体检结论,认定原告张某体检结果为不合格,作出取消原告进入考核程序资格的行政行为主要证据不足,依照《行政诉讼法》第五十四条第(二)项第 1、2 目之规定应予撤销。但鉴于 2003 年安徽省国家公务员招考工作已经结束,且张某报考的职位已由该专业考试成绩第二名的考生代替,故该被诉行为不具有可撤销内容。依据最高人民法院《关于执行 < 中华人民共和国行政诉讼法 > 若干问题的解释》第五十六条第(四)项之规定,对原告其他诉讼求求应不予支持。

(来源:中国法院网 http//www. chinacourt. org/)

【案例分析】

我国是一个发展中的社会主义国家,党和国家一贯致力于维护和保障人权。从《共同纲领》,《1954 年宪法》到《1982 年宪法》,虽然没有直接使用"人权"一词,但基本人权原则和人权的具体内容直接反映在宪法所确认和规定的公民的基本权利与义务之中,而且在实践中始终把生存权和发展权放在首位。生存权是第一人权,是其他人权的基础。在占有世界人口五分之一的中国解决了公民的生存权问题,这在人权发展史是个杰出的贡献,其根本原因无疑是人民当家作主的社会主义制度确认与保障了人权。同时,民族的发展权在我国也得以充分实现,这对我国民族的兴旺和繁荣有着深远的意义。

【思考讨论】

1. 从宪法的角度看,本案中被告侵犯了原告的那些权利?

2. 如何理解基本人权原则在我国宪法中的体现?

【法律依据】

《中华人民共和国宪法》第三十三条:凡具有中华人民共和国国籍的人都是中华人民共和国公民。

中华人民共和国公民在法律面前一律平等。

国家尊重和保障人权。

任何公民享有宪法和法律规定的权利,同时必须履行宪法和法律规定的义务。

二、法治原则

【案例2】我国宪法对法治原则的确认

1982 年宪法:

序言:全国各族人民、一切国家机关和武装力量、各政党和各社会团体、各企业事业组织,都必须以宪法为根本的活动准则,并且负有维护宪法尊严、保证宪法实施的职责。

第五条　国家维护社会主义法制的统一和尊严。

一切法律、行政法规和地方性法规都不得同宪法相抵触。一切国家机关和武装力量、各政党和各社会团体、各企业事业组织都必须遵守宪法和法律。

一切违反宪法和法律的行为,必须予以追究。任何组织或者个人都不得有超越宪法和法律的特权。

第三十三条　凡具有中华人民共和国国籍的人都是中华人民共和国公民。中华人民共和国公民在法律面前一律平等。任何公民享有宪法和法律规定的权利,同时必须履行宪法和法律规定的义务。

1999 年宪法修正案:

宪法第五条增加一款,作为第一款,规定:"中华人民共和国实行依法治国,建设社会主义法治国家。"

(来源:《中华人民共和国宪法》)

【案例分析】

法治原则又称依法治国,其基本含义是依法办事,按照法律来治理国家,建立秩序,任何组织或个人均不得有法外特权。法治原则是宪法的根本要求,宪政本身就意味着法治。因此,法治原则都是由宪法确认的。在资本主义国家,宪法对法治原则的确认始于1787年美国宪法,但该宪法只体现了法治精神,而并未在宪法条文中出现法治字样。体现法治原则最为明确的,应该是首见于以《人权宣言》作为序言的1791年法国宪法。后来,法治原则成了资本主义宪法普遍接受的重要原则。法治原则也是社会主义宪法的一项基本原则,它充分体现在社会主义国家宪法中。在我国,过去法治原则习惯上被称为法制原则。但这实际上却是两个具有不同含义的概念,法制是法律及其制度的总称,法治则是依法治理国家,具体表现为"有法可依、有法必依、执法必严、违法必究",其核心是依法办事,可见法制要通过法治的活动才能实现。"这种由静态到动态的过程,也就是法制的适用过程,即实行法治的过程"。

【思考讨论】

1. 如何理解法治原则的内涵?

2. 法治原则在推进依法治国进程中有何意义?

【法律依据】

《中华人民共和国宪法》:中华人民共和国实行依法治国,建设社会主义法治国家。

国家维护社会主义法制的统一和尊严。一切法律、行政法规和地方性法规都不得同宪法相抵触。

一切国家机关和武装力量、各政党和各社会团体、各企业事业组织都必须遵守宪法和法律。

一切违反宪法和法律的行为,必须予以追究。任何组织或者个人都不得有超越宪法和法律的特权。

第三节　宪法的制定与修改

【本节要点】

宪法制定又称制宪或者立宪,是指一国人民或掌握国家政权的统治阶级根据特定的程序制定具有最高法律效力的宪法的行为。广义的宪法制定包含整个宪法创制的过程,包括宪法的修改。狭义的宪法制定仅指宪法的原始创立,不包括宪法修改。宪法制定的目的在于将国家的民主制度法律化、条文化,以确定和规范国家政权和社会成员所享有的各项基本权利。因此,宪法制定具有原创性、终局性、历史性等特征。

宪法修改是保证宪法生命力的重要途径。狭义的宪法修改是指宪法在实施后,由于政治、经济、社会形势发生重大变化或者宪法自身条款的缺陷,导致执行遇到困难时,由相应的机关依照法定程序对其内容与条款进行变更。广义的宪法修改除了以上这些还包括在不改变宪法文字的前提下,使宪法的含义发生实际上的变化。

【案例1】从宪法的制定和修改看我国宪法的基本原理

1982 年 12 月 4 日,第五届全国人大第五次会议通过第四部宪法,共 4 章 138 条。

1988 年 4 月 12 日,第七届全国人大第一次会议通过《中华人民共和国宪法修正案》。

1993 年 3 月 29 日,第八届全国人大第一次会议通过《中华人民共和国宪法修正案》。

1999 年 3 月 15 日,第九届全国人大第二次会议通过《中华人民共和国宪法修正案》。

2004 年 3 月 14 日,第十届全国人大第二次会议通过《中华人民共和国宪法修正案》。

此次宪法修正案增加了"三个代表"重要思想与"三个文明"协调发展的重要内容,增加了国家尊重和保障人权与建立健全同经济发展相适应的社会保障制度的重要内容,进一步明确了对私有财产的保护与对非公有制经济发展的鼓励、引导和支持。具体内容如下:

宪法序言第七自然段中"在马克思列宁主义、毛泽东思想、邓小平理论的指引下"修改为"在马克思列宁主义、毛泽东思想、邓小平理论和'三个代表'重要思想指引下","沿着建设有中国特色社会主义的道路"修改为"沿着中国特色社会主义道路","逐步实现工业、农业、国防和科学技术的现代化"之后增加"推动物质文明、政治文明和精神文明协调发展"。

宪法序言第十自然段第二句"在长期的革命和建设过程中,已经结成由中国共产党领导的,有各民主党派和各人民团体参加的,包括社会主义的爱国者和拥护祖国统一的爱国者的广泛的爱国统一战线,这个统一战线将继续巩固和发展。"修改为:"在长期革命和建设过程中,已经结成由中国共产党领导的,有各民主党派和各人民团体参加的,包括全体社会主义劳动者、社会主义事业的建设者、拥护社会主义的爱国者和拥护祖国统一的爱国者的广泛的爱国统一战线,这个统一战线将继续巩固和发展。"

宪法第10条第3款"国家为了公共利益的需要,可以依照法律规定对土地实行征用。"修改为:"国家为了公共利益的需要,可以依照法律规定对土地实行征收或者征用并给予补偿。"

宪法第11条第2款"国家保护个体经济、私营经济的合法的权利和利益。国家对个体经济、私营经济实行引导、监督和管理。"修改为"国家保护个体经济、私营经济等非公有制经济的合法的权利和利益。国家鼓励、支持和引导非公有制经济的发展,并对非公有制经济依法实行监督和管理。"

宪法第13条"国家保护公民的合法的收入、储蓄、房屋和其他合法财产的所有权。""国家依照法律规定保护公民的私有财产的继承权。"修改为:"公民的合法的私有财产不受侵犯。""国家依照法律规定保护公民的私有财产权和继承权。""国家为了公共利益的需要,可以依照法律规定对公民的私有财产实行征收或者征用并给予补偿。"

宪法第14条增加一款,作为第4款:"国家建立健全同经济发展水平相适应的社会保障制度。"

宪法第33条增加一款,作为第3款:"国家尊重和保障人权。"第3款相应地该为第4款。

宪法第59条第1款"全国人民代表大会由省、自治区、直辖市和军队选出的代表组成。各少数民族都应当有适当名额的代表。"修改为:"全国人民大表大会由省、自治区、直辖市、特别行政区和军队选出的代表组成。各少数民族都应当有适当名额的代表。"

宪法第 67 条全国人民大表大会常务委员会职权第 20 项"(二十)决定全国或者个别省、自治区、直辖市的戒严"修改为"(二十)决定全国或个别省、自治区、直辖市进入紧急状态"。

宪法第 80 条"中华人民共和国主席根据全国人民代表大会的决定和全国人民大表大会常务委员会的决定,公布法律,任免国务院总理、副总理、国务委员、各部部长、各委员会主任、审计长、秘书长,授予国家的勋章和荣誉称号,发布特赦令,发布戒严令,宣布战争状态,发布动员令。"修改为:"中华人民共和国主席根据全国人民代表大会的决定和全国人民代表大会常务委员会的决定,公布法律,任免国务院总理、副总理、国务委员、各部部长、各委员会主任、审计长、秘书长,授予国家的勋章和荣誉称号,发布特赦令,宣布进入紧急状态,宣布战争状态,发布动员令。"

宪法第 81 条"中华人民共和国主席代表中华人民共和国,接受外国使节;根据全国人民代表大会常务委员会的决定,派遣和召回驻外全权代表,批准和废除同外国缔结的条约和重要协定。"修改为:"中华人民共和国主席代表中华人民共和国,进行国事活动,接受外国使节;根据全国人民代表大会常务委员会的决定,派遣和召回驻外全权代表,批准和废除同外国缔结的条约和重要协定。"

宪法第 89 条国务院职权第 16 项"(十六)决定省、自治区、直辖市的范围内部分地区的戒严"修改为"(十六)依照法律规定决定省、自治区、直辖市的范围内部分地区进入紧急状态。"

宪法第 98 条"省、直辖市、县、市、市辖区的人民大表大会每届任期五年。乡、民族乡、镇的人民代表大会每届任期三年。"修改为:"地方各级人民代表大会每届任期五年。"

宪法第四章章名"国旗、国徽、首都"修改为"国旗、国歌、国徽、首都"。宪法第 136 条增加一款,作为第 2 款:"中华人民共和国国歌是《义勇军进行曲》。"

(来源:郭玉坤、万志全编著:《法律基础教学案例》,中国人民大学出版社 2004 年版。)

【案例分析】

宪法是国家的根本大法,是治国安邦的总章程。宪法应当保持相当的稳定性,宪法的尊严强化了它的稳定性。但从另一个方面来看,宪法是源于现实生活的,反映现实生活的方方面面。然而,现实生活不是固定不变的,总是处在不断的变化之中。虽然宪法制定之初就被赋予了一定的预见性,但是社会生活的变化是非常快的,当不得不修改时,才对宪法进行修改,这并不是对宪法威严的削弱,相反,恰恰是增强了宪法权威性。

【思考讨论】

1. 关于宪法的修改方式、宪法的修改机关、宪法的修改程序有哪些规定?
2. 宪法修正对民主政治建设有什么作用?

第四节　公民的权利和自由

【本节要点】

公民的基本权利是指宪法所确认的,公民享有的最重要的权利,也是法律所规定的普通权利的基础和依据。

平等权。平等权是中国公民的一项基本权利,它意指公民同等地依法享有权利和履行义务。宪法对之最为经典性的表述就是:"公民在法律面前一律平等。"

言论自由权。宪法确认公民享有言论自由。但同时规定,公民在行使言论自由权利时,不得破坏社会秩序,不得违背宪法和法律,不得损害国家的、社会的、集体的利益或其他公民合法的自由和权利。

人身自由权。人身自由权是指公民在法律范围内享有的独立为行为而不受他人干涉,不受非法逮捕、拘禁,不被非法剥夺、限制自由及非法搜查身体的自由权利。人身自由不受侵犯,是公民最起码、最基本的权利,是公民参加各种社会活动和享受其他权利的先决条件。

住宅权。公民有权获得可负担得起的适宜于人类居住的,有良好的物质设备和基础服务设施的,具有安全、健康和尊严,并不受歧视的住房权利。

受教育权。受教育权是一项基本人权,受教育权是公民所享有的并由国家保障实现的接受教育的权利,是宪法赋予的一项基本权利,也是公民享受其他文化教育的前提和基础。就是指公民享有从国家接受文化教育的机会和获得受教育的物质帮助的权利。

劳动权。劳动权是人权的重要组成部分,因其具有生存权与发展权的属性而备受关注。劳动权简而言之,即有劳动能力的公民有获得参与社会劳动和领取相应的报酬的权利。劳动权是获得生存权的必要条件。

一、平等权

【案例1】布朗诉托皮卡教育局案

1950年代早期,琳达·布朗是一位住在堪萨斯州托皮卡的学生。她和她的姐姐泰瑞·琳每天都要沿着石岛铁路调车厂走一英里的距离到公车车站,然后搭车到离家五英里之远的黑人学校蒙罗小学。琳达·布朗尝试取得离她家较近的萨姆纳小学的入学许可,以免通勤之苦,却遭到托皮卡教育局基于种族的因素驳回入学申请,原因是萨姆纳小学是一个只给白人小孩子读的学校。在当时堪萨斯州的法律允许(但非强制要求)人口大于15000的城市可以依据种族的不同而设置种族隔离的学校。基于这样的法律规定,托皮卡教育局设立了种族隔离的公立中小学。奥利弗·布朗是琳达·布朗的父亲,同时也是一位当地服务于圣大非铁路的焊工,另外也是当地教堂的助理牧师。最初奥利弗·布朗被全国有色人种促进协会的律师同时也是他的儿时好友查理斯·斯科特说服提出救济。于是,在初步的救济失败之后,他们开始着手提起诉讼。在托皮卡地区的全国有色人种促进协会的查理斯·斯科特以及鲁辛达·陶德带领之下,当地有相同背景的家长们也一起参加诉讼,诉讼参加者持续增加。1951年秋天,终于达成了集体诉讼所要求的人数门槛,以奥利弗·布朗作为第一原告对托皮卡教育局提起集体诉讼,该诉讼由其他有同样背景的家庭一同参加,要求校区停止种族隔离的政策,主张种族隔离的学校已经侵害了琳达·布朗的同等保护权。他们的理由中指出,尽管教育当局设置了隔离但"平等"的学校,但是这些措施实际上的目的,是对黑人实施永久的次等待遇,只提供次等的设备与服务,以达成压迫黑人的效果。

地方法院引用了"隔离但平等"的原则,认为教育局的种族隔离措施不违反宪法的同等保护权。虽然地方法院发现在公立中小学实施种族隔离的措施确实对于黑人学生有不良、负面的影响,但是基于黑人学校和白人学校在建筑物、交通措施、课程以及教职员等方面有"实质"的平等,因此认为此影响仍不足以构成不平等的因素。

之后,布朗诉托皮卡教育局案上诉到联邦最高法院。

当时的最高法院首席大法官厄尔·沃伦在完成判决之前基于本案对于美国社会变动可能带来的影响,积极协调各个大法官之间的意见,最后让9位大法官对于本案都能够达成一致,使得最高法院在本案(及其牵涉的法律原则)上具有绝对的拘束力,同时9:0的票数也表达了最高法院种族隔离方面采取绝对反对态度的政治意涵,也因此在接下来的所有上诉到最高法院的种族隔离争议的法律都被判决为违宪。尽管种族隔离表面上的可见因素是平等的,但是有许多无形因素却是不平等的,例如学习的能力,与他人讨论并交换意见的机会等。

此外,在中小学更重要的是,隔离教育会使学童对自己形成一种"自己是次等的"自我认同,这种认同感会伤害学童的心灵,同样也会影响他的学习动机以及未来心灵的正常成长。

从以上几点论证,法院因此判决"隔离但平等"的法律原则,在公立中小学中,因为隔离的措施本身即是一种不平等,因此不再适用。隔离教育违反了第十四条修正案的"同等保护权",因此违宪,黑人学童进入白人学校就读的权利不得被拒绝。

(来源:上海法治报 http://newspaper. jfdaily. com/)

【案例分析】

宪法平等权是由成文宪法、宪法性法律、人权公约、宪法解释等确认的,要求国家机关或其他公权主体对做出差别待遇的行为须承担举证责任的宪法权利规范,是一般平等权和多项具体平等权的统一体。基本含义是,公民不因民族、种族、肤色、性别、语言、职业、政治或其他观点、宗教信仰、财产、居住地点、户籍、家庭和其他身份等的不同而存在差异,在宪法法律上地位相同,平等地享有宪法和法律规定的权利、履行义务,平等地受罚和获得司法救济;它要求做到同样情况相同对待,不同情况差别对待。本案中,托皮卡教育局基于种族的因素驳回入学申请,原因是萨姆纳小学是一个只给白人小孩子读的学校。这种因种族、肤色而拒绝入学的行为违反了宪法确认的平等权。

【思考讨论】

1. 平等权的基本内容有哪些?

2. 如何理解宪法中关于公民在法律面前一律平等这一原则?

【法律依据】

《中华人民共和国宪法》第三十三条:中华人民共和国公民在法律面前一律平等。

二、言论自由权

【案例2】彭水诗案

2006年8月15日,彭水县的秦某用手机编发了一条有关彭水现状的打油诗,题为《沁园春·彭水》,内容为:"马儿跑远,伟哥滋阴,华仔脓胞。看今日彭水,满眼瘴气,官民冲突,不可开交。城建打人,公安辱尸,竟向百姓放空炮。更哪堪,痛移民难移,徒增烦恼。官场月黑风高,抓人权财权有招。叹白云中学,空中楼阁,生源痛失,老师外跑。虎口宾馆,竟落虎口,留得沙陀彩虹桥。俱往矣,当痛定思痛,不要骚搞。"从文学的角度来讲,该诗以彭水县为主题。秦某将这首词已短信和QQ方式转发了其他朋友。然而,半个月后,警察向其询问短信为谁所发,在秦某承认后,警察搜索了其办公室的书籍、电脑等,并没收了秦某的手机及QQ号,随后,又将他带到了公安局国安大队。第二天晚上,秦某被彭水县公安局以涉嫌"诽谤罪"予以刑事拘留。公安局于9月11日对其正式下发逮捕令。其间,公安机关还传讯了接收短信的十多个人,以及这些短信的二次甚至三次传播和接受者。根据秦本人的叙述,《沁园春·彭水》是其翻阅短信,看到一则《虞美人》。该首诗词反映了彭水现状,其内容为:"彭水腐败何时了,往事知多少。白云中学流产了,彭酉公路越修越糟糕,学生走光老师跑……一江乌水向下流。"秦觉得从文学的角度不是很押韵,便将该首"打油诗"改成了《沁园春·彭水》,秦也并不知其暗指对象,仅当娱乐而已。但凡是收到和转发过《沁园春·彭水》这一短信的人,均被叫到县公安局接受了调查。而秦某对此一无所知,也不知自己究竟诽谤了谁?后来,经过努力,关押了近一个月的秦某获批准取保候审。而公安机关则相信,这首诗隐喻了彭水县委、县政府三个领导——前任彭水县委书记马某(因涉嫌职务犯罪等被检察机关逮捕),现任县长周某,县委书记蓝某。而检察院则已经认定秦某诽谤了现任县委书记和县长。检方的起诉意见书称,秦某捏造了一首引起群众公愤的词,利用QQ和短信方式进行发送,严重危害该县社会秩序和破坏了蓝某、周某的名誉,触犯刑法第二百四十六条的规定,涉嫌诽谤罪。9月30日,公安局预审科的人及国安大队谢队长再一次对秦某进行审问,源于警察在秦某QQ聊天记录里发现了一些有关国家领导人的图片,警察又到教委人事科办公室查封了秦的电脑,并将电脑搬到了公安局,并由公安局国保大队立案并查,起因于公安部门认为秦某破坏了党和国家领导人形象,甚至牵扯非法组织。

10月24日,彭水县公安局作出撤销案件的决定书,对公安机关办理的秦某涉嫌诽谤一案,因发现不应对秦某追究刑事责任,根据《中华人民共和国刑事诉讼法》第一百三十条规定,决定撤销此案。当日,彭水县公安局通知秦某已经撤消了对其"取保候审"的决定,承认了"诽谤"案属于错案,对给秦造成的伤害表示道歉。25 日下午,受害人秦某从检察院拿到 2125.7 元的国家赔偿金。

(来源:胡锦光主编:《中国十大宪政事例研究》,中国人民大学出版社 2009 年版,45~46 页)

【案例分析】

言论自由目前在大多数国家的宪法中均已被明确规定,宪法明确规定言论自由是公民的基本权利之一。言论自由是公民对于社会的各种问题有通过语言方式表达其思想和见解的自由。言论自由有很多表现形式,本案中秦中飞通过文字编辑短信来表达其所想,属于言论自由的保护范畴。言论是公民表达意愿的必要手段和基本工具,言论自由在公民的各项政治自由中居重要地位。其实,不论言论自由在基本权利谱系中的地位如何,不可否认的是言论自由作为基本权利必须得以充分的保障。秦中飞通过手机短信编发诗词来表达其内心想法,其言论自由权的行使也必须在宪法上得以有效保障。至于诽谤罪,秦中飞的言论并不符合诽谤罪的构成要件,因此不属于刑法的调整范围。

【思考讨论】

1. 如何界定言论自由与侵犯他人名誉权?

2. 错误的言论是否应该受到保护?

【法律依据】

《中华人民共和国宪法》三十五条:中华人民共和国公民有言论、出版、集会、结社、游行、示威的自由。

三、人身自由权

【案例 3】孙某收容致死案

孙某(1976~2003),湖北黄冈人,2001 年毕业于武汉科技学院艺术系艺术设计专业,2003 年 2 月 24 日被广州市某服装有限公司雇佣。由于刚来广州,他未办理暂住证。3 月 17 日晚上他出门上网,未带身份证。在当晚 11 时左右,他在路上被查暂住证的警察送往黄村派出所。在这里,他打了一个电话给朋友,让对方把他的身份证明文件送往该派出所。可是当对方到达派出所之后才发现孙某已经被送往收容站,其收容表格上莫名其妙说是"三无"人员,符合收容条件,而事实是孙某本人有正常住所,有合法工作,有合法的身份证件,并不符合收容条件。3月20日,孙某被发现在一家收治收容人员的医院死亡。

官方最早坚持他是因病正常死亡,但《南方都市报》记者陈某、王某调查后发现他是被毒打致死。后官方不得不重新进行调查,最后公布的结果为孙某是在医院中被护工和同房病人殴打致死。广州市公安局后来拘捕了乔某等十多名涉案人员,并于同年6月9日一审判决主犯乔某死刑并剥夺政治权利终身,第二主犯李某被判处死刑,缓期两年执行;其余十名罪犯分别被判处有期徒刑三年至无期徒刑。另有六名有关官员被控渎职罪,判监一至三年。

此前也发生过收容所员工犯法的案件,但是由于此次受害者身亡,并且其身份不是流浪汉而是大学生,因而产生极大影响。许多媒体报道了此事件,并曝光了许多同类性质的案件,在社会上掀起了对收容遣送制度的大讨论。先后有八名学者上书人大,要求就此对收容遣送制度进行违宪审查。

2003年5月14日,三名法学博士俞某、滕某、许某向全国人大常委会递交审查《城市流浪乞讨人员收容遣送办法》的建议书,认为收容遣送办法中限制公民人身自由的规定与中国宪法和有关法律相抵触,应予以改变或撤销。

2003年5月23日,贺某、盛某、沈某、萧某、何某五位法学家以中国公民的名义,联合上书全国人大常委会,就孙某案及收容遣送制度实施状况提请启动特别调查程序。

同年6月20日,中华人民共和国国务院总理温家宝签署国务院令,公布《城市生活无着的流浪乞讨人员救助管理办法》,并宣布《城市流浪乞讨人员收容遣送办法》废止。

(来源:王守田、沈国琴主编:《宪法学教学案例研析》,中国人民公安大学出版社2013年版,57~58页)

【案例分析】

人身自由是其他一切自由的基础。人身自由有广义和狭义之分,就狭义而言,人身自由仅指人的身体不受控制与剥夺,即一个人的身体不受非法限制,生命健康权不得随意剥夺。孙某案是人身自由受到非法侵害的典型事例。孙某先是被警察错误收容,然后又没有任何法定理由地不准保释。在收容救治站孙某被殴打致死。孙某在被错误收容期间,没有任何维护自己权利的救济方式,如果有一项保护人身自由的救济措施,孙某也许不会被错误的收容,即使被收容也不致死亡。另外,本案也警示要加强对行政法规的违宪、违法审查。

【思考讨论】

1. 如何理解人身自由的内涵？

2. 剥夺或限制人身自由的依据是什么？

【法律依据】

《中华人民共和国宪法》第三十七条：中华人民共和国公民的人身自由不受侵犯。

任何公民，非经人民检察院批准或者决定或者人民法院决定，并由公安机关执行，不受逮捕。

禁止非法拘禁和以其他方法非法剥夺或者限制公民的人身自由，禁止非法搜查公民的身体。

四、住宅权

【案例4】延安黄碟案

2002年8月18日晚11时许，陕西省延安市万花派出所民警接到群众电话举报，称辖区内一所私人诊所中播放黄碟。这家私人承包的诊所有三间屋子，临街的是诊室，一间是病房，还有一间是张某和妻子李某的卧室。派出所遂派三名民警前去调查，三人穿警服，但均无信号，其中二人是协警。三人到达现场后从后面的窗子看到里面确实有人在放黄碟，即以看病为由敲门，住在前屋的张某父亲开门后，警察即直奔张某夫妻卧室，一边掀被子，一边说，"有人举报你们看黄碟，快将东西交出来"，并试图扣押收缴黄碟、VCD机和电视机。张某阻挡，双方发生争执，张某抢起一根木棍将警察的手打伤，警察随之将其制服，并将张某带回派出所留置，同时扣押收缴了黄碟、VCD机和电视机。第二天，在家人向派出所交了1000元暂扣款后张某被放回。

10月21日，张某突然又被宝塔分公安局治安大队带走，随即以涉嫌"妨碍公务"被刑事拘留。10月28日，宝塔区人民检察院以"事实不清，证据不足"为由作出不予批捕张某的决定，将案件退回宝塔公安分局补充侦查。11月5日，被刑拘16天的张某被宝塔公安分局以取保候审的形式释放回家。12月5日，宝塔公安分局以"案件撤销"为由，解除了对张某的取保候审，1000元暂扣款同时返还当事人。

夫妻家中看黄碟，民警上门抓人。此案传出后，一下子轰动全国，成了人们关注的热点。一些法学家还专门针对这一恶劣侵犯民权事件组织讨论，与此同时，全国上百家媒体更是云集延安,关注着案件的进展。迫于全国舆论的强大压力,2002年12月31日下午,由延安市宝塔区政法委张副书记、宝塔区政府办公室雷主任和宝塔区信访局陈局长组成的专门协调小组向当事人赔礼道歉,一次性补偿当事人医疗费用及误工费人民币29137元。2003年1月14日宝塔公安分局正式免除了警方当事人之一——万花派出所所长贺某的职务,同时,该所警长尚某被调离万花派出所,调往其他派出所待岗,其他两名协警也被公安机关辞退。至此,历经半年的"黄碟事件"终于画上了一个句号。

(来源:《家中看黄碟,民警上门查》,《华商报》2002年8月20日)

【案例分析】

住宅权,即获得适足或充分住房的权利,具体是指公民有权获得可负担得起的并适宜于人类居住的、有良好的物质设备和基础服务设施的、具有安全、健康和尊严,并不受歧视的住房的权利。住宅权是人身权的延伸。住宅的保护不仅涉及严格意义上的居所,还涉及所有类型的房子,而不管其法律地位或使用的性质。本案中警察强行进入的场所虽然具有一定的开放功能,但是当事人也是将其作为私生活空间加以使用的。对住宅的侵犯或搜查,不仅指的是直接侵入住宅的物理空间内部,也包括对住宅的偷听、窥视行为。在特殊情况下,可以强行进入公民住宅,但要限于收集犯罪或违法证据等情况并满足正当的法律程序。本案中,警方并未满足上述要求,属于对居民住宅权的侵犯。

【思考讨论】

1. 对住宅的定位该如何理解?

2. 如何看待住宅权的价值定位?

【法律依据】

《中华人民共和国宪法》第三十九条:中华人民共和国公民的住宅不受侵犯。禁止非法搜查或者非法侵入公民的住宅。

五、受教育权

【案例5】田某诉北京科技大学不授予学位案

原告田某于1994年9月考取北京科技大学,取得本科生的学籍。1996年2月29日,田某在电磁学课程的补考过程中,随身携带写有电磁学公式的纸条。考试中,去上厕所时纸条掉出,被监考教师发现。监考教师虽未发现其有偷看纸条的行为,但还是按照考场纪律,当即停止了田某的考试。被告北京科技大学根据原国家教委关于严肃考场纪律的指示精神,于 1994 年制定了校发(94)第 068 号《关于严格考试管理的紧急通知》(简称第 068 号通知)。该通知规定,凡考试作弊的学生一律按退学处理,取消学籍。被告据此于 1996 年 3 月 5 日认定田某的行为属作弊行为,并作出退学处理决定。同年 4 月 10 日,被告填发了学籍变动通知,但退学处理决定和变更学籍的通知未直接向田某宣布、送达,也未给田某办理退学手续,田某继续以该校大学生的身份参加正常学习及学校组织的活动。1996 年 9 月,被告为田某补办了学生证,之后每学年均收取田某交纳的教育费,并为田某进行注册、发放大学生补助津贴,安排田某参加了大学生毕业实习设计,由其论文指导教师领取了学校发放的毕业设计结业费。田某还以该校大学生的名义参加考试,先后取得了大学英语四级、计算机应用水平测试 BASIC 语言成绩合格证书。被告对原告在该校的四年学习中成绩全部合格,通过毕业实习、毕业设计及论文答辩,获得优秀毕业论文及毕业总成绩为全班第九名的事实无争议。

1998 年 6 月,田某所在院系向被告报送田某所在班级授予学士学位表时,被告有关部门以田某已按退学处理、不具备北京科技大学学籍为由,拒绝为其颁发毕业证书,进而未向教育行政部门呈报田某的毕业派遣资格表。田某所在院系认为原告符合大学毕业和授予学士学位的条件,但由于当时原告因毕业问题正在与学校交涉,故暂时未在授予学位表中签字,待学籍问题解决后再签。被告因此未将原告列入授予学士学位资格的名单交该校学位评定委员会审核。因被告的部分教师为田某一事向原国家教委申诉,国家教委高校学生司于 1998 年 5 月 18 日致函被告,认为被告对田某违反考场纪律一事处理过重,建议复查。同年 6 月 10 日,被告复查后,仍然坚持原结论。田某认为自己符合大学毕业生的法定条件,北京科技大学拒绝给其颁发毕业证、学位证是违法的,遂向北京市海淀区人民法院提起行政诉讼。

北京市海淀区人民法院于 1999 年 2 月 14 日作出(1998)海行初字第 00142 号行政判决:一、北京科技大学在本判决生效之日起 30 日内向田某颁发大学本科毕业证书;二、北京科技大学在本判决生效之日起 60 日内组织本校有关院、系及学位评定委员会对田某的学士学位资格进行审核;三、北京科技大学于本判决生效后 30 日内履行向当地教育行政部门上报有关田某毕业派遣的有关手续的职责;四、驳回田某的其他诉讼请求。北京科技大学提出上诉,北京市第一中级人民法院于 1999 年 4 月 26 日作出(1999)一中行终字第 73 号行政判决:驳回上诉,维持原判。

（来源：中国法院网 http://www.chinacourt.org／）

【案例分析】

受教育权是一项基本人权，受教育权是公民所享有的并由国家保障实现的接受教育的权利，是宪法赋予的一项基本权利，也是公民享受其他文化教育的前提和基础，是指公民享有从国家接受文化教育的机会和获得受教育的物质帮助的权利。学生处于受教育者的特殊地位，当其受教育权受到学校不当行为侵犯时，既不能以拒绝履行的方式来保护自己合法权益，也不能采取任何强制手段制止或纠正侵权行为。也就是说，没有相应的救济途径，学生的受教育权将难以实现。学校做出的处分将原告排除在了学校教育之外，直接影响了学生所享有的受教育权，所以该退学处分应接受司法审查。另外，对学生受教育权的不利处分应当遵循正当程序原则。

【思考讨论】

1. 如何理解受教育权的性质？

2. 当受教育权受到侵害时，有哪些救济途径？

【法律依据】

《中华人民共和国宪法》第四十六条：中华人民共和国公民有受教育的权利和义务。

六、平等权

【案例6】浙江就业性别歧视判决第一案

2014年6月杭州市西湖区东方烹饪职业技能培训学校在"58同城"网站发布了关于文案职位的招聘要求，未写明招聘人数以及性别条件。同时，该校还在赶集网上发布了这一招聘信息，并注明招聘人数1名，要求"最低学历大专，工作经验不限（应届生亦可）"，性别要求是男性。河南省一所师范学校社会工作专业的应届毕业生郭晶看到该校的招聘信息，认为自己的学历以及实习经验符合烹饪学校的要求，便分别在上述两家网站向该学校投递了个人简历，但被学校以文案职位需要早晚加班，需要经常与男性校长一起出差，出差周期较长，应酬次数较多等为由告知"不考虑女生"，但同时提示她可以考虑应聘学校的人事、文员等岗位。

随后郭某以该校招聘性别歧视为由起诉了这家企业，称文案职位并非只有男性才可以胜任，烹饪学校仅因为自己是女性就拒绝她的应聘，给她的身心带来了极大的伤害，心情一度极其沮丧并感到十分气愤，找工作的信心受到很大的打击。

郭某认为,该行为构成就业歧视,侵害了他的平等就业权和人格尊严权,因此索赔精神损害抚慰金5万元,并要求对方书面赔礼道歉。

杭州市西湖区法院最终在8月13日决定受理此案,并于9月10日进行了公开审理。被告缺席庭审,不过向法院提交了书面的质证和答辩意见。被告在书面答辩中称所招聘岗位具有特殊性,需要经常与男性校长一起出差,而学校的出差管理制度十分明确,为节约单位成本,两人以上出差住宿的,必须同住一个标准间,否则超出部分不予报销。因此,基于公序良俗、男女有别原则和单位制度规定,学校没有任何侵权行为,更没有任何损害结果,依法不应承担侵权责任。这不仅不是歧视女性,反而是充分尊重女性和照顾女性的体现。为此,被告在庭审前向法院提交了被告校长任职文件、身份证、出差管理制度、文字版通话录音、岗位说明书(复印件)等证据。

法院经审理后,于11月22日对这起纠纷案做出判决。法院认为,被告提交的校长任职文件、身份证、出差管理制度、文字版通话录音、岗位说明书(复印件)等不能证明其事实。由于被告未能证明文案策划岗位属于法律、法规所规定的女职工禁忌从事的工作,而根据其发布的招聘要求,女性完全可以胜任该岗位工作,其所辩称的需招录男性的理由与法律不符,因此法院认定被告的行为侵犯了原告平等就业的权利,对其实施了就业歧视并造成了一定的精神损害,酌情判令其于本判决生效之日起10日内赔偿原告精神损害抚慰金2000元。至于原告要求学校书面赔礼道歉的请求,法院认为法律依据不足,不予支持。

(来源:胡锦光主编:《2014年中国十大宪法案例评析》,法律出版社2016年版,113~114页)

【案例分析】

中国已经通过法律保护女性的平等就业权,但在现实中,仍然存在女性就业遭歧视的现象。这是中国第二起影响较大的就业性别歧视讼诉案件。两年前一位女士曹某也曾状告过一家企业,但上次事件中,案件最终和解,企业给予曹菊3万元的"关爱女性平等就业专项资金"作为补偿。宪法赋予了公民平等就业的权利,该学校的做法显然违背了宪法中关于平等权的规定。另外一方面,在上述案例中,被告烹饪学校的性质是私营企业,虽然私营企业不是个人,但法人在特定条件下同样可以成为基本权利的主体。烹饪学校作为法人完全应该享有经营自由,而这一自由当然包括招聘过程中的用人自由,这与公权力主体完全不同。一方是作为宪法基本权利主体的烹饪学校所享有的自由权,另一方则是求职者郭晶的平等权,如何解决这二者的冲突也是本案例引发的值得讨论的问题。

【思考讨论】

1. 如何理解平等权与自由权?

2. 如何平衡平等权与自由权之间的冲突? 有哪些具体方法?

【法律依据】

《中华人民共和国宪法》第三十三条:凡具有中华人民共和国国籍的人都是中华人民共和国公民。

中华人民共和国公民在法律面前一律平等。

国家尊重和保障人权。

任何公民享有宪法和法律规定的权利,同时必须履行宪法和法律规定的义务。

第四十二条:中华人民共和国公民有劳动的权利和义务。

第四十八条:中华人民共和国妇女在政治的、经济的、文化的、社会的和家庭的生活等各方面享有同男子平等的权利。

七、劳动权

【案例7】谯某诉中国石油工程建设公司案

谯某与其丈夫张某是中国石油工程建设公司职工。1993 年底,张向公司提出辞职,公司对其进行挽留,并阐明职工调动、辞职的有关规定:"男性职工申请辞职,如系双职工,夫妇二人应一并提出申请,方可按程序办理。1994 年 1 月 21 日,公司又发出《关于职工调动(辞职)补充规定的通知》,规定申请调出(辞职)的职工,如系双职工,夫妇双方应同调出,三个月后不调出公司的,停发工资,收回住房。1994 年 7 月 4 日,谯某接到单位通知,说1994 年 3 月 24 日公司已同意张某辞职,同时限令她三个月内调离公司交回住房。公司自 7 月 5 日起不再安排谯某的工作,7 月 15 日起停发她的工资和各种待遇。

面对这种突如其来的厄运,谯某开始向劳动部、全国妇联,全国总工会、公司上级主管部门等单位反映情况。在与单位调解未果后,谯某于 1995 年 2 月底向北京市西城区劳动争议仲裁委员会申请仲裁,仲裁委员会以公司依据内部规章制度作出对张、谯的处理决定并无不妥之处为由,判谯某败诉。谯对仲裁不服,于1995 年 7 月 13 日起诉至北京市西城区人民法院,西城区人民法院于 1995 年 8 月30 日作出一审判决,认为"被告根据本企业特殊性,为了稳定队伍,加强管理制定的规章制度,符合国家的法律、政策,予以维护。"谯认为被告不按规定批准张的辞职是违法的;在男职工辞职后对同单位女职工采取的株连行为是违反国家劳动法律和劳动管理政策的,故对西城区人民法院的判决不服,于1995年9月11日上诉至北京市第一中级人民法院。北京市第一中级人民法院二审判决:中国石油工程建设公司应张某的请求将其妻谯某由四川接收到该公司工作,张某辞职时曾书面保证其妻三个月后将调离该公司。该公司依张某的书面保证及该公司的有关规定所作出的对于谯某按自动离职处理的决定,是建立在双方权利义务一致的基础上的决定,该决定没有违背国家的有关法律政策,不构成株连。谯某要求撤消该公司对其的处理决定,法院不予支持。

(来源:李树忠主编:《宪法案例教程》,知识产权出版社2007年版,226~227页)

【案例分析】

劳动权,即有劳动能力的公民有获得参与社会劳动和领取相应的报酬的权利。劳动权是获得生存权的必要条件。没有劳动权,生存权利也就没有保障。这是一个比较典型的案例,并且此类事例在全国并不鲜见。此案暴露出的问题:该企业作出的这种"夫妇双方应同时调出"的规定明显地同宪法权利、劳动法、妇女权益保障法等相冲突;这样的企业规章竟能够连续得到劳动争议仲裁委员会和一审法院、二审法院的支持;法院的判决理由中所提到的企业制定的这种"规章制度符合国家的法律、政策,予以维护",认为企业的决定"没有违背国家的有关法律政策",这其中的"国家法律、政策"指的是什么样的法律和政策;人民法院在对企业规章制度进行司法审查时,依据什么标准来进行;企业在行使企业自主权时,如果制定的规章制度同宪法、法律相冲突时,怎么办;企业自主权的行使是否可以超越国家法律? 丈夫是否可以代替妻子放弃其劳动权,丈夫的书面保证对妻子有无效力? 答案当然都是否定的。

【思考讨论】

1. 如何保障公民的劳动权?

2. 当劳动权受到侵犯时,有哪些救济途径?

【法律依据】

《中华人民共和国宪法》第四十二条:中华人民共和国公民有劳动的权利和义务。

国家通过各种途径,创造劳动就业条件,加强劳动保护,改善劳动条件,并在发展生产的基础上,提高劳动报酬和福利待遇。

第五节　宪法制度与国家机关

【本节要点】

宪法对国家性质、国家形式以及具体的政党制度、选举制度、经济与文化制度作出了规定。

国家性质。国家性质又称"国体"，国体即国家的阶级本质，它是由社会各阶级、阶层在国家中的地位所反映出来的国家的根本属性。我国宪法规定："中华人民共和国是工人阶级领导的、以工农联盟为基础的人民民主专政的社会主义国家。"这是国家根本大法对我国国家性质的明确规定。

政权组织形式。即一个国家的政体，指"一定的社会阶级取何种形式去组织那反对敌人保护自己的政权机关"。主要涉及中央权力机关的设置、权力配置和相互关系。我国的政权组织形式是人民代表大会制度。

国家结构形式。指一个国家的整体与其组成部分之间，中央和地方之间的相互关系。中国的国家结构形式是单一制。

政党制度。所谓政党制度是指政党执掌、参与国家政权或干预政治的制度。我国的政党制度是中国共产党领导的多党合作和政治协商制度。

选举制度。中华人民共和国的选举制度是指各级人民代表的选举、选择制度。各级人民代表的选举、选择制度，包括普通地方选举和军队人民代表、特别行政区全国人大代表、台湾省全国人大代表的选举、选择制度。

经济与文化制度。以公有制为主体、多种所有制经济共同发展是我国现阶段的基本经济制度。我国基本文化制度是围绕社会主义精神文明的核心进行教育科学文化建设和思想道德建设。

国家机关是指从事国家管理和行使国家权力的机关，包括国家元首、权力机关、行政机关、审判机关、检察机关和军事机关。

【案例1】中国傅庚辰所提"老文艺家生活补贴问题"政协提案办理实例

1999年12月，傅庚辰当选中国音乐家协会主席。上任之初，他了解到音乐家协会创始人，也是20世纪30年代领导革命音乐的主要骨干之一吕骥同志的月工资仅1400多元，家里生活拮据，人造革的沙发裂着口子，人造革的地板也张开了嘴。后来，傅庚辰在医院看望国际著名指挥家李德伦先生，得知这个1936年参加革命的老党员在1955年被定为文艺四级（相当于副厅级）后再没调整过，是靠着同学的关系才住进了副部级才能住的高干病房。进一步,他了解了老艺术家生活窘迫的更多情况。

在 2000 年 3 月召开的"两会"期间,政协委员傅庚辰在全国政协会议上谈到了这个问题。中共中央政治局常委、国务院副总理李岚清当即表示:"你的话我听进去了。"

第二天,傅庚辰将发言内容写成了提案(第 1678 号),吴祖强、吴雁泽等 34 位文艺界政协委员签名附议。

提案基本内容:我国目前尚有极少数 80 岁以上从事文艺工作 60 年以上的老文艺家,亦是早年参加革命的老同志。他们多数体弱多病,健康状况较差,每月仅有 1000 多元工资。他们儿孙绕膝,人口众多,又要雇保姆照料生活,生活确实比较困难。为了表彰他们的功绩,使他们能够安享晚年,建议中共中央、国务院拨款,给他们每人每年补助 3 万~5 万元。

5 月,文化部告知傅庚辰,提案收到了。

八一建军节,在国防大学李德生政委召集的聚餐会上,国务院副秘书长刘奇葆告诉傅庚辰:李岚清同志将提案交由刘奇葆办理。

9 月 9 日,中山公园音乐堂举办纪念作曲家施光南诞辰 60 周年音乐会,傅庚辰在休息室内见到李岚清并催问提案处理进展,李岚清说:"好,我催催他们。"

10 月 18 日,傅庚辰在保护音乐权益国际研讨会上再见李岚清并催问,李岚清说:"怎么搞的,我催催他们。"态度明确坚定。

12 月 17 日,《新四军军歌》作曲者何士德逝世,12 月 23 日,中央音乐学院教授,聂耳同时代人江定仙逝世。

12 月 27 日,傅庚辰在参加完江定仙遗体告别仪式之后,心情沉重地给李岚清写了一封措辞比较强硬的信,历数一年来两人之间的多次对话,催促提案的办理。

12 月 29 日,在中央音乐学院纪念萧友梅逝世 60 周年音乐会上,傅庚辰再次见到李岚清并追问提案进展。国务院副秘书长徐荣凯说李岚清接信后严厉批评了他。徐荣凯同时告诉傅庚辰提案中的问题已经解决。第二天,李岚清秘书郭向远打电话告诉傅庚辰,文件由中组部发文:《老艺术家的生活补贴问题》(组通字 34 号)。文件规定 1984 年工资改革前文艺四级以上的老同志,每人每月加发 1000 元,计入工资,从 2000 年 10 月算起。

2001 年全国政协会议期间,李岚清参加了文艺界的会议并发了言。全场 169 名文艺界的政协委员给出了热烈的掌声。

（来源：王守田、沈国琴主编：《宪法学教学案例研析》，中国人民公安大学出版社，2013 年 1 月 154 页~155 页）

【案例分析】

众所周知，一年一度的"两会"就是指全国人民代表大会和中国人民政治协商会议。中国人民政治协商会议（简称人民政协）是中国人民爱国统一战线的组织，是中国共产党领导的多党合作和政治协商的重要机构，是中国政治生活中发扬社会主义民主的一种重要形式。就其性质来讲，中国人民政治协商会议不是一个国家机关，不属于国家机构体系，没有宪法和法律明确规定的职权和职责，但是，中国人民政治协商会议在我国实际的社会主义民主政治实践中扮演着重要的角色。根据中国共产党同各民主党派和无党派民主人士"长期共存、互相监督、肝胆相照、荣辱与共"的方针，中国人民政治协商会议对国家大政方针和群众生活的重要问题进行政治协商，并通过建议和批评发挥参政议政、民主监督的作用。其中，提案是中国人民政治协商会议参与政治生活的一个重要的方式，作用重大。

【思考讨论】

1. 中国人民政治协商会议的性质是什么？

2. 提出提案一般都有哪些形式？

【法律依据】

《中华人民共和国宪法》：中国人民政治协商会议是有广泛代表性的爱国统一战线组织，过去发挥了重要的历史作用，今后在国家政治生活、社会生活和对外友好活动中，在进行社会主义现代化建设、维护国家的统一和团结的斗争中，将进一步发挥它的重要作用。中国共产党领导的多党合作和政治协商制度将长期存在和发展。

第四章

行政法

第一节　行政法的基本原则

【本节要点】

行政法是指行政主体在行使行政职权和接受行政法制监督过程中而与行政相对人、行政法制监督主体之间发生的各种关系，以及行政主体内部发生的各种关系的法律规范的总称。行政法基本原则是指导和规范行政法的立法、执法以及指导规范行政行为的实施和行政争议的处理的基础性法则，是贯穿于行政法具体规范之中，同时又高于行政法具体规范体现行政法基本价值观念的准则。

职权法定原则。指行政机关及其工作人员的行政权力必须有法律的明确授权，不能自行设定。

程序合法原则。指行政机关作出影响行政相对人权益的行政行为，必须遵遁正当法律程序，包括事先告知相对人，向相对人说明行为的根据、理由，听取相对人的陈述、申辩，事后为相对人提供相应的救济途径等。

比例原则。指行政权力的行使除了有法律依据这一前提外，行政主体还必须选择对人民侵害最小的方式进行。

信赖保护原则。指行政管理相对人对行政权力的正当合理信赖应当予以保护，行政机关不得擅自改变已生效的行政行为，确需改变行政行为的，对于由此给相对人造成的损失应当给予补偿。

一、职权法定原则

【案例1】邓州市骨伤医院诉河南郑州工商局越权扣押物品案

1996年5月9日原告邓州市骨伤医院向卫生行政管理部门申请自配制剂，河南省卫生厅 1996 年 12 月 26 日以豫卫药(1996)38 号文件批准向该医院核发 (1996)豫卫药制证字第 16033 号《制剂许可证》,该许可证规定的制剂范围为大输液,许可证有效期限至 1999 年 12 月。2000 年 7 月 7 日至 2001 年 4 月 26 日,国家药品监督管理局先后发出三个通知,将换发《医疗机构制剂许可证》的时间延长至 2001 年 12 月 31 日。2001 年 7 月 23 日,被告邓州市工商局接到关于原告大输液制剂有严重质量问题的电话举报后,7 月 30 日在"打假保健康红盾行动"中,对原告制剂室进行突击检查,当场扣押了制剂室的《制剂许可证》,自配制剂和其他设备,同时被告又在市区一些医疗机构查扣了原告供应的制剂。被告工商局所采取的查扣封存措施一直未办理没收、扣押或者解除手续。2001 年 8 月 16 日,邓州市骨伤医院以被告具体行政行为超越职权、违反法定程序为由,向邓州市法院提起行政诉讼,要求撤销被告扣押《制剂许可证》制剂室药品和其它财物的具体行政行为。被告邓州市工商局辩称,2001 年 7 月 23 日我局接到关于原告大输液制剂有严重质量问题的电话举报后,于 7 月 30 日对原告制剂室进行突击检查,发现周围环境不符合待业管理要求,也没有合法有效的《制剂许可证》,当场扣押了原告的《制剂许可证》、自配制剂和其他物品,属依法行政,并未超越职权。邓州市人民法院审理后认为,依据《中华人民共和国药品管理法》及其实施办法的规定,对于医疗单位《制剂许可证》和制剂的管理,属于卫生行政部门的职责。工商行政机关对违反药品管理法规行为的处罚范围,是"城乡集贸市场"和"广告管理"中的违法行为,被告到原告邓州市骨伤医院制剂室查扣《制剂许可证》、制剂药品和其他财物,属超越职权行为。被告扣押原告物品以后,一直未作任何处理,违反法定程序。原告邓州市骨伤医院的《制剂许可证》是按审批程序依法取得的,虽然该证件 1999 年 12 月到期,但根据国家药品监督管理局先后发出的三个通知,将换发《医疗机构制剂许可证》的时间延长到 2001 年 12 月 31 日。被告所扣押的《制剂许可证》仍属有效证件。被告的具体行政行为侵犯了原告的合法权益,应予撤销。遂依据《中华人民共和国行政诉讼法》的有关规定,判决撤销被告扣押原告邓州市骨伤医院的《制剂许可证》、制剂室药品和其他财产的具体行政行为。被告邓州市工商局不服一审判决,提起上诉。南阳市中级人民法院审理后认为,根据规定,作为医疗单位的邓州市骨伤医院的《制剂许可证》和制剂的管理,属于卫生行政部门的职责,而工商行政机关对违反药品管理法规行为的处罚范围为"城乡贸易市场"和"广告管理"中的违法行为,因此,被告邓州市工商行政管理局查押原告邓州市骨科医院《制剂许可证》、制剂药品和其它财物,显属超越职权行为。且上诉人在扣押被上诉人物品以后,一直未作任何处理,违反法定程序。综上所述,上诉人的上诉理由不能成立,本院不予支持,原判决认定事实清楚,证据充分,适用法律正确。遂判决,驳回上诉,维持原判。

(来源:中国法院网 http://www.chinacourt.org/)

【案例分析】

党的十八届四中全会对推进依法行政、建设法治政府作出了重大部署,其中首要的任务就是"依法全面履行政府职能",其中,职权法定就是依法行政的基本原则,也是建设法治政府的一个最基本的特征。政府要把自己的权力严格限制在法律法规的框架范围之内,严格依法办事、依法行政。具体来说:一方面,行政权的取得和存在必须有法律依据,即行政主体的行政职权必须由法律直接设定或依法授予;另一方面,行政主体必须在法律规定的实体内及程序范围内行使其职权,不能滥用或超越职权。本案中,根据《药品管理法》的规定,药品监督职权应该由县级以上卫生行政部门行使,而工商行政管理部门除特殊情况外并无此职权。因此,邓州市工商局的具体行政行为属于超越职权的行为。

【思考讨论】

1. 职权法定原则有哪些具体要求?

2. 本案是如何体现职权法定原则的?

【法律依据】

《中华人民共和国行政诉讼法》第七十条:行政行为有下列情形之一的,人民法院判决撤销或者部分撤销,并可以判决被告重新作出行政行为:

(一)主要证据不足的;

(二)适用法律、法规错误的;

(三)违反法定程序的;

(四)超越职权的;

(五)滥用职权的;

(六)明显不当的。

第七十一条:人民法院判决被告重新作出行政行为的,被告不得以同一的事实和理由作出与原行政行为基本相同的行政行为。

第七十二条:人民法院经过审理,查明被告不履行法定职责的,判决被告在一定期限内履行。

第七十三条:人民法院经过审理,查明被告依法负有给付义务的,判决被告履行给付义务。

《中华人民共和国药品管理法》第八十七条:本法第七十二条至第八十六条规定的行政处罚,由县级以上药品监督管理部门按照国务院药品监督管理部门规定的职责分工决定;吊销《药品生产许可证》、《药品经营许可证》、《医疗机构制剂许可证》、医疗机构执业许可证书或者撤销药品批准证明文件的,由原发证、批准的部门决定。

二、程序合法原则

【案例2】平山县劳动就业管理局诉平山县地税局税务行政处理决定案

原告河北省平山县劳动就业管理局(原平山县劳动服务公司,下称就业局)不服河北省平山县地方税务局(下称地税局)的税务处理决定,向河北省平山县人民法院提起行政诉讼。

原告诉称:本局是承担政府行政职能的就业管理机构,收费属于行政经费预算外的资金,因此本局不是纳税义务人。被告令本局纳税,在遭到拒绝后又以行政处理决定对本局罚款。该处理决定适用法律错误,程序违法,请求人民法院予以撤销。

被告辩称:原告虽然是承担着部分政府行政职能的就业管理机构,但是属于自收自支的事业单位,应当依法纳税。原告未及时纳税,应当受到处罚。人民法院应当维持本局的行政处理决定。

平山县人民法院经审理查明:原告就业局是承担着部分政府行政职能的就业管理机构。从1994年1月至1996年10月,该局收取劳务管理费、劳务服务费、县内临时工管理服务费、临时工培训费和劳务市场收入等共计578698.40元。1996年11月29日,被告地税局向就业局发出限期申报纳税通知书,12月2日和7日又两次发出限期交纳税款31394.71元的通知,就业局均未按期履行。12月13日,地税局依据《中华人民共和国税收征收管理法》第四十六条关于"从事生产、经营的纳税人、扣缴义务人在规定期限内不缴或者少缴应纳或者应解缴的税款,经税务机关责令限期缴纳,逾期仍未缴纳的,税务机关除依照本法第二十七条的规定采取强制措施追缴其不缴或者少缴的税款外,可以处以不缴或者少缴的税款五倍以下的罚款"的规定,以平地税字第1号税务处理决定,对就业局作出处以应缴未缴的营业税、城建税、教育费附加31394.71元的3倍罚款计94184.13元,限于12月18日前入库。就业局不服,提起行政诉讼。

平山县人民法院认为,第八届全国人民代表大会第四次会议通过的《中华人民共和国行政处罚法》已于 1996 年 10 月 1 日起施行。被告地税局作为县级以上人民政府的税务行政管理机关,有权对自己在管辖范围内发现的税务违法行为进行处罚,但是这种处罚必须依照行政处罚法的规定进行。行政机关在作出行政处罚决定前,应当依照行政处罚法第三十一条规定,将作出行政处罚决定的事实、理由及法律依据告知当事人,并告知当事人依法享有陈述和申辩、申请行政复议和提起行政诉讼的权利;依照行政处罚法第三十六条的规定,收集有关证据,依照第三十七条的规定,制作调查笔录。这些工作,地税局都没有做。行政处罚法第四十二条规定,作出数额较大的罚款处罚决定之前,应当告知当事人有要求听证的权利。关于多少为数额较大,国家税务总局在《税务行政处罚听证程序实施办法(试行)》中作出对法人或者组织罚款 1 万元以上为数额较大的界定。这个实施办法已经于 1996 年 10 月 1 日起施行,地税局在对就业局作出处理决定 30 日以后才收到文件。

在该办法下达前,法律虽然没有明确数额较大的界限,但是也没有明确 9 万余元的罚款不属于数额较大,地税局认为实施办法下达得晚,该处理决定不适用行政处罚法第四十二条有关听证程序规定的辩解,不予支持。依照行政处罚法第四十一条的规定,地税局违背该法规定的程序作出的行政处罚,不能成立。依照《中华人民共和国行政诉讼法》第五十四条第二项的规定,该决定应予撤销。就业局诉称自己不是纳税义务人,向其征税是错误的;地税局辩称原告就是属于纳税义务人,应当依法纳税,是行政执法实体方面的争议。已经查明,该行政处理决定从程序上违法,依法应予撤销,法院无需再就行政执法实体方面的争议继续进行审理。据此,平山县人民法院于 1997 年 3 月 12 日判决:

撤销河北省平山县地方税务局 1996 年 12 月 13 日所作的平地税罚字第 1 号税务处理决定。

第一审宣判后,双方当事人均未上诉,判决发生法律效力。

(来源:北大法宝网 http://pkulaw.cn/)

【案例分析】

程序正当是指程序的设计、模式的选择能够避免公民的宪法权利被忽视或剥夺,确保他们同等享有权利、有行使权利的自由。程序正当原则源自英国古老的自然正义原则和美国的正当法律程序原则。无论是英国的自然正义原则还是美国的正当法律程序原则,其实质都要求行政机关做出影响行政相对人权益的行政行为时,必须遵循正当法律程序,包括事先告知相对人,向相对人说明行为的根据、理由,听取相对人的陈述、申辩,事后为相对人提供相应的救济途径等。在我国,程序正当原则的具体要求包括:行政公开;听取意见;保障行政相对人、利害关系人的知情权、参与权和救济权;回避。本案中,河北省平山县地税局在作出较大数额行政罚款的具体行政行为时,未依法告知相对人有听证权利,属于行政程序违法。

【思考讨论】

1. 行政程序划分为无自由裁量权与有自由裁量权有何意义?

2. 在现实生活中,是否所有违反法定程序的具体行政行为都要撤销?

【法律依据】

《中华人民共和国行政处罚法》四十二条:行政机关作出责令停产停业、吊销许可证或者执照、较大数额罚款等行政处罚决定之前,应当告知当事人有要求举行听证的权利;当事人要求听证的,行政机关应当组织听证。当事人不承担行政机关组织听证的费用。

三、比例原则

【案例3】汇丰公司诉哈尔滨市规划局行政处罚案

1993 年 4 月,哈尔滨市同利实业公司向哈尔滨市规划土地管理局申请翻扩建其所有的、位于哈尔滨市道里区中央大街 108 号院内的两层楼房。(院内原有两栋楼房,其中,临中央大街一栋为地下 1 层、地上 3 层,院内一栋为地下 1 层、地上 2 层。)6 月 17 日,同利公司与汇丰实业发展有限责任公司达成房屋买卖协议,签订了《房屋产权有偿转让协议书》,汇丰公司付清了 1000 万元房款,缴纳了房屋买卖有关契税费用,领取了房屋产权证。12 月 7 日,哈尔滨市规划土地管理局颁发 93(地)字 246 号《建设用地规划许可证》,同意同利公司翻建 108 号楼,用地面积 339.20 平方米。1994 年 1 月 6 日,哈尔滨市规划土地管理局以哈规(94 拨)字第 2 号建设用地许可证批准建设用地 211.54 平方米、建筑面积 680 平方米的 3 层建筑。5 月 9 日,哈尔滨市规划土地管理局核发给同利公司 94(审)1004 号《建设工程规划许可证》,批准建筑面积 588 平方米。6 月 24 日,同利公司与汇丰公司共同向哈尔滨市规划土地管理局申请扩建改造中央大街 108 号楼,申请增建 4 层,面积 1200 平方米。在尚未得到答复的情况下,汇丰公司依据同利公司取得的《建设工程规划许可证》,于 1994 年 7 月开始组织施工。至哈尔滨市规划局做出处罚决定前(1996年8月12日),汇丰公司将中央大街108号院内原有2层建筑(建筑面积303.76平方米)拆除,建成地下1层,地上9层(建筑面积3800平方米)的建筑物;将中央大街108号临街原有3层建筑(建筑面积1678.21平方米)拆除,建成地下1层,地面临中央大街为6层、后退2.2米为7、8层,从8层再后退4.4米为9层(建筑面积6164平方米)的建筑物。两建筑物连为一体。

1996年8月12日,哈尔滨市规划局走出的哈规罚决字(1996)第1号行政处罚决定中认定以下事实。(一)汇丰公司未经市规划管理部门批准,未取得《建设工程规划许可证》,将中央大街108号临街原有3层建筑(建筑面积1678.21平方米)拆除,建成建筑面积6164平方米的建筑物,违反了相关法律规定,作如下处理:(1)拆除地面工程5~9层,拆除部分合计建筑面积2964平方米;(2)地下1层及地面1~4层部分予以罚款保留,处罚建筑面积3200平方米,罚款19200元。(二)汇丰公司将中央大街108号院内原有2层建筑(建筑面积303.76平方米)拆除,建成建筑面积3800平方米的建筑物,违反了相关法律规定,作如下处理:(1)拆除地面工程8、9层,拆除部分建筑面积760平方米;(2)对地下1层及地面1~7层予以罚款保留,处罚建筑面积3040平方米,罚款182400元。

汇丰公司不服上述处罚决定,向黑龙江省高级人民法院提起行政诉讼。

一审法院认为,经规划局批准在同处中央大街位置上的多处建筑均属高层,其高度与汇丰公司所建楼房高度超过12米性质相同。另有经批准而超高建筑给予罚款保留处理,还有未经批准而超高的建筑至今未作处理,规划局对在中央大街上的违法建筑存在同责不同罚的现象。规划局确定了中央大街保护建筑"外文书店"为影响中央大街景观的参照标准,就应以汇丰公司建筑物遮挡该书店多少而决定拆除多少。经勘验,规划局所作的处罚拆除面积超过遮挡面积,故对汇丰公司的违建行为处罚显失公正,鉴于汇丰公司建楼系违法建筑,规划局处罚显失公正,一审法院判决如下。(一)撤销哈尔滨市规划局哈规罚字(1996)第1号行政决定中第1部分第1项和第2项的罚款部分,撤销第二部分第1项和第2项的罚款部分。(二)维持哈尔滨市规划局哈规罚字(1996)第1号行政决定第一部分的第2项的保留部分;维持第二部分第2项的保留部分。(三)变更哈尔滨市规划局哈规罚字(1996)第1号行政处罚对该楼繁荣拆除部分,变更部分为:该楼第七层由中央大街方向向后平行拆至第3支撑柱;第八层从中央大街方向向后拆至第4支撑柱;第七八九层电梯间予以保留,电梯间门前保留一个柱距面积通行道。对该违法建筑罚款398480元。上述罚款于本判决发生法律效力后一个月内履行,上述罚款履行后汇丰公司、规划局于一个月内补办有关手续。哈尔滨市规划局不服,向最高人民法院提起上诉,审理后维持原判。

（来源:陈鹤编:《行政法与行政诉讼法精编案例教程》,华中科技大学出版社,2012年9月第1版,33~34页）

【案例分析】

比例原则是行政法的重要原则,是指行政主体实施行政行为应兼顾行政目标的实现和保护相对人的权益,如果行政目标的实现可能对相对人的权益造成不利影响,则这种不利影响应被限制在尽可能小的范围和限度之内,二者有适当的比例。比例原则有三方面的要求:第一,合目的性。是指行政机关行使裁量权所采取的具体措施必须符合法律目的。第二,适当性。是指行政机关所选择的具体措施和手段应当为法律所必需,结果与措施和手段之间存在着正当性。第三,损害最小。是指在行政机关在可以采用多种方式实现某一行政目的的情况下,应当采用对当事人权益损害最小的方式。本案中,无论是一审法院还是二审法院,其判决书中都体现了比例原则,并依据比例原则作了合乎情理的判决,对于适当地行使职权、保护相对人权益具有十分积极的作用。

【思考讨论】

1. 本案是如何适用比例原则的?

2. 如何理解比例原则中的适当性原则?

四、信赖保护原则

【案例4】成都双流机场路广告牌拆除案

2004年3月,为了整治乱设的广告牌,四川省成都市高新区行政执法局双流县综管办的执法人员,对成都双流机场高速公路两侧路边所有的广告牌进行强制拆除。机场路十几家广告公司提出异议,到许多国家机关去投诉。他们认为,属于他们的四十多座广告牌当时都是经过各部门层层审批,办理了合法手续的,不属于违法广告。申请树立广告牌并不容易,需要到工商、土地、交通等部门交费并办完各种手续后,再缴纳20万元的建设成本,才能在指定的地方树立广告牌。广告牌竖立起来之后,广告商们才得知,工商部门每年还要到现场对广告牌竖立的位置和发布的内容进行审查,只有两项内容都通过了才准许发布广告。对广告内容的合法性进行审查,广告商们表示理解,但是对广告牌的位置也要一年一审,十几家广告公司就觉得有些不合情理。一座广告牌造价几十万元,商家三年才能收回成本,如果有关部门第一年批准但是第二年不批准了,成本将很难收回。

到2001年年审的时候,广告商们被告知由于政府职能发生转换,工商局不再对广告牌竖立的位置这一项进行审批,而是转到了市容环境管理局。但是,但广告商们跑到成都市市容环境管理局打听情况时,却得知现在局里要搞清理,目前只能暂停审批,等待规划。而几个月过去了,市容环境管理局的态度仍不明朗,既没说批准,也没说不批准。而这个时候,一些不法广告商也得知了市容环境管路局的这种态度,便趁虚而入,没有办理任何手续就在机场路又竖起了十几座广告牌,机场路两侧的广告发布变得十分混乱。

2003年6月,在市容环境管理局停止审批的两年后,成都市政府出台了96号令,对机场高速公路两侧设立的广告牌进行规定,在间距不小于800米的情况下可以进行规划,设立柱式广告塔。然而,6个月后,十几家广告公司等来的却是强拆令。2004年1月,四川省成都市市容环境管理局、城市管理行政执法局、规划局、工商局、交通局5部门发出通告,机场路现有广告牌必须全部拆除,原因就是这2年广告牌没有通过市容环境管理局的审批。

广告商们认为,这些广告不是没有手续,而是手续到期后,由于工商局已经不负责对这些广告的管理,而转到了市容环境管理局,但市容环境管理局拖延了两年未予审批答复,导致这些广告牌全部过期,其责任完全在政府机关。市容环境管理局解释,由于市里的规划一直没有出来,他们没有办法进行审批,所以才耽搁了两年。而广告公司认为责任在于市容环境管理局行政不作为,并不在于广告公司,而后果更不应该由广告公司来承担。

成都市市容环境管理局认为,从2001年至2003年这两年间,主要是这段时间成都市在搞户外广告策划,在此期间对户外广告审批暂时停止,所以才没有对这些广告牌作出答复。根据相关规定,成都市市容环境管理局和交通局两家单位都有权管广告牌的设置,要在机场路设广告牌必须首先得到交通局的批准,并交纳一定的占地费。至于具体在哪个位置设广告牌,需要到市容环境管理局审批。然而两年来市容环境管理局一直没有进行审批,而交通局方面却每年都要收取每座广告牌6.5万元的占地费,并且年年下发"同意设置"的批文。

广告公司认为,既然政府同意他们在这里设置广告牌,而且他们也都按照要求交纳了费用,这就意味着政府默许和认可了广告设立的合法性。但是,成都市交通局发出"同意设置"的批文后,又与其他行政机关联合发出通告,要求强制拆除这些广告牌,这是出尔反尔。

今后对机场路两侧的广告牌,能否进行规划和设置,成都市市容环境管理局和成都市政府作出了截然不同的回答:一方说,这次规划调整后,机场高速路一律不设置广告;另一方说,广告牌还是会设置的,但是它们的经营权要进行拍卖。广告公司提出了要求听证的申请,但没有获准。5 部门联合通告发布 2 个月后,成都市高新区行政执法局双流县综管办对机场路两侧的广告进行了强制拆除,即开头一幕。

(来源:胡锦光主编:《行政法案例分析》,中国人民大学出版社 2010 年版,24～25 页)

【案例分析】

信赖保护原则是指行政相对人对行政机关的行政行为形成值得保护的信赖后,行政机关不得随意改变或撤销该行为,依法确需改变或撤销,由此给相对人造成财产损失或使被许可人的合法权益受到损害的,应当依法给予补偿。这就要求行政机关对自己的行为或承诺应当遵守信用,不得随意变更,更不能反复无常,出尔反尔。目前我国信赖保护原则主要适用于具体行政行为,虽然具体行政行为的变动可细分为行政行为无效、撤销、废止及变更等,但纵观各国行政法相关制度的设计,信赖保护原则主要适用于授益行政行为的撤销与废止。本案中,市容环境管理局应当接着工商局的工作按时履行审批的职责,即使是因为城市规划工作滞后或出于公共利益考量方面的原因未能及时履行审批职责,也不能因此随意改变、撤销给予相对人的行政许可。

【思考讨论】

1. 本案中对广告牌的审批由多个行政机关负责,因而导致冲突,该问题按照《中华人民共和国行政许可法》该如何解决?

2. 如何保护行政相对人的信赖利益?

【法律依据】

《中华人民共和国行政许可法》第八条:公民、法人或者其他组织依法取得的行政许可受法律保护,行政机关不得擅自改变已经生效的行政许可。

行政许可所依据的法律、法规、规章修改或者废止,或者准予行政许可所依据的客观情况发生重大变化的,为了公共利益的需要,行政机关可以依法变更或者撤回已经生效的行政许可。由此给公民、法人或者其他组织造成财产损失的,行政机关应当依法给予补偿。

第二节 行政主体

【本节要点】

行政主体是指享有行政职权,以自己的名义行使行政职权并独立承担责任的组织。在我国,行政主体包括国家行政机关和法律、法规授权的组织。行政机关包括中央行政机关和地方行政机关。中央行政机关指国务院及国务院所属各工作部门。地方行政机关指地方各级人民政府及其所属的各工作部门以及地方各级人民政府的派出机关,如专员公署、区公所、街道办事处、驻外地办事处等。法律、法规授权的组织,如:国家知识产权局专利申请委员会、国家工商行政管理商标评审委员会、消防机构、自治组织、公安派出所等。

【案例1】时某诉东风村村委会行政处罚案

2002年8月15日,江西省铜鼓县大段镇神口村村民时某在无自用材砍伐证和木材运输证的情况下,到本镇东风村某村民家购买木材3立方米,并用车运回家中。东风村村委会发现后,依据该村的村规民约对时某罚款800元,开具了一张内部往来收款收据给时某后放行。同日,当地林业公安分局没收了涉案木材,并依照《森林法》对时某处以行政罚款。时某多次要求东风村村委会返还罚款未果,遂向人民法院起诉。

法院审理后认为,时某无证运木材是违法行为,应当并已受到有权行政机关的处罚。村民委员会是村民自治组织,不能设定行政处罚的项目和标准,也没有行政处罚权,对时某进行罚款属于越权行为。遂依法判决东风村村委会返还时某罚款800元。

(刑童:《村委会没有行政处罚权》,《人民日报》,2003年2月12日)

【案例分析】

考虑到村民委员会的性质,村委会是基层群众性自治组织,不是行政机关,无行政处罚权。东风村村委会的处罚没有法定依据,其作出的行政处罚无效。另外值得注意的是,村委会在行使国家职权时可以成为行政主体。此外,村民委员会的确是可以依照村规民约决定一些事项,但也不得和宪法、法律、法规和国家的政策相抵触,东风村委会的行为违背了这一点。村规民约仅是村民委员会制定的在本村内施行的指导性的民事约定,是为规范村民的行为而设定的内部民事性质的规章制度,而不是《行政处罚法》中规定的行政处罚的"法定依据"。

【思考讨论】

1. 如何理解村委会的性质？村委会能否作为行政诉讼的被告？

2. 理解行政主体的概念。

【法律依据】

《村民委员会组织法》第二条：村民委员会是村民自我管理、自我教育、自我服务的基层群众性自治组织，实行民主选举、民主决策、民主管理、民主监督。

村民委员会办理本村的公共事务和公益事业，调解民间纠纷，协助维护社会治安，向人民政府反映村民的意见、要求和提出建议。

村民委员会向村民会议、村民代表会议负责并报告工作。

第二十七条：村民会议可以制定和修改村民自治章程、村规民约，并报乡、民族乡、镇的人民政府备案。

村民自治章程、村规民约以及村民会议或者村民代表会议的决定不得与宪法、法律、法规和国家的政策相抵触，不得有侵犯村民的人身权利、民主权利和合法财产权利的内容。

村民自治章程、村规民约以及村民会议或者村民代表会议的决定违反前款规定的，由乡、民族乡、镇的人民政府责令改正。

《中华人民共和国行政处罚法》第三条：公民、法人或者其他组织违反行政管理秩序的行为，应当给予行政处罚的，依照本法由法律、法规或者规章规定，并由行政机关依照本法规定的程序实施。

没有法定依据或者不遵守法定程序的，行政处罚无效。

第十七条：法律、法规授权的具有管理公共事务职能的组织可以在法定授权范围内实施行政处罚。

【案例2】秦某诉黎塘车站公安派出所行政处罚案

广西宾阳县黎塘车站公安派出所对所辖黎塘火车站广场秩序进行管理，在广场的出入口放置告示："进入广场的车辆，请按指定位置停放，违者依法处罚。黎塘车站公安派出所"，并在广场内竖牌明示了"摩托车、电动车、单车停放处"。2008年9月16日18时许，秦某驾驶一辆电动车径直驶入黎塘火车站广场，未于指定位置停车、保管，而是停放在售票厅台阶下。秦某到售票厅办理退票手续出来后，被执勤民警询问，但其不理睬。秦某驾车驶至广场出口处时被保安拦住。值班民警出示工作证，要求秦某到派出所接受调查，遭其拒绝。值班民警将秦某强制带到派出所。这一系列事情引起群众、旅客围观，阻塞了火车站广场出口正常通行。派出所认为秦某扰乱公共场所秩序,经审批、立案,于当日18时30分对其进行传唤,并调查证人,9月17日11时30分结束传唤,此间秦某未离开派出所。派出所依法作出行政处罚的决定,秦某当场交纳罚款200元,派出所当场出具财政部门印制的代收罚款证据。之后秦有福不服,向当地人民法院提起行政诉讼。11月17日,广西宾阳县人民法院判决,维持车站派出所的行政处罚决定。

(来源:陈鹤:《行政法与行政诉讼法精编案例教程》,华中科技大学出版社2012年版,54页)

【案例分析】

派出所虽然只是派出机构,但根据《治安管理处罚法》的授权,享有法定职权,本案中行政主体资格合法。秦有福进入车站时已经看见警示牌,明知广场内车辆须有序停放,却不遵守管理制度,未将车放在指定的位置,并采取非理性手段抗拒值班民警的管理,造成了火车站广场出入口旅客正常通行受阻的后果,原告的行为的确已经扰乱了公共场所秩序。宾阳县人民法院的判决符合事实和法律。

【思考讨论】

法律、法规授权的组织有哪些类型?

如何理解授权组织的性质?

【法律依据】

《治安管理处罚法》九十一条:治安管理处罚由县级以上人民政府公安机关决定;其中警告、五百元以下的罚款可以由公安派出所决定。

第三节 行政行为

【本节要点】

行政行为是指行政主体在实施行政管理活动、行使行政职权过程中所作出的具有法律意义的行为。行政行为的概念包括以下几层含义:行政行为是行政主体所为的行为;行政行为是行使行政职权,进行行政管理的行为;行政行为是行政主体实施的能够产生行政法律效果的行为。

行政行为根据不同的标准有多种分类方式,其中,最常用到的分类是根据对象是否特定而划分为抽象行政行为和具体行政行为。抽象行政行为指行政主体针对不特定行政管理对象实施的行政行为;具体行政行为指行政主体针对特定对象实施的行政行为。其中,具体行政行为又包括行政许可、行政强制、行政处罚、行政征收等。

行政许可。行政许可,是指在法律一般禁止的情况下,行政主体根据行政相对方的申请,经依法审查,通过颁发许可证、执照等形式,赋予或确认行政相对方从事某种活动的法律资格或法律权利的一种具体行政行为。

行政强制。行政强制是指行政机关为了实现行政目的,依据法定职权和程序做出的对相对人的人身、财产和行为采取的强制性措施。

行政处罚。行政处罚是指行政机关或其他行政主体依法定职权和程序对违反行政法规尚未构成犯罪的相对人给予行政制裁的具体行政行为。

一、行政主体不作为

【案例 1】张某诉天津市人力资源和社会保障局、天津市社会保险基金管理中心行政不作为案

张某分别于 2013 年 3 月 13 日、10 月 16 日向天津市人力资源和社会保障局(以下简称市社保局),9 月 25 日向天津市社会保险基金管理中心(以下简称市社保基金中心)邮寄信函,主要内容为要求履行法定职责,对其社会保险缴费基数偏低和少缴、漏缴问题进行强制征缴。市社保局于 2013 年 10 月 26 日收到信函后,认为其所述问题不属于该局职责,属于市社保基金中心职责,遂将信件转至该中心办理。该中心于 2013 年 11 月 29 日向张恩琪出具《关于张某信访反映问题的答复》,主要内容为其已经办理退休手续,退休待遇均由其参保所在区的社保局审批确定,且在审批之前已经本人对缴费基数、缴费年限等事项进行了确认,该中心作为社保经办机构,负责依据区县社保局审批结果及有关政策规定按时足额发放退休待遇。张某先是针对市社保局、市社保基金中心分别提起诉讼,因各自答辩不具备相应职责而申请撤诉,后将两单位作为共同被告诉至法院,请求确认市社保局向市社保基金中心转交信件行为违法,撤销市社保基金中心上述答复,判令二被告履行法定职责,对其诉求予以答复。天津市和平区人民法院一审认为,根据《社会保险费征缴暂行条例》第五条规定,市社保局具有负责全市社会保险费征缴管理和监督检查工作的行政职能,其于 2011 年 10 月 19 日向与其存在隶属关系的市社保基金中心下达文件《关于社会保险举报投诉案件受理查处职责分工的通知》,第二项明确规定"对用人单位未按时足额缴纳社会保险费的举报、投诉,由社会保险经办机构受理查处,逾期仍不缴纳的,由社会保险经办机构提请有管辖权的劳动监察机构实施行政处罚,具体程序由市劳动监察机构与市社会保险经办机构制定"。故市社保局将信件转至市社保基金中心办理并无不当。市社保基金中心应对原告信函要求事宜作出明确处理,但其未在60天内作出答复,且在此前原告起诉该中心不履行法定职责一案中,隐瞒了市社保局下达上述文件的情况,在答辩状中否认其具备相应职责,导致原告认为起诉被告主体有误而申请撤诉,系未履行法定职责并进行推诿。其给原告出具的《关于张恩琪信访反映问题的答复》,在未对原告提出的请求作出明确处理的情况下,直接以信访形式答复显系不妥。遂判决:一、市社保基金中心于本判决生效之日起三十日内对原告请求作出处理并将结果书面告知原告,在规定期限内不履行的,从期满之日起按日处70元罚款;二、驳回原告其他诉讼请求。一审宣判后,各方当事人均未上诉。

（来源:中国法院网 http://www.chinacourt.org/）

【案例分析】

党的十八届四中全会通过的《中共中央关于全面推进依法治国若干重大问题的决定》中提出"坚决纠正不作为"的有力举措并且明确指出,行政机关要坚持"法定职责必须为、法无授权不可为",勇于负责、敢于担当,坚决纠正不作为、乱作为,坚决克服懒政、怠政,坚决惩处失职、渎职。社会保险待遇涉及千家万户,关乎个人生老病死,无论是社保机关还是经办机构都必须积极履责,方为责任政府应有之义。本案的典型意义在于人民法院以行政裁判方式明确了行政主体在社保管理方面的相关职责。基于行政管理复杂性和相关法律规定不明确,在职权界线不清晰的情况下,行政机关之间应当主动沟通联系,共同协调解决,不能互相推诿,甚至和老百姓"捉迷藏"。

【思考讨论】

1. 行政不作为有哪些表现形式?

2. 对于行政不作为有哪些救济途径?

【法律依据】

《中华人民共和国行政诉讼法》第十二条:人民法院受理公民、法人或者其他组织提起的下列诉讼:

……

申请行政机关履行保护人身权、财产权等合法权益的法定职责,行政机关拒绝履行或者不予答复的;

……

(十一)认为行政机关不依法履行、未按照约定履行或者违法变更、解除政府

特许经营协议、土地房屋征收补偿协议等协议的;

二、行政许可

【案例2】上诉人丰都县先进中学诉丰都县教育委员会教育行政许可案

丰都教委于 2004 年 9 月 7 日,以刘春林 2004 年秋季违法招生举办先进中学为由,作出丰都教行决字[2004]第 1 号教育违法行为行政处罚决定书,决定撤销先进中学。2006 年 4 月 12 日、21 日,丰都县三合镇鹿鸣村委会、丰都县三合镇政府、丰都县三合镇学校分别同意刘春林申办先进中学。2006 年 4 月 21 日,刘春林向丰都教委提出办学申请的材料中,修建的教学场所及设施,无已经职能部批准和验收的证据;除教师杨金丹具有小学英语教师资格证书外,其余任职教师无教师资格证书。2007 年 6 月,丰都教委安排先进中学 2007 年初中毕业升学考试和 2007 年初中结业考试,并向 2007 届毕业生颁发毕业证书。丰都教委受理刘春林办学申请后,经审查认为:先进中学于 2004 年 8 月在未经批准的情况下擅自招生办学,对该校作出撤销先进中学的行政处罚决定后,该校自 2004 年秋以来未停止办学,未执行该行政处罚决定;该校未按《民办教育促进法》第 12 条规定申请筹建的情况下,擅自选校址建校舍,并已经投入使用,未进行建设工程竣工验收,只是由丰都县康居房屋安全咨询有限公司进行了房屋安全性鉴定;先进中学的办学地址不适合举办初级中学校。丰都教委于 2007 年 8 月 17 日作出批复,决定不予批准举办先进中学。先进中学不服该批复提起行政诉讼。在一审诉讼过程中,丰都教委于 2008 年 3 月 6 日作出撤销其于 2007 年 8 月 17 日作出的关于不同意设立先进中学的批复的书面决定,先进中学表示不撤回起诉。

一审法院遂依照《最高人民法院关于执行〈中华人民共和国行政诉讼法〉若干问题的解释》第 50 条第 3 款、第 56 条第(4)项之规定,判决:(一)确认被告丰都县教育委员会于 2007 年 8 月 17 日作出的关于不同意设立先进中学的批复违法;(二)驳回原告先进中学要求补发办学许可证的诉讼请求。案件受理费 50 元,由原告先进中学和被告丰都教委各负担 25 元。先进中学不服,提起上诉。

二审法院认为:2006 年 4 月 21 日,丰都教委受理刘春林的办学申请后,认为该申办材料不符合法定条件,于 2007 年 8 月 17 日作出不予批准举办先进中学决定的批复。在一审程序中,丰都教委认为作出该批复前,未依照《行政许可法》第 34 条规定,指派两名以上工作人员对申请材料的实质内容进行核查,程序上违法,于 2008 年 3 月 6 日作出撤销其于 2007 年 8 月 17 日作出的关于不同意设立先进中学的批复的书面决定,先进中学表示不撤回起诉。因此,根据《最高人民法院关于执行〈中华人民共和国行政诉讼法〉若干问题的解释》第 50 条的规定:被告在一审期间改变被诉具体行政行为,原告不撤诉,人民法院经审查认为原具体行政行为违法的,应当作出确认其违法的判决;认为原具体行政行为合法的,应当判决驳回原告的诉讼请求。在一审程序中,丰都教委自己认为作出该批复前未指派两名以上工作人员对申请材料的实质内容进行核查,程序上违法,本院予以认可;丰都教委于 2006 年 4 月 21 日受理刘春林的申请后,于 2007 年 8 月 17 日作出关于不同意设立先进中学的批复,违反了《民办教育促进法》第 13 条"审批机关应当自受理筹设民办学校的申请之日起三十日内以书面形式作出是否同意的决定"和该法第 16 条"申请正式设立民办学校的,审批机关应当自受理之日起三个月内以书面形式作出是否批准的决定,并送达申请人"规定的法定期限。因此,一审经审查认为丰都教委原具体行政行为违法,作出确认违法的判决适用法律正确。

行政许可的申请和批准,均属于要式法律行为,必须以书面方式进行。根据《民办教育促进法》第 11 条规定:举办实施学历教育、学前教育、自学考试助学及其他文化教育的民办学校,由县级以上人民政府教育行政部门按照国家规定的权限审批。从本案案件事实看,刘春林申办先进中学至今未获县级以上人民政府教育行政部门批准文件。至于被上诉人给上诉人的学生建立学籍,组织考试,颁发毕业证书的行为,是被上诉人基于上诉人因违法办学造成的社会后果而采取的一种补救措施,并非属于事实上的批准行为。根据《民办教育促进法》第 17 条规定,审批机关对批准正式设立的民办学校发给办学许可证。即取得民办学校办学许可证的对象,是获得审批机关批准正式设立的民办学校。刘春林申办先进中学至今未获县级以上人民政府教育行政部门批准文件,因此,其要求颁发或补发办学许可证无事实和法律依据。综上所述,上诉人的上诉理由不成立,其上诉请求不予采纳;一审判决认定的基本事实清楚,证据充分,审判程序合法。据此,依照《中华人民共和国行政诉讼法》第六十一条第一款第(一)项的规定,判决如下:驳回上诉,维持原判。

(来源:找法网 http://china.findlaw.cn/)

【案例分析】

行政许可,是指行政机关根据公民、法人或者其他组织的申请,经依法审查,准予其从事特定活动的行为。行政机关对申请人提出行政许可申请的申请材料不齐全或者不符合法定形式有履行告知的义务,行政机关对申请人提出行政许可申请的申请材料的实质内容有核查的义务。本案中,教委不能证明对申请人提出行政许可申请时已经履行一次告知申请人需要补正的全部内容的义务,也不能证明对原告提交的申请材料已进行核查,因此,教委做出不予行政许可的行为违反了法定程序。另一方面,从刘春林的申请材料来看,其教学场所和教师资源等均不达标。因此,其申办学校不具备法定的基本条件,其要求颁发或补发办学许可证无事实和法律依据。

【思考讨论】

1. 被告对民办学校的设立具有行政审批的管理职权吗?

2. 行政许可的范围是什么?

【法律依据】

《中华人民共和国行政许可法》第三十四条:行政机关应当对申请人提交的申请材料进行审查。

申请人提交的申请材料齐全、符合法定形式,行政机关能够当场作出决定的,应当当场作出书面的行政许可决定。

根据法定条件和程序,需要对申请材料的实质内容进行核实的,行政机关应当指派两名以上工作人员进行核查。

《中华人民共和国民办教育促进法》第十条:设立民办学校应当符合当地教育发展的需求,具备教育法和其他有关法律、法规规定的条件。

民办学校的设置标准参照同级同类公办学校的设置标准执行。

《中华人民共和国教育法》二十七条:设立学校及其他教育机构,必须具备下列基本条件:

(一)有组织机构和章程;

(二)有合格的教师;

(三)有符合规定标准的教学场所及设施、设备等;

(四)有必备的办学资金和稳定的经费来源。

三、行政强制

【案例3】对非法占用土地强制执行案

1986年12月,李某擅自在他向生产队承包的1分9厘秧田上建私房。动工后,群众和村干部劝告制止,李某不予理睬。乡政府责令李某在3天内拆除违法建筑,李某蛮横地说:"房子我要继续盖,限你们3天把我抓起来!"办事处的领导人对李某进行教育,李某态度恶劣,不听劝阻,强行完成72.39平方米的地基工程。办事处报请区城乡建设环境保护局处理。该局领导亲自到大河村,向李某进行土地管理法的宣传教育,劝其自动拆除违法建筑。李某不仅不听,竟无理地说:"你们抓我去劳改,我也要盖!"

昆明市西山区城乡建设环境保护局根据《中华人民共和国土地管理法》第四十五第关于"农村居民未经批准或者采取欺骗手段骗取批准,非法占用土地建住宅的,限期拆除或者没收在非法占用的土地上新建的房屋"的规定,于1987年1月10日作出决定:"李某未经批准,擅自在承包的秧田上建盖房屋是非法的,必须立即停工,自接到处理决定之日起3日内拆除违法建筑,恢复耕地。"同时,根据土地管理法第五十二条的规定,告知当事人"对行政处罚决定不服的,可以在接到处罚决定通知之日起30日内,向人民法院起诉;期满不起诉又不履行的,由作出处罚决定的机关申请人民法院强制执行。"

李某在接到西山区城乡建设环境保护局处罚决定期限届满后,既不向人民法院起诉,又不履行处罚决定。该区城乡建设环境保护局为认真执行土地管理法,根据土地管理法第五十二条的规定,于1987年2月3日,向云南省昆明市西山区人民法院申请强制执行。

西山区人民法院审查了西山区城乡建设环境保护局的申请,认为该局对被执行人李某的处罚决定是正确的。依照《中华人民共和国民事诉讼法(试行)》第一百七十七条第一款的规定,于1987年2月27日由院长签发公告,限李某自公告公布之日起3日内拆除在秧田上的违法建筑,恢复耕地;限期内李某如不自觉拆除违法建筑,恢复耕地,则由人民法院强制拆除,执行费用由李某承担。

公告期限届满,被执行人李某毫无悔改表示。3月2日,西山区人民法院依照民事诉讼法(试行)第一百七十七条第二款的规定,请团结办事处、公安派出所等基层组织派人参加,协同执行员强制执行。在强制执行前,执行员再次对李某进行了法制教育。被执行人李某慑于法律的威严,同意自动拆除违法建筑,当日下午,李某全部拆除了已建好的房屋地基。

(来源:《对李某非法占用土地强制案》,《最高人民法院公报》,1987年3月)

【案例分析】

行政强制执行,是指行政机关或者行政机关申请人民法院,对不履行行政决定的公民、法人或者其他组织,依法强制履行义务的行为。在我国,行政强制执行以申请人民法院强制执行为原则。行政强制执行权原则上属于人民法院,行政机关在公民、法人或其他组织不履行行政机关依法作出的行政处理决定中规定的义务时,如未经法律授权,则需申请人民法院强制执行。该申请不需要经过诉讼程序,比诉讼效率高。但申请也需要经过人民法院的审查,裁定准予强制执行后,原行政强制决定才能成为司法强制决定,人民法院才可以运用其司法强制执行权,强迫当事人履行义务。因此,行政机关提出申请以后,人民法院必须对具体行政行为进行合法性审查。经审查合法,交由人民法院实施司法强制;经审查不合法,则不予受理或予以驳回。

【思考讨论】

1. 行政强制执行与行政强制措施的区别是什么?

2. 我国的行政强制有哪几种?

【法律依据】

《中华人民共和国行政强制法》第十三条:行政强制执行由法律设定。法律没有规定行政机关强制执行的,作出行政决定的行政机关应当申请人民法院强制执行。

第五十三条:当事人在法定期限内不申请行政复议或者提起行政诉讼,又不履行行政决定的,没有行政强制执行权的行政机关可以自期限届满之日起三个月内,依照本章规定申请人民法院强制执行。

第五十四条:行政机关申请人民法院强制执行前,应当催告当事人履行义务。催告书送达十日后当事人仍未履行义务的,行政机关可以向所在地有管辖权的人民法院申请强制执行;执行对象是不动产的,向不动产所在地有管辖权的人民法院申请强制执行。

四、行政处罚

【案例4】冉某甲诉公安局治安行政处罚纠纷案

2008年7月2日上午7时许,原告冉某甲与其妻李某到冉某乙家收取尚欠多年的水泥款,由于冉某乙家无钱偿还,李某与冉某乙话不投机,发生口角,李某便去抱冉某乙家的电视机,冉某乙便用开水泼向李某将其烫伤(人体轻伤),李某放下电视后与冉某乙发生揪打,冉某乙之父冉某丙一瓢开水泼去,误伤了冉某乙,冉某甲见妻子被冉某乙烫伤后,便跑去将冉某乙按在公路上进行殴打,致冉某乙多处软组织伤,冉某乙之父冉某丙见自己的女儿被冉某甲殴打便用开水泼向冉某甲,致冉某甲人体重伤,经他人劝阻,事态一度平息,与此同时,冉某乙的弟弟冉某丁、外甥何某赶到现场,与冉某乙一起手持钢筋追打冉某甲未果,即返回到李某乙家对李某进行殴打,冉某甲在冉某丙等与李某抓扯过程中又返回冉某乙家,将冉某乙家的灶台、铁锅损坏。2008 年 8 月 8 日,被告以渝公(酉阳)决字[2008]第447 号和渝公(酉阳)决字[2008]第 448 号行政处罚决定书分别给予冉某甲行政拘留 5 日并处罚款 200 元(罚款已缴清)和行政拘留 5 日的处罚。对其他同案关系人也作了相应的处罚,2008 年 9 月 24 日对何江以渝公(酉阳)决字[2008]第640 号行政处罚决定书给予何江行政拘留 3 日的处罚。

原告冉某甲诉称,其与其子预约到冉某乙家去收钱款,因为用电视和冰柜抵账之事发生争执,冉某乙用准备好的开水泼向我妻子李某致其受伤,我去制止时又被冉某乙泼开水,后其同伙用开水烫、钢筋条追打,致使我受伤,我亦是受害者,是正当防卫。被告对我作出两次处罚决定却对同案的何某不予追究,违反了公平原则和一事不再罚的原则,故诉至法院请求确认被告 2008 年 8 月 8 日所作渝公(酉阳)决字[2008]第 447 号和第 448 号行政处罚决定书的行政行为违法,并撤销其具体行政行为。

被告酉阳县公安局辩称,我局对原告冉某的违法行为依法进行的行政处罚,认定事实清楚,证据来源合法,适用法律正确,未超越职权和滥用职权,请求人民法院依法维持我局作出的渝公(酉阳)决字[2008]第 447 号和第 448 号行政处罚决定。法院最终判决如下:一、维持酉阳土家族苗族自治县公安局 2008 年 8 月 8 日作出的渝公(酉阳)决字(2008)第 447 号、第 448 号公安行政处罚决定的具体行政行为。二、驳回原告冉某的诉讼请求。

(来源:重庆市酉阳土家族苗族自治县人民法院行政判决书(2008)酉法行初字第 24 号)

【案例分析】

行政处罚是指行政机关或其他行政主体依法定职权和程序对违反行政法规尚未构成犯罪的相对人给予行政制裁的具体行政行为。"一事不再罚"是行政处罚原则之一。这一原则要求对违法行为人的同一违法行为,不得以同一事实和同一依据,给予两次或者两次以上的处罚。这一原则的规定主要是为了防止处罚机关滥用职权,对相对人同一违法行为的同一事实理由处以两次行政处罚,以获得不当利益,同时也是为了保障处于被管理地位的相对人法定权益不受违法的行政侵犯,使一定的违反行政管理法律法规的行为与一定的法律任相互挂钩,进而体现法律制度与行政管理的可预见性与稳定性价值。

【思考讨论】

1. 被告对本案的相关人员何江未作处理是否显失公平?

2. 冉某甲的行为是否为正当防卫?

【法律依据】

《中华人民共和国行政处罚法》第二十四条:对当事人的同一个违法行为,不得给予两次以上罚款的行政处罚。

第四节　行政程序

【本节要点】

行政程序是指行政主体行使行政权力,作出行政行为所应遵循的方式、步骤、顺序和期间的总和。依法行政不仅要求行政机关实施行政行为在内容上合法,而且要求其在程序上也要合法。行政程序法治是行政程序规范化、制度化、法治化而形成的制度体系。行政程序法治是国家治理体系的重要组成部分,在国家治理现代化中发挥重要功能。

行政程序的基本制度有行政回避制度、行政听证制度、行政信息公开、说明理由制度以及其他基本制度。

行政程序违法的具体表现形式主要有以下几种情况:违反法定步骤,行政机关只要省略任一步骤、颠倒先后顺序,都会导致程序违法;违反法定顺序;违反法定期限;违反法定方式,法律对行政行为方式、送达方式作出规定,例如如果行政机关在未采取其他方式送达的情况下,直接采取公告送达方式则属于程序违法或者不当;违反告知程序,主要集中在该告知的没有告知,或者告知不全面;混淆程序适用条件,混淆简易程序和一般程序的适用条件,混用简易程序和一般程序容易侵犯当事人和公众的程序权利;违反正当程序要求,行政机关在执法中除遵守法律、法规、规章规定的程序外,还应当遵守正当程序要求。

【案例1】玉环锦盛百货有限公司告玉环县城市管理行政执法局案

原告玉环锦盛百货有限公司通过挂牌竞买的方式取得玉环县城关广陵路与泰安路转角地块使用权。玉环县发展与发展局批复同意原告在该地块建设锦盛商厦项目。2005年11月30日,原告取得锦盛商厦项目建设工程规划许可证。2009年4月1日,玉环县人民政府作出批复,同意修改锦盛商厦规划及建筑方案,修改后该商厦"……建筑层次:地下室(车库)为2层,……"。2010年2月6日,玉环县发展和改革局对锦盛商厦项目进行重新核准批复,载明该项目"……地下2层为公共停车场……"。2010年5月18日,玉环县人民政府关于玉环锦盛商厦项目竣工验收有关问题的专题会议纪要载明"……地下一层作为临时超市使用2至3年,在住户、商业等停车需求增加或临时超市使用到期后,恢复停车功能。"2010年6月7日,原告向玉环县建设规划局作出书面承诺"地下一层作为临时超市使用2-3年,在住户、商业等停车需求增加或临时超市使用到期后,回复停车功能"。其后,原告在锦盛商厦地下室一层开设超市并一直经营。

2013年9月30日,被告玉环县城市管理行政执法局向原告作出《责令限期改正违法行为通知书》,认定原告在锦盛商厦地下室进行改变建筑物原审批的房屋用途的行为,违反《浙江省城乡规划条例》47条的规定,根据该条例第61条的规定,责令原告在2013年12月31日前清理物品,拆除违法搭建的建筑物(构筑物),恢复建筑物原审批的房屋用途。原告不服提起行政诉讼,要求法院撤销被告作出的《通知书》。台州市黄岩区人民法院经审理认为,被告未提供足以证明现用途与原审批用途不相符的相关证据,未告知原告违法事实和拟作出处罚的理由、法律依据,所作通知认定事实不清,主要证据不足,且程序违法,故依法判决撤销。

(来源:北大法宝网 http://www.pkulaw.cn/)

【案例分析】

中共中央、国务院印发的《法治政府建设实施纲要(2015—2020年)》(下称《纲要》)明确提出:"完善行政组织和行政程序法律制度,推进机构、职能、权限、程序、责任法定化。"行政程序是行政管理中的一项基础性工作,行政程序法治在法治政府建设中将发挥基础性、关键性作用,因此有必要大力推进行政程序法治建设。行政程序是指行政主体行使行政权力,作出行政行为所应遵循的方式、步骤、顺序和期间的总和。本案中,本案被告在作出被诉通知之前,并未告知原告其违法事实和拟作出处罚的理由、法律依据,剥夺了原告依法享有的陈述、申辩权利,构成程序违法。

【思考讨论】

1. 被告如何体现在行政程序上违法的？

2. 行政程序有什么价值？

【法律依据】

《中华人民共和国行政处罚法》第四十条：行政处罚决定书应当在宣告后当场交付当事人；当事人不在场的，行政机关应当在七日内依照民事诉讼法的有关规定，将行政处罚决定书送达当事人。

第四十一条：行政机关及其执法人员在作出行政处罚决定之前，不依照本法第三十一条、第三十二条的规定向当事人告知给予行政处罚的事实、理由和依据，或者拒绝听取当事人的陈述、申辩，行政处罚决定不能成立；当事人放弃陈述或者申辩权利的除外。

第五节　行政救济

【本节要点】

行政救济指国家有权机关为排除行政行为对公民、法人或其他组织合法权益的侵害，而采取的各种法律制度的总和。一般是以受损害的行政相对人的申请而发生，其途径主要是行政复议、行政诉讼、行政赔偿。

行政复议。行政复议是指公民、法人或者其他组织不服行政主体作出的具体行政行为，认为行政主体的具体行政行为侵犯了其合法权益，依法向法定的行政复议机关提出复议申请，行政复议机关依法对该具体行政行为进行合法性、适当性审查，并作出行政复议决定的行政行为。

行政诉讼。行政诉讼是个人、法人或其他组织认为行政主体以及法律法规授权的组织作出的行政行为侵犯其合法权益而向法院提起的诉讼。

行政赔偿。行政赔偿是指行政主体违法实施行政行为，侵犯相对人合法权益造成损害时由国家承担的一种赔偿责任。

一、行政复议

【案例1】丰川装饰城诉葫芦岛市龙港区人民政府强行拆除厂房案

1998 年 10 月，葫芦岛市水电机械厂出资收购了龙港区木材公司。次年，经市政府规划处批准，木材公司改建为葫芦岛丰川装饰城。2001 年 5 月，龙港区政府对锦葫路动迁改造,并对路两侧 100 米内区域进行市容整顿。5 月 26 日,丰川装饰城墙壁上贴满了《限期拆迁紧急通知》。见此通知,葫芦岛丰川装饰城负责人王某某多次向龙港区政府提出整体搬迁申请,但均未得到批准。2001 年 11 月 26 日,龙港区政府对丰川装饰城强行拆除。2001 年底,丰川装饰城就龙港区政府强拆行为向葫芦岛市政府提起了行政复议申请。市法制办对此举行了两次听证会,并将行政复议决定书提交给市政府。但由于某市领导的反对,该行政复议决定没有签发。

2004 年 9 月,王某某就葫芦岛市政府的行政不作为,向市中级人民法院提起行政诉讼,请求法院判令市政府在法定期限内作出行政复议决定。幸运的是,当年 12 月,市中院作出判决,责令葫芦岛市政府在判决生效 30 日内履行作出行政复议决定的法定职责。不幸的是,一纸判决让王某某空欢喜。1 年多过去了,葫芦岛市政府依然没有作出行政复议决定。

2005 年 9 月,辽宁省政府作出行政复议决定。在复议决定书写到:"……被申请人(指龙港区政府)作出的《违章建筑拆除通知书》认定申请人的大部分临时建筑期限已过,系违章建筑,属认定事实不清,证据不足;对申请人所使用的土地强制占用,对地上合法建筑物强制拆除不予补偿,与上述法律、法规的规定不符","被申请人作出的《违章建筑拆除通知书》违法,责令被申请人依法收回土地使用权并补偿申请人土地及地上合法建筑物 1217.3063 万元。"辽宁省政府的行政复议决定下达生效。然而,当王某某拿着"尚方宝剑"前往区政府讨要公道时,他却发现事情并不简单。2005 年 10 月 20 日,龙港区区长唐联众对王某某说:"我们商量过了,省里的决定区政府不接受,也不执行,你们可以找市领导。"2005 年 12 月,龙港区以政府文件的形式向省政府提出"申诉意见"。这份文件上写到,省政府复议决定被指责违背事实,违背法律依据,工作简单草率等。龙港区政府法制办主任成林表示:"如果执行该决定,将造成重大国有资产的流失,是对党和人民的不负责任。"

(来源:《一桩行政复议案竟然四年"肠梗阻"》,《半月谈》,2006 年 3 月 10 日)

【案例分析】

行政复议是指公民、法人或者其他组织不服行政主体作出的具体行政行为,认为行政主体的具体行政行为侵犯了其合法权益,依法向法定的行政复议机关提出复议申请,行政复议机关依法对该具体行政行为进行合法性、适当性审查,并作出行政复议决定的行政行为,是公民、法人或其他组织通过行政救济途径解决行政争议的一种方法。行政复议制度是上级政府对下级政府法定的层级监督制度，有严格的法定时限、法定程序和要求。行政复议决定一经送达，即发生法律效力，被申请人必须履行。龙港区政府的说法是没有事实根据和法律依据的，其行为违背了法律规定。龙港区政府拒不执行省政府复议决定，这是毫无法律根据的。这种做法不利于政令畅通，违反行政法治原则，损害了法治政府的形象。对于这种行为，上级行政机关或行政监察机关可追究有关人员的法律责任。

【思考讨论】

1. 省政府直接受理此案合适吗？

2. 如何理解行政复议的管辖？

【法律依据】

《中华人民共和国行政复议法》第十三条：对地方各级人民政府的具体行政行为不服的，向上一级地方人民政府申请行政复议。

对省、自治区人民政府依法设立的派出机关所属的县级地方人民政府的具体行政行为不服的，向该派出机关申请行政复议。

第二十条：公民、法人或者其他组织依法提出行政复议申请，行政复议机关无正当理由不予受理的，上级行政机关应当责令其受理；必要时，上级行政机关也可以直接受理。

二、行政诉讼

【案例2】武冈23名职工股东状告政府红头文件

湖南省武冈市政府也许没想到，只因出台一个"红头文件"，被一家企业的23名职工告上"公堂"。

这份引发官司的"红头文件"是《武冈市人民政府关于将原股份合作制企业改制为国有独资公司的决定》（以下简称《决定》）。文件中说："国有独资公司的管理权由政府授权企业主管部门行使"；"原股份合作制企业职工所购股金，全部转为集资款，待企业形势好转再由企业予以退还"；"国有独资公司依法只设董事会，不设股东会和监事会……董事会成员由企业主管部门会同组织部进行考察确定，董事长从董事会成员中产生，报政府任免"。

这份文件出台后，在相关企业职工中激起强烈反响。股份合作制企业武冈市水泥有限责任公司的邓小明等23名职工对此表示强烈反对。

据介绍，原武冈市水泥厂因经营管理不善，亏损达487万多元。1998年3月，经原武冈市水泥厂第九届职代会第二次会议通过,改组为股份合作制企业,同年3月20日获武冈市体改委批准。该企业职工人均认股2000元,职工内部募集股金61.4万元;重新注册登记为武冈市水泥有限责任公司,注册资本61.4万元。其后,公司运作正常。

据了解,武冈市的国有企业已于1998年全部改制为股份合作制企业。过后为何又出现如此强烈的反弹呢?

武冈市政府在《决定》中是这样陈述其理由的:经过近几年的运作,由于体制不顺,管理工作不规范,国有资产监管机制不健全,职工所购股金不能按要求到位,认购股金偏少,有些单位职工甚至没有认购股金等原因,企业资产的全部或绝大部分仍为国家所有,不能体现国有资产出资者的应有权利。为深化企业改革,适应社会主义市场经济体制的新型政企关系,确保企业国有资产的保值增值,根据《公司法》关于国有独资公司的有关规定,经研究,决定将该市原有股份合作制企业改为国有独资公司。

但邓某某等职工却认为,这一文件于法无据,与上级有关精神是相违背的。中共湖南省委在《关于贯彻〈中共中央关于国有企业改革和发展若干重大问题的决议〉的实施意见》中明确要求:"除极少数确需采取国有独资形式的企业外,绝大多数国有企业应通过多种途径对原有单一的产权结构进行重组,改为股份制企业,大力发展混合所有制经济……今后除极少数确需由政府投资兴办的企业,一般不再采取国有独资形式。"

他们还认为,武冈市经委等有关部门依据《决定》将职工入股的依法成立的武冈市水泥公司强行改制,严重侵害了职工入股公司的经营自主权和全体股东的股权。尤为重要的是,这一"红头文件"使他们"民选厂长"的愿望破灭了。因为,如果是股份制企业,就可由职工股东自行改选厂长。但国有独资企业,厂长是由上级任命的。

2001年1月,简某、邓某等23名职工一纸诉状将武冈市政府告上法庭,请求法院撤销市政府的《决定》。3月5日,武冈市人民法院公开审理此案。武冈市政府特别授权市府法制办副主任王长刚到庭参加诉讼。武冈市政府在法庭上辩称,《决定》是对全市所有国有企业具有普遍约束力的行政规范性文件,并非针对特定的对象。故该文件不是具体行政行为,而是抽象行政行为。同时,该文件没有涉及原告的任何权利或义务。这一观点最终被法院所采纳。武冈市法院认为,该文件没有特定对象,且可反复适用,故该行为具有普遍约束力,是抽象行政行为,不属于人民法院受案范围。于是,作出一审裁定,驳回原告的诉讼请求。

邓等 23 名原告不服,上诉至邵阳市中级人民法院。该法院经审理后也认为,《决定》是一个带有指导性质的抽象行政行为,不具有可诉性。该《决定》是武冈市政府依据宪法和法律的授权,根据本市企业的具体情况,就如何进一步规范和发展企业所作出的一个指导性意见,没有直接的强制力。武冈市政府并没有包办代替所有改制工作,而可以根据各企业的具体情况制定相适应的章程,采取相应措施。并且,该文件并没有下发或特指某一个具体企业,而是下发给武冈市各乡、镇政府、街道办事处、市直机关各单位的具有普遍指导意义的抽象行政行为。于是,二审裁定,驳回上诉,维持原裁定。

(来源:《中国青年报》2001 年 10 月 10 日)

【案例分析】

行政诉讼是个人、法人或其他组织认为行政主体以及法律、法规授权的组织作出的行政行为侵犯其合法权益而向法院提起的诉讼。问题在于不是所有的行政行为都具有可诉性。行政行为以其对象是否特定为标准,分为抽象行政行为和具体行政行为。抽象行政行为是指国家行政机关针对不特定管理对象实施的制定法规、规章和有普遍约束力的决定、命令等行政规则的行为,其行为形式体现为行政法律文件,其中包括规范文件和非规范文件。《行政诉讼法》规定抽象行政行为不属于人民法院受案范围,本案中的《武冈市人民政府关于将原股份合作制企业改制为国有独资公司的决定》属于抽象行政行为,因而,武冈市人民法院和邵阳市中级人民法院认为这一"红头文件"不属于人民法院立案范围,不具可诉性,从而驳回起诉的做法是正确的。

【思考讨论】

1. 此类红头文件不能直接向人民法院起诉是不是意味着没有其他解决途径了?

2. 理解行政诉讼的管辖。

【法律依据】

《中华人民共和国行政诉讼法》第十三条:人民法院不受理公民、法人或者其他组织对下列事项提起的诉讼:

(一)国防、外交等国家行为;

(二)行政法规、规章或者行政机关制定、发布的具有普遍约束力的决定、命令;

(三)行政机关对行政机关工作人员的奖惩、任免等决定;

(四)法律规定由行政机关最终裁决的行政行为。

【案例3】乔某诉铁道部铁路旅客票价管理案

1999年11月8日,国家计委以计价格(1999)1862号文件向国务院请示关于对部分旅客列车运价实行政府指导价的有关问题。在该请示中请示了"允许部分铁路客运票价适当浮动",包括"允许客流较大线路、经济发达地区线路和春运、暑运、节假日客运繁忙线路的铁路旅客票价适当上浮"等问题。并请示拟将原由国务院行使的制定和调整铁路客运票价的审批权部分授予国家计委的有关问题,包括"跨局行驶的旅客列车,由铁道部负责确定浮动的区域、线路和时间,报国家计委批准后实施"等请求授予权限的问题。1999年11月,国务院以(1999)办2921号批复批准了该请示。2000年7月25日,被告根据国务院批准的计价格(1999)1862号请示,以铁财函(2000)253号"关于报批部分旅客列车政府指导价实施方案的函"向国家计委上报,拟定对部分旅客列车实行政府指导价,其中包括在春运期间实行票价上浮的有关实施方案,如涨价起止时间、涉及的铁路局、涨价条件及幅度等。2000年11月8日,国家计委依据国务院的授权,以计价格(2000)1960号"关于部分旅客列车票价实行政府指导价有关问题的批复"批准了被告的上述实施方案。2000年12月21日,被告根据国家计委计价格(2000)1960号批复作出"通知"。该通知确定2001年春节前10天(即1月13日至1月22日)及春节后23天(即1月26日至2月17日)北京、上海铁路局、广州铁路(集团)公司等始发的部分直通列车实行票价上浮20%~30%。为此,原告乔某于2001年1月17日、22日分别购买的2069次列车到磁县、邯郸的车票共计多支付9元。乔某认为"通知"的作出违反法定程序。依据《铁路法》、《价格法》有关规定,制定火车票价应报经国务院批准,而被告未经该程序报批。同时,依据《价格法》有关规定,票价上浮应召开价格听证会,而被告未召开听证会。故请求判决撤销"通知"。

北京市第一中级人民法院根据以上事实和证据认为:"通知"是针对有关铁路企业作出并设定和影响有关铁路企业经营权利和义务的行为,故应认定为具体行政行为,对其提起的行政诉讼应当属于人民法院受案范围。原告作为购票乘客,虽不是该行为所直接指向的相对人,但因有关铁路企业为执行"通知"而实施的经营行为影响到其经济利益,使其与该行为间产生法律上的利害关系,故其有权就"通知"提起行政诉讼。被告和第三人所提"通知"不是具体行政行为,不能对其提起行政诉讼及乔某不具备原告主体资格的意见缺乏法律依据,法院不予支持。

北京市第一中级人民法院依照《中华人民共和国行政诉讼法》第二条、第十二条第(二)项、第二十五条第二款,最高人民法院《关于执行<中华人民共和国行政诉讼法>若干问题的解释》第三条、第十二条、第五十六条第(四)项,《中华人民共和国铁路法》第二十五条,《中华人民共和国价格法》第五条、第二十条、第二十一条,作出如下判决:驳回原告的诉讼请求。原告不服一审判决,向北京市高级人民法院提出上诉。

二审北京市高级人民法院根据上述事实和证据认为:铁道部所作"通知"是铁路行政主管部门对铁路旅客票价实行政府指导价所作的具体行政行为。该行为对于铁路经营企业和乘客均有行政法律上的权利义务关系。上诉人认为该具体行政行为侵犯其合法权益向人民法院提起行政诉讼,是符合行政诉讼法规定的受案范围的。但在对原具体行政行为提起诉讼的同时一并请求确认复议机关不履行转送的法定职责,不符合行政诉讼法的规定,且其在复议申请中亦未提出转送审查的请求,故一审法院判决驳回上诉人的该项请求并无不当。同时认为,铁路列车旅客票价直接关系群众的切身利益,政府在必要时可以实行政府指导价或者政府定价。铁路列车旅客票价调整属于铁道部的法定职责。铁道部上报的调价实施方案所依据的计价格(1999)1862号文已经国务院批准,其所作"通知"是在经过市场调查的基础上又召开了价格咨询会,在向有权机关上报了具体的实施方案,并得到了批准的情况下作出的,应视为履行了必要的正当程序。虽然《价格法》第二十三条规定,"制定关系群众切身利益的公用事业价格、公益性服务价格、自然垄断经营的商品价格等政府指导价、政府定价,应当建立听证会制度"。但由于在铁道部制定"通知"时,国家尚未建立和制定规范的价格听证制度,要求铁道部申请价格听证缺乏具体的法规和规章依据。据此,上诉人请求确认"通知"的制定程序违法并请求撤销的理由不足。一审判决认定事实清楚,适用法律正确,程序合法。二审时北京市高级人民法院依照《中华人民共和国行政诉讼法》第六十一条第(一)项的规定,作出如下判决:驳回上诉,维持原判。

(来源:北大法宝网 http://www.pkulaw.cn/)

【案例分析】

这是一场典型的公益诉讼。现在流行的公益诉讼到底为何物?这缺乏一个科学、规范的定义,也并未形成正式制度安排。在一些行政法学者看来,公益诉讼被纳入行政诉讼的一种。也有的学者认为公益诉讼是可根据违法行为违反的法律部门不同,分为刑事公益诉讼、经济公益诉讼、行政公益诉讼等。2015年1月,最高人民法院发布《最高人民法院关于审理环境民事公益诉讼案件适用法律若干问题的解释》,自 2015 年 1 月 7 日起施行,这是关于环境方面的相关规定。即使是尚未有清晰的界定,可以看出,公益诉讼的发展体现了公民法制意识的增强,有利于法治社会的构建与发展。本案中,乔占祥虽然最终输掉了官司,但之后中国听证制度的进展还是使人备感欣慰。可以看到,无论是立法机构还是行政部门对民间呼声的回应程度、时效性还是质量都在提高,不再是过去的置之不理或不敢表态。听证作为民间与决策者之间互动的一个程序,由过去只是一种观念、一个口号,正变得现实起来。

【思考讨论】

1. 本案的诉讼标的是什么? 如何理解票价上浮的可诉性?

2. 理解本案在促进法治社会发展的深远意义。

【法律依据】

《中华人民共和国行政诉讼法》第四十九条:提起诉讼应当符合下列条件:

(一)原告是符合本法第二十五条规定的公民、法人或者其他组织;

(二)有明确的被告;

(三)有具体的诉讼请求和事实根据;

(四)属于人民法院受案范围和受诉人民法院管辖。

三、行政赔偿

【案例 2】尹某诉卢氏县公安局 110 报警不作为行政赔偿案

2002 年 6 月 27 日凌晨 3 时许,原告尹某位于卢氏县县城东门外的"工艺礼花渔具门市部"(以下简称门市部)发生盗窃,作案人的撬门声惊动了在街道对面"劳动就业培训中心招待所"住宿的旅客吴古栾、程发新,他们又叫醒了该招待所负责人任春风,当他们确认有人行窃时,即打电话 110 向警方报案,前后两次打通了被告卢氏县公安局"110 指挥中心"并报告了案情,但卢氏县公安局始终没有派人出警。20 多分钟后,作案人将盗窃物品装上 1 辆摩托车后驶离了现场。尹某被盗的物品为渔具、化妆品等货物,价值总计 24546.50 元人民币。案发后,尹某向卢氏县公安局提交了申诉材料,要求卢氏县公安局惩处有关责任人,尽快破案,并赔偿其损失。卢氏县公安局一直没有作出答复。

卢氏县人民法院认为:《中华人民共和国人民警察法》第二条规定:"人民警察的任务是维护国家安全,维护社会治安秩序,保护公民的人身安全、人身自由和合法财产,保护公共财产,预防、制止和惩治违法犯罪活动。"第二十一条规定:"人民警察遇到公民人身、财产安全受到侵犯或者处于其他危难情形,应当立即救助;对公民提出解决纠纷的要求,应当给予帮助;对公民的报警案件,应当及时查处。"

依法及时查处危害社会治安的各种违法犯罪活动,保护公民的合法财产,是公安机关的法律职责。被告卢氏县公安局在本案中,两次接到群众报警后,都没有按规定立即派出人员到现场对正在发生的盗窃犯罪进行查处,不履行应该履行的法律职责,其不作为的行为是违法的,该不作为行为相对原告尹某的财产安全来说,是具体的行政行为,且与门市部的货物因盗窃犯罪而损失在法律上存在因果关系。因此,尹某有权向卢氏县公安局主张赔偿。

原告尹某在门市部被盗窃案发后,向被告卢氏县公安局提交了书面申诉材料,要求给予赔偿,符合法律规定的申请国家赔偿程序。卢氏县公安局在国家赔偿法规定的两个月的期间内没有任何意见答复尹某,尹某以卢氏县公安局逾期不受理为由提起行政诉讼,符合行政诉讼的受理程序。

原告尹某主张的损失数额,有合法的依据,被告卢氏县公安局虽然对具体数额表示怀疑,但由于没有提供相关的具体证据予以否认,因此,对尹某主张的财产损失数额应予以认定。尹某门市部的财产损失,是有人进行盗窃犯罪活动直接造成的,卢氏县公安局没有及时依法履行查处犯罪活动的职责,使尹某有可能避免的财产损失没能得以避免,故应对盗窃犯罪造成的财产损失承担相应的赔偿责任。尹某的门市部发生盗窃犯罪时,尹某没有派人值班或照看,对财产由于无人照看而被盗所造成的损失,也应承担相应的责任。

综上,卢氏县人民法院根据《中华人民共和国行政诉讼法》第六十七条第一款、第二款,第六十八条之规定,于 2002 年 12 月 12 日判决如下:卢氏县公安局赔偿尹某 25001.5 元损失的 50%,即 12500.75 元,在判决生效后 10 日内给付。宣判后,双方当事人均未上诉。

(来源:《最高人民法院公报》2003 年第 2 期)

【案例分析】

行政赔偿是指行政主体违法实施行政行为,侵犯相对人合法权益造成损害时由国家承担的一种赔偿责任。《国家赔偿法》中提到的"违法行使职权"就已经包括了行政机关怠于履行职责的情况。怠于履行职责也分为两种情况,一种是不作为,行政不作为是指行政主体及其工作人员有积极实施行政行为的职责和义务,应当履行而未履行或拖延履行其法定职责的状态。另一种是不能有效防范风险和阻止风险的扩大。怠于履行职责应当被纳入国家赔偿的范围之内,设立其中的行政不作为国家赔偿制度,对于实施宪法、监督行政主体依法行使职权,为受到不法侵害的公民、法人和其他组织提供有效救济都具有不可估量的意义。至于赔偿的数额,应当综合考量案件本身的法律事实,本案中,考虑到原告自身也存在管理不善的问题,再加上《最高人民法院关于公安机关不履行法定行政职责是否承担行政赔偿责任问题的批复》中所言,"在确定赔偿数额时,应当考虑该不履行法定职责的行为在损害发生过程和结果中所起的作用等因素"。因此,判决比较恰当。

【思考讨论】

1. 行政赔偿的构成要件是什么?

2. 行政赔偿制度有什么意义?

【法律依据】

《中华人民共和国国家赔偿法》第二条:国家机关和国家机关工作人员行使职权,有本法规定的侵犯公民、法人和其他组织合法权益的情形,造成损害的,受害人有依照本法取得国家赔偿的权利。

本法规定的赔偿义务机关,应当依照本法及时履行赔偿义务。

第五章

民　法

第一节　民法的概念及基本原则

【本节要点】

民法是调整平等主体之间财产关系和人身关系的法律规范的总称。《中华人民共和国民法通则》，是中国对民事活动中一些共同性问题所作的法律规定，是民法体系中的一般法。民事法律关系主体是指民事法律关系中享受权利，承担义务的当事人和参与者，包括自然人、法人和其他组织。

民法的实施需要依据一定的原则。主要有：平等原则，它意味着参与民事活动的主体：法律地位一律平等；平等地依法享有权利和承担义务；合法权益受法律的平等保护；平等地承担民事责任。自愿原则，又称意思自治，是平等原则的必然延伸，民事主体在民事活动中可按自己的意愿和利益，依法确立民事法律关系。公平原则，公平是人们的理想目标，作为一个理念它要求社会能实现：人人平等，权利义务相一致，优待弱者；作为一项法律原则，它不仅是价值观念，还须具有可操作性。诚实信用原则，它是对自愿原则的延伸和保障，指主体在民事活动中应诚实、守信用、善意地行使权利和履行义务。公序良俗原则，是公共秩序与善良风俗原则的合称，其中的公共秩序，系指国家社会之一般利益；其中的善良风俗，系指社会的一般道德观念。禁止权利滥用原则，因权利滥用给他人造成损害的，应当承担赔偿责任。

一、民法的概念

【案例1】个人以公司名义寻求担保人为其借款无力偿还

公民陈某是四海贸易公司的业务科长。1992年6月因其个人债务急需用钱，找到吕某,说是因公司的业务需要借款5万元,吕某同意借款,但要求陈某提供担保。陈某找到自己小学同学王某,说是因四海贸易公司的一笔业务很紧急,资金不足向吕某临时借5万元,7月份就可还钱,请求王某为借款作担保。王某是当地有名的个体户,资金充裕,吕某见王某是保证人,遂同意借款。吕某与陈某签了5万元借款合同,在借款人一栏,陈某填上了四海贸易公司,并签了自己的名字,没有盖公司的公章。在保证人一栏,王某也签上了自己的名字。陈某拿到款后,即用以偿还其个人债务。现借款期满,陈某无力偿还借款,吕某要求保证人王某还款,王某则认为自己是因被欺诈而担保的,拒绝代为偿还。

(来源:110法律咨询网 http://www.110.com/)

【案例分析】

在中国,民法是指调整平等主体之间人身关系和财产关系的法律规范体系的总称。《民法通则》是我国现行的民事基本法律依据。民法的平等主体主要包括自然人、法人及非法人团体。针对案例中提出的问题,结合法人成立的条件、法人对它的法定代表人和其他工作人员的经营活动承担民事责任、法人分立、合并时它的权利义务由变更后的法人享有和承担、法人不得超越其经营范围从事活动、联营法人的债务承担等有关法律规定进行分析。上述案例中,陈某的行为属个人行为,并非法定代表人行为,根据法律有关规定,法人对此不承担责任。

【思考讨论】

1. 在借款合同中,陈某是否具有法定代表人资格?

2. 借款合同是否有效?

【法律依据】

《民法通则》第三十六条第一款:法人是具有民事权利能力和民事行为能力,依法独立享有民事权利和承担民事义务的组织。

二、民法的基本原则

(一)平等原则

【案例2】遭遇车祸父母双亡　男女平等遗产均分

原告与两被告是嫡亲兄妹,两被告出嫁后原告一直与父母同住。一家人本也是相亲相爱,相安无事。今年初,一场突如其来的车祸致使父母双亡。经盐城市交通巡逻警察大队调解,肇事方一次性赔偿10.7万元。在处理完父母的丧事后,面对巨额的赔偿金,兄妹三人产生了矛盾。原告认为老人一直是由其赡养的,两被告未尽赡养义务,更何况男女有别,这笔赔偿款应当由其一人继承,于是诉至法院请求法院支持。

(来源:找法网 http://china. findlaw. cn/)

【案例分析】

参与民事活动的主体法律地位一律平等,平等地依法享有权利和承担义务,合法权益受法律的平等保护,平等地负担民事责任。在本案中,依据继承权男女平等的原则,两被告虽已出嫁,但仍应享有平等的继承权。鉴于原告与父母共同生活并尽了主要的赡养义务,分配遗产时,可以适当多分,在扣除办理丧事的费用和父母生前所负债务的情况下,可按以上原则对三兄妹进行公平分配。

【思考讨论】

1. 未尽赡养义务是否意味着不应有继承权?

2. 男女有别是否应成为继承财产的考虑因素?

【法律依据】

《民法通则》第三条:当事人在民事活动中的地位平等。

(二)自愿原则

【案例 3】自愿加班能要加班工资吗?

周某是上海某外资公司的职员,与公司签订有一年期的劳动合同,具体从事办公室文员工作。公司确定周某的工作时间为每日 8 小时、每周 40 小时的法定标准工作时间,公司也按标准工时制度支付周某的工资待遇。工作期间,周某努力工作,当日工作任务在 8 小时内未完成的,周某就在下班后自动加班完成当日工作任务。一年以后,周某对公司的工作安排难以承受,就在合同期限届满时表示不再续签劳动合同,但要求公司支付其一年内延长工作时间的加班工资,并出示了一年内延长工作时间的考勤记录。公司对周某不愿续签劳动合同表示遗憾,但认为公司实行的是计时工资制度,并另有规定的加班制度;公司并未安排周某延时加班,周某延长工作时间是个人自愿的行为,公司不能另行支付加班工资,对周某的要求予以拒绝。双方于是发生争议。

(来源:找法网 http://china. findlaw. cn/)

【案例分析】

自愿原则又称意思自治,是平等原则的必然延伸,民事主体在民事活动中可按自己的意愿和利益,依法确立民事法律关系。

本案的争议焦点是:周某为完成工作任务自动延长工作时间,是否可以要求公司支付延时工作的加班工资。企业可以制订与国家法律不相抵触的加班制度，可以规定适当的加班审批程序，对符合加班制度的加班情况支付不低于法定标准的加班工资。另外，根据《劳动法》及《国务院关于职工工作时间的规定》等相关规定，我国现行的标准工时制度为每日工作 8 小时、每周工作 40 小时。按照以上标准工时制度计发工资待遇的，是计时工资制度。用人单位支付加班工资的前提是"用人单位根据实际需要安排劳动者在法定标准工作时间以外工作"，即由用人单位安排加班的，用人单位才应支付加班工资。如果不是用人单位安排加班，而由劳动者自愿加班的，用人单位依据以上规定可以不支付加班工资。本案中，公司虽然对周某实行了计时工资制度，但周某平时的延时加班不是由公司安排的，而是周某自愿进行的；公司对企业内加班有规定的加班制度，周某在延时加班时也并未履行公司规定的加班审批手续。

【思考讨论】

1. 周某自动延长工作，是否可以要求公司支付加班费？

2. 自愿加班时应当如何做才能更好地维护自己的权益？

【法律依据】

《劳动法》第四条：用人单位应当依法建立和完善规章制度，保障劳动者享有劳动权利和履行劳动义务。

《上海市企业工资支付办法》第十三条：企业根据实际需要安排劳动者在法定标准工作时间以外工作的，应以本办法第九条确定的计算基数，按以下标准支付加班工资：（一）安排劳动者在日法定标准工作时间以外延长工作时间的，按照不低于劳动者本人小时工资的 150% 支付；（二）安排劳动者在休息日工作，而又不能安排补休的，按照不低于劳动者本人日或小时工资的 200% 支付；（三）安排劳动者在法定休假节日工作的，按照不低于劳动者本人日或小时工资的 300% 支付。

（三）公平原则

【案例 4】一起均无过错的赔偿案

2000 年 9 月 16 日，被告某高校 98 级数理教育班和 99 级文秘班举行足球友谊赛，但未报告学校。原告李某担任 98 级数理教育班足球队的守门员，被告饶某是 99 级文秘班足球队的前锋。当比赛进行到上半场 15 分钟时，饶某射门，球击中李某的眼睛，致李某双眼受伤，被送往医院住院治疗 10 天，医院诊断为双眼球挫伤，右眼黄斑部出血，并引起视力下降。经法医鉴定，李某损伤为九级伤残。事后，经校方组织双方学生家长调解不成，李某遂向法院起诉，要求判令饶某和某高校共同赔偿其经济损失 23000 元。

（来源：期刊《警察天地》2003 年 02 期 http://www.cnki.com.cn/）

【案例分析】

公平是人们的理想目标，作为一个理念它要求社会能实现：人人平等；权利义务相一致；优待弱者。作为一项法律原则，它不仅是价值观念，还须具有可操作性。

从案情来看，饶某作为本队前锋进行射门是正当的竞技行为；李某作为本队的守门员封堵对方球员射门也是一种正当的竞技行为。学校身为教育机构有一定的监管义务，但案件涉及的这次足球赛是两个班级自发组织的，并没有报告学校，且比赛是在节假日（星期六）进行的，故学校不需承担特别的责任。但我国民法的立法精神是强调保护弱势群体、提倡公平与正义。因此，可根据实际情况由当事人分担民事责任。

【思考讨论】

1. 体育活动中，双方均无过错，应如何承担责任？

2. 如果本案中原告不撤回起诉，法院应如何判决？

【法律依据】

《民法通则》第一百二十九条：因紧急避险造成损害的，由引起险情发生的人承担民事责任。如果危险是由自然原因引起的，紧急避险人不承担民事责任或者承担适当的民事责任。因紧急避险采取措施不当或者超过必要的限度，造成不应有的损害的，紧急避险人应当承担适当的民事责任。

第一百三十二条：当事人对造成损害都没有过错的，可以根据实际情况，由当事人分担民事责任。

第一百三十三条第一款：无民事行为能力人、限制民事行为能力人造成他人损害的，由监护人承担民事责任。监护人尽了监护责任的，可以适当减轻他的民事责任。

（四）诚实信用原则

【案例 5】违反诚信原则是否构成违约？

林某与曾某系朋友，林某是喻寺镇一页岩砖厂老板。2003 年 1 月 22 日，林某和曾某经协商后在 2003 年 1 月 23 日签订了一份砖厂转让协议书，协议书中约定：林某于同年 1 月 23 日将砖厂整体一次性转让给曾某，曾某在同月 25 日前给付价款 10.6 万元。同时约定，任何一方违约后，违约金为 2 万元。1 月 23 日，双方就砖厂进行了移交。1月24日,曾某在支付9.5万转让款后,以林某曾于1月22日下午和晚上偷运走厂内价值6000余元的成品砖和部分维修设备为由,要求进行抵扣。林某以砖厂在2003年1月23日前应归其所有和曾某接收砖厂未提异议为由,拒绝抵扣。

2003年4月7日,林某提起诉讼,要求曾某结清余款并给付违约金2万元。而曾某则以林某拉走厂内财物构成违约为由,提起反诉,要求林某赔偿其6000元财物损失并支付违约金2万元。

(来源:110法律咨询网 http://www.110.com/)

【案例分析】

诚实信用原则是自愿原则的延伸和保障,指主体在民事活动中应诚实、守信用、善意地行使权利和履行义务。

实践中对于违约行为的确认应当既包括合同规定的义务,也包括依法律规定的义务和依诚实信用原则所产生的附随义务。本案中,由于双方签订协议日期为2003年1月22日,加之协议中已明确约定"林某将砖厂整体一次性转让给曾某",故林某在协议签订后,便应当知道自己负有"将砖厂所有资产整体一次性转让给曾某"的义务。因此,林某作为一个商人,其行为已经违反了诚实信用的商业道德,属于违约。

【思考讨论】

1. 当事人一方不履行合同义务或者履行合同义务不符合约定,给对方造成损失的应当如何判决?

2. 违反诚实信用原则是否构成违约?

【法律依据】

《民法通则》第四条:民事活动应当遵循自愿、公平、等价有偿、诚实信用的原则。

《合同法》第一百零七条:当事人一方不履行合同义务或者履行合同义务不符合约定的,应当承担继续履行、采取补救措施或者赔偿损失等违约责任。

第一百一十三条:当事人一方不履行合同义务或者履行合同义务不符合约定,给对方造成损失的,损失赔偿额应当相当于因违约所造成的损失,包括合同履行后可以获得的利益,但不得超过违反合同一方订立合同时预见到或者应当预见到的因违反合同可能造成的损失。

（五）公序良俗原则

【案例1】第三者受遗赠案

四川省泸州某公司职工黄某和蒋某1963年结婚,但是妻子蒋某一直没有生育,后来只得抱养了一个儿子。1994年,黄某认识了一个名叫张某的女子,并且在与张某认识后的第二年同居。黄某的妻子蒋某发现这一事实以后,进行劝告但是无效。1996年底,黄某和张某租房公然以"夫妻"名义生活。2001年2月,黄某到医院检查,确认自己已经是晚期肝癌。在黄某即将离开人世的这段日子里,张某面对旁人的嘲讽,以妻子的身份守候在黄某的病床边。黄某在2001年4月18日立下的遗嘱,将自己的那份财产(价值约4万元)赠送给"朋友张某",骨灰盒由张某负责安葬。4月20日黄某的这份遗嘱在泸州市纳溪区公证处得到公证。4月22日,黄某去世。作为黄某的妻子的蒋某没有按照黄的遗嘱执行,张某当即将蒋某告上纳溪区人民法院。法院引用《民法》的相关规定,判定张某的诉讼请求违背社会公德,驳回其诉讼请求。

(来源:110法律咨询网 http://www.110.com/)

【案例分析】

公序良俗是公共秩序与善良风俗原则的合称。其中的公共秩序,系指国家社会之一般利益;其中的善良风俗,系指社会的一般道德观念。

在本案的审理过程中,主要有两种不同的意见:一种是按照《继承法》的相关规定,应该支持张某的诉讼请求;第二种意见认为黄某的遗嘱虽然符合《继承法》的相关规定,但却是在其长期与张某非法同居后作出的,且该遗赠行为违反了社会公德,破坏了公共秩序,损害了善良风俗,因此,应当驳回张某的诉讼请求。法院最终以违反《婚姻法》一夫一妻制及《民法通则》公序良俗的原则驳回了张某的诉讼请求。

【思考讨论】

1. 本案能否适用民法基本原则"公序良俗"作为判案依据?

2. 在特别法与一般法发生冲突时应如何适用法律?

【法律依据】

《宪法》第四十九条:婚姻、家庭、母亲和儿童受国家的保护。

《民法通则》第七条:民事活动应当尊重社会公德,不得损害社会公共利益,扰乱社会经济秩序。

《继承法》第十六条第三款:公民可以立遗嘱将个人财产赠给国家、集体或者法定继承人以外的人。

（六）禁止权利滥用原则

【案例7】此案能否"刺破公司面纱"？

甲公司 2006 年向乙公司借款 10 万元,借期 1 年,现借款期限已到,甲公司未能按约还款。经查,甲公司在借款前即已停止经营,借款之后即未参加工商年检。乙公司起诉甲公司偿还借款,又恐甲公司已名存名亡,致使无法实现权利,便将甲公司的控股股东李某、严某一并起诉,要求其与公司承担连带责任。

（来源:找法网 http://china.findlaw.cn/）

【案例分析】

本案甲公司在借款前即已停止经营,借款后连工商年检也不参加,其行为明显属于滥用公司独立人格,规避债务,严重损害债权人的利益,符合适用公司人格否认制度的条件。因权利滥用给他人造成损害的,应当承担赔偿责任。该公司控股股东李某、严某依法应对其滥用公司独立人格及其有限责任的行为与公司承担连带责任。

【思考讨论】

1. 甲公司的控股股东李某、严某是否应与甲公司承担连带清偿责任？

2. 公司人格否认制度的适用。

【法律依据】

《公司法》第二十条:公司股东应当遵守法律、行政法规和公司章程,依法行使股东权利,不得滥用股东权利损害公司或者其他股东的利益;不得滥用公司法人独立地位和股东有限责任损害公司债权人的利益。

公司股东滥用股东权利给公司或者其他股东造成损失的,应当依法承担赔偿责任。

公司股东滥用公司法人独立地位和股东有限责任、逃避债务,严重损害债权人利益的,应当对公司债务承担连带责任。

第二节 民事行为及效力

【本节要点】

民事行为简称法律行为,是自然人、法人和其他组织设立、变更或终止民事权利和义务的合法行为。法律行为的成立,须同时具备如下要件:(1)主体须具有相应的民事行为能力;(2)行为人的意思表示须真实;(3)行为的内容、实施方式及后果须合法;(4)标的须确定且可能。

民事行为主要分为:单方行为、双方行为与共同行为;身份性行为与财产性行为;有偿行为与无偿行为;诺成性行为与实践性行为;要式行为与非要式行为;生前行为与死因行为等。

民事行为以行为人的意思表示为核心要件,若行为人的意思表示有瑕疵,则必然影响该行为的效力,基于这种有瑕疵的意思表示而为的以及违反法律或公共利益的行为即瑕疵民事行为。据此,民事行为效力主要分为:无效民事行为、可撤销可变更的民事行为、附条件与附期限的民事行为。

一、民事行为
(一)单方行为、双方行为与共同行为
【案例1】速递物品丢失　双方均有过错

陈女士购置了三部诺基亚手机、一部摩托罗拉手机、三张512MB内存卡,总共价值8900元。后陈女士委托某快递服务公司将上述物品速递给范先生。当时,陈女士在速递详情单上填写了发件人及收件人的详细情况,但未在发件人签名一栏中署名,也未对速递的物品进行保价。后陈女士得知范先生未收到速递物品,陈女士在与服务公司核实后,得知物品在速递过程中丢失。

因物品在速递过程中丢失,陈女士起诉至法院,要求服务公司赔偿损失8900元,退还运费25元。庭审中,某快递服务公司认为其在速递详情单上明确注明,发货人可以选择是否对其托运的物品进行保价,对于保价的,按照保价的实际金额赔偿损失;对于没有保价的,按最高限额200元的标准予以赔偿。所以,陈女士应自行承担其未选择保价而造成的损失。

(来源:110法律咨询网 http://www.110.com/)

【案例分析】

单方行为指仅由一方意思表示就能成立的行为。双方行为指当事人双方意思表示一致才能成立的行为。共同行为,又称多方行为,指多数当事人意思表示一致而成立的行为。

本案例属双方行为,服务公司以赋予陈女士选择权的方式约定了保价格式条款,陈女士有选择对其速递的物品是否进行保价的权利,若陈女士不选择保价,视为其自愿承担货物在运输过程中存在的毁损、灭失风险,该条款不违背公平的原

则,且发件人和承运人约定以交纳一定比例保价费的方式作为确定物品在承运过程中丢失赔偿数额的依据是符合行业惯例的通行做法,所以该格式条款应属合法有效,对双方当事人具有法律约束力。我国《合同法》规定了格式条款的提供者应当以合理、适当的方式将格式条款的全部内容提醒对方注意,以便对方能了解其内容。本案中,服务公司在合同订立的过程中未尽提醒义务,未提醒陈女士注意速递详情单的全部内容,也未提醒陈女士应以签字的方式予以确认,其行为存在过错,应当承担相应的赔偿责任。同时,陈女士没有选择以交纳保价费的方式作为避免自行承担物品在承运过程中丢失的风险,其自身也存在过错,应自行承担一定的物品损失责任。所以,最终法院判决某快递服务公司赔偿陈女士4500元。

【思考讨论】

1. 速递详情单所附条款中有关保价的格式条款是否合法有效?

2. 本案中双方过错在何处?

【法律依据】

《合同法》第三十九条:采用格式条款订立合同的,提供格式条款的一方应当遵循公平原则确定当事人之间的权利和义务,并采取合理的方式提请对方注意免除或者限制其责任的条款,按照对方的要求,对该条款予以说明。

格式条款是当事人为了重复使用而预先拟定,并在订立合同时未与对方协商的条款。

第四十条:格式条款具有本法第五十二条和第五十三条规定情形的,或者提供格式条款一方免除其责任、加重对方责任、排除对方主要权利的,该条款无效。

（二）身份性行为和财产性行为

【案例2】离婚后父母有探视权利

2000年4月,张某某与冯某某经调解离婚,双方婚生之女冯某(现年2岁)由冯某某抚养,抚养费由冯某某自行负担。自2000年11月起,双方因探视冯某的问题产生争执,致张某某无法探视。冯某某曾给张某某作出书面承诺,答应其每两周接走孩子一次,后冯某某未按该承诺履行。现冯某随冯某某居住生活。后张某某起诉要求探视子女。一审法院经审理后判决张某某于每月的最后一个星期六上午九时至十一时在冯某居住地,由冯某某陪同探视冯某。后张某某不服,上诉要求增加探视时间。二审经审理后判决:张某某于本判决生效后每隔两个星期的星期六上午八时三十分至十一时三十分在冯某居住地由冯某某陪同探视冯某。

（来源:找法网 http://china.findlaw.cn/）

【案例分析】

财产性行为指仅发生当事人财产变动效果而无身份变动效果的行为,如买卖、赠与、抛弃等。身份性行为指发生当事人身份变动效果的行为,如属单方行为的辞去委托监护;属双方行为的协议离婚、收养等。

本案因双方协议离婚,当事人身份虽然发生变动,但张某某的探视时间应予以增加。理由为,一个月两个小时的探视时间对于一个母亲来说,确实太少。孩子需要父母双方感情的呵护,缺少一方均对孩子的成长不利。但鉴于双方所生之女年龄尚小,张某某探视的时间、地点和方式,应从有利于子女的生活及健康的角度考虑,故对张某某要求接走孩子一周的诉讼请求,不予支持。张某某上诉要求增加探视时间,理由正当,予以支持,原审法院判决张某某每月探视冯某两小时,时间过短,予以变更。

【思考讨论】

1. 离婚后不直接抚养子女的父母,探视子女的权利应如何保障?

2. 探视的时间、地点等应考虑何因素?

【法律依据】

《婚姻法》第三十八条:离婚后,不直接抚养子女的父或母,有探望子女的权利,另一方有协助的义务。

行使探望权利的方式、时间由当事人协议;协议不成时,由人民法院判决。

(三)有偿行为和无偿行为

【案例3】民间借贷中违约金条款的效力

2007 年 6 月 2 日,被告吴 X 向原告徐 X 借款 5 万元并签订借款合同一份。双方约定,借款期限为 30 天,如果吴 X 到期不还将承担借款总额的 30% 作为违约金。后吴 X 未按期还款,徐 X 经多次催讨无果,于 2007 年 8 月 5 日向浙江省湖州市吴兴区法院提起诉讼,要求吴 X 返还 5 万元并支付违约金 1.5 万元。吴未答辩。

(来源:110 法律咨询网 http://lawyer.110.com/)

【案例分析】

有偿行为指双方当事人各应给付而取得对价利益的行为,如买卖、租赁等;无偿行为指当事人约定一方履行义务而对方不给付对价利益的行为,如赠与、借用等。

本案中原告徐 X 与被告吴 X 签订的借款合同合法、有效,具有法律约束力,双方当事人应当全面履行协议的约定。被告借款后未按约归还,显属违约,应当承担清偿债务的民事责任。现原告根据合同约定向被告主张违约金,因合同约定并不违反国家法律规定,系双方当事人意思自治的表示,法院应当予以支持。因此,依照合同法有关规定,应判决被告吴 X 归还原告徐 X 借款 5 万元,支付原告违约金 1.5 万元。

【思考讨论】

1. 民间借贷中约定违约金的条款是否有效?

2. 法院是否应对违约金的数额主动进行审查?

【法律依据】

《合同法》第一百一十四条:当事人可以约定一方违约时应当根据违约情况向对方支付一定数额的违约金,也可以约定因违约产生的损失赔偿的计算方法。

约定的违约金低于造成的损失的,当事人可以请求人民法院或者仲裁机构予以增加;约定的违约金过分高于造成的损失的,当事人可以请求人民法院或仲裁机构予以适当减少。

当事人就迟延履行约定违约金的,违约方支付违约金后,还应当履行债务。

(四)诺成性行为和实践性行为

【案例4】已预付部分货款的彩电遭受损害风险谁担?

王某去城里,看上了一种新款彩电,很想买但钱不够,又怕该款式彩电被卖完,遂与店主商量,先预付部分购机款,第二天再来付足余款取走电视机。店主答应了他的要求,王某便从该款式彩电中指定了一台,与售货员抬至库房门口,准备第二天取电视机时在此装车启运。不料,当晚突降暴雨,有大量雨水侵入该电视机内,导致电视机损坏。

(来源:找法网 http://china.findlaw.cn/)

【案例分析】

诺成性行为又称不要物行为,指双方当事人意思表示一致即告生效的行为,如选料加工。实践性行为又称要物行为,指除当事人意思表示一致外还须交付标的物才能生效的行为,如来料加工、保管合同等。

在本案中,王某虽然预付了部分电视机款,但双方只是就电视机的买卖达成了附条件的协议。尽管此商店不能再擅自处分该电视机,但电视机的所有权因买卖合同的未完全履行,即王某未交足电视机款,并未发生转移。因此,电视机的所有权仍属该商店所有,其遭损害的风险责任亦未发生转移。故该电视机的风险责任应由商店承担。

【思考讨论】

1. 该由谁来承担电视机遭受损害的风险责任?

2. 王某未交足款,电视机的所有权归谁所有?

【法律依据】

《民法通则》第七十二条:财产所有权的取得,不得违反法律规定。

按照合同或者其他合法方式取得财产的,财产所有权从财产交付时起转移,法律另有规定或者当事人另有约定的除外。

《合同法》第一百四十二条:标的物毁损、灭失的风险,在标的物交付之前由出卖人承担,交付之后由买受人承担,但法律另有规定或者当事人另有约定的除外。

(五)要式行为和非要式行为

【案例5】房地产合同纠纷

某科技公司与某商贸公司签订楼房买卖合同,约定商贸公司将其办公楼连同土地一并卖给科技公司,并约定付清款后1个月办理过户手续。科技公司按约支付价款后,商贸公司却迟迟不为科技公司办理房地产的过户登记手续。在拖延期间内,商贸公司由于其他债务纠纷,被其他法院查封了该房地产。科技公司向法院起诉商贸公司,要求办理涉案房地产的过户手续。

(来源:华律网 http://www.66law.cn/)

【案例分析】

要式行为指须满足法律特定的形式或程序方能生效的行为,如结婚、房产抵押须经登记。非要式行为则无需此形式或程序即能生效。

民事判决应当尊重客观事实,不能仅以双方当事人合意为准。本案中,双方对合同目的无异议,被告也同意办理过户手续,但是,实际上涉案房地产已被查封,在解除查封前是无法办理过户手续的。假设商贸公司偿还了导致涉案房地产被其他法院查封的债务,其他法院解除查封后,本案中的合同的目的就能够实现。反之,若商贸公司不能偿还债务,涉案房地产被依法拍卖、转让等转移到其他人手中,则本案中的合同目的就不能实现。因此,本案必须以其他案件的审理结果为依据,无论涉案房地产最终是否能够登记过户到科技公司名下,都要看导致涉案房地产被其他法院查封的债务最终的处理结果。同时,为了防止出现导致被查封的债务被清偿后,该房地产再次被其他法院查封,本案在处理过程中,法院应当依法进行轮候查封。

【思考讨论】

1. 本案是否应先中止审理?

2. 本案的审理结果以何为依据?

【法律依据】

《物权法》第九条:不动产物权的设立、变更、转让和消灭,经依法登记,发生效力;未经登记,不发生效力,但法律另有规定的除外。

《最高人民法院关于人民法院执行工作若干问题的规定(试行)》第三十八条:被执行人无金钱给付能力的,人民法院有权裁定对被执行人的其他财产采取查封、扣押措施。裁定书应送达被执行人。

采取前款措施需有关单位协助的,应当向有关单位发出协助执行通知书,连同裁定书副本一并送达有关单位。

第四十条:人民法院对被执行人所有的其他人享有抵押权、质押权或留置权的财产,可以采取查封、扣押措施。财产拍卖、变卖后所得价款,应当在抵押权人、质押权人或留置权人优先受偿后,其余额部分用于清偿申请执行人的债权。

(六)生前行为和死因行为

【案例6】保险公司该赔吗?

原告刘某委托他人,于2001年11月27日与被告某保险公司某处签订机动车辆保险合同一份。当时,受托人因所带现金不足,未缴纳保费。被告将投保单交给受托人的同时,要求受托人尽快缴纳保费。同年11月30日,原告刘某的车发生车祸。原告承担50%的责任。车祸发生的当日下午,原告向被告缴纳了保费。被告于12月6日向原告出具了正式保单。原告在支付了赔偿金37959.58元、事故处理费700元及自负部分车损2897.5元(共计41557.08元)后,于同年12月7日向被告索赔。被告认为,被告出具的是投保单而非正式保单,且当时原告未缴保险费,所以,当时合同并不成立。后虽出具了正式保单,但是是在被告发生事故却未告知的情况下出具的,因此也不成立生效,由此拒赔。原告随后诉至法院,请求法院判令被告支付保险金43754元。

(来源:大律师网 http://www.maxlaw.cn/)

【案例分析】

生前行为,指其效力发生于行为人生存时的行为,大部分行为皆然;死因行为,指唯行为人死后方能生效的行为,如遗嘱、人寿保险赔款等。

本案中刘某与某保险公司签订的保险合同系双方真实意思的表示,且发生在刘某出车祸之前。由于合同成立生效时事故并未发生,所以也就不存在原告未如实告之的情况。以此为理由,驳回原告请求是不妥当的。针对本案保单中的"48小时内通知"的效力,可以如此认定。首先,要区分保险中的告知与通知。告知义务是保险中一项十分重要的义务,它指保险合同订立时,投保人应将有关保险标的的重要事实如实告知保险人。其次,从法律规定"及时通知"义务的目的来看,我国《保险法》规定此项义务的目的,是为了在发生保险事故时,保险人可以及时参加调查,以便确认损害范围及责任范围,为日后的理赔工作做好铺垫。最后,保险人将载有"48小时内通知"的免责条款的正式保单在事故发生后才予以签发,交予投保人,被告对这项重要条款的告知义务是否尽到无法明确。因此,此合同不但成立生效,且被告应承担保赔责任。

【思考讨论】

1. 刘某与某保险公司签订的保险合同是否有效?

2. 免责条款的效力是什么?

【法律依据】

《保险法》第十三条:投保人提出保险要求,经保险人同意承保,保险合同成立。保险人应当及时向投保人签发保险单或者其他保险凭证。

保险单或者其他保险凭证应当载明当事人双方约定的合同内容。当事人也可以约定采用其他书面形式载明合同内容。

依法成立的保险合同,自成立时生效。投保人和保险人可以对合同的效力约定附条件或者附期限。

第十四条:保险合同成立后,投保人按照约定交付保险费,保险人按照约定的时间开始承担保险责任。

二、民事行为效力

(一)无效民事行为

【案例7】无民事行为能力人行为后果的承担

付某7岁的儿子小强平时非常淘气,经常用石头砸别人的窗户,攀摘树木花草等。一日,当小强在马路边玩耍时,遇见有人用三轮车拉着镜子。邻居萧某见状说:"你有本事把那个镜子砸碎,算你厉害。"小强听完当即就拿起石头砸过去,结果致使价值400多元的镜子被砸碎。事后,镜子的主人找到付某要求赔偿,付某支付了相当的价款。但随即得知小强乃萧某唆使,便要萧某赔偿。萧某说,自家小孩调皮惹祸当然由自己负责,因此拒绝赔偿。

（来源：国家公务员考试网 http://www.chinagwy.org/）

【案例分析】

无效民事行为,指欠缺法律行为之根本生效要件,自始、确定和当然不发生行为之意思之预期效力的民事行为。

小强平时造成他人的损害应由付某来承担,因为小强今年只有 7 岁,属无民事行为能力人。付某作为小强的法定监护人,当然应对小强的行为负责。本案中小强砸镜子的行为是由萧某教唆所致,所以萧某才是侵权人,损失应由萧某来承担,此时小强充当了萧某侵权的工具。当然,如果萧某没有教唆,则付某只能自己来承担这一损失。

【思考讨论】

1. 小强平时砸坏的东西应由谁赔偿?为什么?

2. 镜子的损失最后应由谁来承担?

【法律依据】

《民法通则》第十二条第二款:不满十周岁的未成年人是无民事行为能力人,由他的法定代理人代理民事活动。

第十四条:无民事行为能力人、限制民事行为能力人的监护人是他的法定代理人。

第一百三十三条第一款:无民事行为能力人、限制民事行为能力人造成他人损害的,由监护人承担民事责任。监护人尽了监护责任的,可以适当减轻他的民事责任。

最高人民法院《关于贯彻执行〈中华人民共和国民法通则〉若干问题的意见（试行）》第一百四十八条第二款:教唆、帮助无民事行为能力人实施侵权行为的人,为侵权人,应当承担民事责任。

（二）可撤销可变更的民事行为

【案例8】本案中协议是否显失公平?

2007 年 4 月 29 日,王某因右足骨折到该镇医院就诊。8 月 2 日,王某经市级医院诊断,其系右足跟陈旧性骨折。王某认为其病情没有得到治愈系该镇医疗所的过错所致。9 月 20 日,双方签订了一份协议,该协议的主要内容为:"王某因骨折到本镇医院就诊后产生纠纷,通过协商,自愿达成如下协议:1、医院付给王某经济帮助费共计 3600 元,此款于签订协议时一次性付清。2、签订本协议之日前产生的损失,王某自愿放弃要求医院赔偿的权利。"

同年12月19日,王某经本市法律援助中心委托对其伤残程度进行评定。鉴定结论为:"王某右足致伤后畸形愈合形成创伤性关节炎,构成九级伤残"。王某认为其与医院签订的协议显失公平,为此起诉至法院。

(来源:中国法院网 http://www.chinacourt.org/)

【案例分析】

可撤销可变更的民事行为,指其意思表示有瑕疵,当事人可申请法院或仲裁机构予以撤销或变更的民事行为。

王某因右足骨折到被告镇医院就诊,双方已形成医疗服务合同关系。因被告没有履行应尽的义务,致原告右足骨、距骨畸形愈合,形成创伤性关节炎。2007年12月19号,被告方镇医院与王某所签订的补偿协议,仅支付王某3600元的"经济帮助费",该协议违反了法律规定,应予撤销。

【思考讨论】

1. 王某与医院签订的协议是否存在显失公平的问题?

2. 对于存在显失公平的协议通过何种途径予以撤销?

【法律依据】

《民法通则》第五十九条:下列民事行为,一方有权请求人民法院或者仲裁机关予以变更或者撤销:(一)行为人对行为内容有重大误解的;(二)显失公平的。

被撤销的民事行为从行为开始时起无效。

最高人民法院《关于贯彻执行〈中华人民共和国民法通则〉若干问题的意见(试行)》第七十二条:一方当事人利用优势或者利用对方没有经验,致使双方的权利义务明显违反公平、等价有偿原则的,可以认定为显示公平。

第七十三条:对于重大误解或者显失公平的民事行为,当事人请求变更的,人民法院应当予以变更;当事人请求撤销的,人民法院可以酌情予以变更或者撤销。

(三)附条件与附期限的民事行为

【案例9】维修应有合理期限

2007年4月10日,李X在江苏省徐州Z农机销售有限公司(以下简称农机公司)购买奥铃牌载货汽车一辆。2007年5月16日晚该车突发仪表不走不亮现象,次日农机公司安排其到徐州T汽车修理厂修理该车,6月13日修理完毕。12月21日,李X以其购买的汽车存在质量问题为由,向徐州市云龙区法院起诉,请求判决农机公司赔偿超期维修期间的营运损失9000元。

（来源：法制网 http://www.legaldaily.com.cn/）

【案例分析】

附条件的民事行为，是指附有决定该行为效力发生或者消灭条件的民事行为。附期限的民事行为，指当事人为民事行为设定一定的期限，并把期限的到来作为民事行为效力发生或者消灭的前提。

本案应属于售后服务合同纠纷。根据《消费者权益保护法》相关规定，上诉人认为其购买的车辆在包修期间存在超期修理情形，给其造成了损失，依法可以向作为销售者的被告主张权利。被告认为定点修理厂是否存在超期修复的情形与其无关的主张，依据不足，不予支持。其在承担责任后，如认为应由生产者或修理厂承担责任，可以另行追偿。上诉人在诉讼中虽称产品存在质量问题，其实指产品的故障。

对于本案是否存在超期维修的情形，双方当事人均未向法院提供相应的约定或规定，但鉴于双方对于车辆的故障是因底盘线束总程出现短路造成的，只需更换相应的配件即可修复的事实均无异议。因此，酌定车辆合理的修复时间为 7天。对于超期 20 天修复给上诉人造成的损失，上诉人主张按每天 350 元计算，依据不足，但根据上诉人已领取道路运输经营许可证，其车辆用于运输经营的事实，其延期修复的损失可参照江苏省统计局于 2007 年公布的"其他运输服务业"在岗职工平均工资计算。

【思考讨论】

1. 承担责任的主体。

2. 如何确定维修期限？

【法律依据】

《合同法》第一百二十一条：当事人一方因第三人的原因造成违约的，应当向对方承担违约责任。当事人一方和第三人之间的纠纷，依照法律规定或者按照约定解决。

《消费者权益保护法》第二十四条：经营者提供的商品或者服务不符合质量要求的，消费者可以依照国家规定、当事人约定退货，或者要求经营者履行更换、修理等义务。没有国家规定和当事人约定的，消费者可以自收到商品之日起七日内退货；七日后符合法定解除合同条件的，消费者可以及时退货，不符合法定解除合同条件的，可以要求经营者履行更换、修理等义务。

依照前款规定进行退货、更换、修理的，经营者应当承担运输等必要费用。

第三节　代理

【本节要点】

代理,是指代理人在代理权限内,以被代理人的名义实施民事法律行为。被代理人对代理人的代理行为,承担民事责任。

代理的方式主要有:委托代理,是指基于被代理人的委托而发生的代理关系,委托代理适用于有完全民事行为能力人有代理需要的情形。法定代理,是依法律的规定行使代理权的代理,法定代理适用于无民事行为能力人和限制民事行为能力人需要代理人的情形。指定代理,是指需要人民法院或有关单位的指定行使代理权的代理,指定代理适用在有义务担任无民事行为能力人和限制民事行为能力人的监护人有争议的情形。

一、委托代理

【案例1】李某诉张某甲委托代理纠纷案

原告李某的丈夫张某甲,50 年代向深圳南头信用合作社投资认购股份二股(1 元一股)。1987 年深圳市发展银行成立时,将上述二股转为股票 180 股。1990 年分红、扩股时,180 股又增至 288 股。原认股人张某甲于 1988 年去世,288 股的股票由原告持有。以前,张某甲曾委托被告张某乙到证券公司领取股息,办理扩股等手续。1990 年 4 月,原告将股票交由被告,委托其代领股息。1990 年 4 月 25 日,被告通过证券公司以每股 3.56 元的价格,将张某甲名下的 288 股股票,过户到其妹妹即第三人张某丙的名下。事后,被告扣除税款和手续费后,托其母吴某将过户股票的股息及卖股票款 890 元交给原告。同年 8 月 25 日,原告将票据交给女婿看后,发现 288 股发展银行的股票已被被告过户到张某丙的名下。原告向被告索要股票,被告予以拒绝,遂于 1991 年 4 月向法院提起诉讼。

(来源:110 法律咨询网 http://www.110.com/)

【案例分析】

委托代理,是指基于被代理人的委托而发生的代理关系。委托代理适用于有完全民事行为能力人有代理需要的情形。

代理人在代理权限内,以被代理人的名义实施民事法律行为。代理人超越代理权的行为,只有经过被代理人的追认,被代理人才承担民事责任。未经追认的行为,由行为人承担民事责任。原告李某只委托被告张某乙代理其领取股息,但张某乙却擅自将李某的股票低价出卖并过户给第三人张某丙,其行为违反了《民法通则》相关法律的规定,超越代理权,应当承担民事责任。

【思考讨论】

1. 委托代理权的权限界定。

2. 委托代理人的适用情形。

【法律依据】

《民法通则》第六十六条第一款:没有代理权、超越代理权或者代理权终止后的行为,只有经过被代理人的追认,被代理人才承担民事责任。未经追认的行为,由行为人承担民事责任。本人知道他人以本人名义实施民事行为而不作否认表示的,视为同意。

二、法定代理

【案例2】以法定代理人身份代理无行为能力人离婚纠纷案

田某与梁某于1990年11月登记结婚,婚后生一女田某(两岁),婚后夫妻感情较好。1993年8月30日因交通事故田某被汽车撞伤,头左颞枕部颅骨粉碎性骨折,经法医鉴定为头部伤残Ⅰ级(植物人,无行为能力)。1994年4月27日,田某之母陈某以田某夫妻感情不好,特别是田某因交通事故致伤后,发现梁某有外遇,夫妻感情破裂为理由,以田某法定代理人的身份,向沈阳市铁西区人民法院提起离婚诉讼,要求与梁某离婚。陈某并委托田某之姐李某为委托诉讼代理人。梁某辩称:婚后夫妻感情一直很好,感情未破裂,不同意离婚。

(来源:找法网 http://china.findlaw.cn/)

【案例分析】

法定代理,是依法律的规定发生代理权的代理。法定代理适用于无民事行为能力人和限制民事行为能力人需要代理人的情形。

本案中,首先,代理人不具有合法的代理主体资格。田某系植物人,生活不能自理,无辩认、识别能力,不能作出意思表示,在法律上属无行为能力人,本人不能进行民事和民事诉讼活动,依照《民法通则》的规定,应为其设定监护人,配偶为第一监护人,梁某应为田某的法定监护人,田某之母陈某依法不具有监护权。其次,代理无行为能力人提出离婚诉讼超出法定监护范围,侵犯了公民的婚姻自主权。田某虽因交通事故受到人身伤害,但他的婚姻权利并没有受到侵害。田某之母与姐以田某名义提出离婚诉讼请求,超出了监护范围,不但没有维护田某的婚姻权益,反倒是侵犯了他的婚姻自主权,形成了"包办离婚"。另外,他人代替本人提出离婚诉讼,所诉并不体现本人意志,属无效民事行为。

【思考讨论】

1. 本案中田某之母是否具有法定代理人资格?

2. 他人能否代替本人提出离婚诉讼?

【法律依据】

《民法通则》第十七条第一款:无民事行为能力或者限制民事行为能力的精神病人,由下列人员担任监护人:

(一)配偶;

(二)父母;

(三)成年子女;

(四)其他近亲属;

(五)关系密切的其他亲属、朋友愿意承担监护责任,经精神病人的所在单位或者住所地的居民委员会、村民委员会同意的。

《民法通则》第六十三条第三款:依照法律规定或者按照双方当事人约定,应当由本人实施的民事法律行为,不得代理。

最高人民法院《关于贯彻〈民法通则〉若干问题的意见(试行)》第七十八条:凡是依法或者依双方的约定必须由本人亲自实施的民事行为,本人未亲自实施的,应当认定行为无效。

三、指定代理

【案例3】谁应是指定监护人?

黄某等四兄妹系王某的继子女,王某与黄某共同生活,并由黄某负责照顾。2007年2月8日,黄某等四兄妹作为四申请人向法院递交《认定公民无民事行为能力申请书》,以王某因脑梗导致认识能力、定向能力、计算能力等智能情况严重减退、生活不能自理、行走困难、需要他人照顾日常生活等为由申请宣告王某为无民事行为能力人。法院在审理过程中指定王某的同母异父的妹妹李某作为监护人参加诉讼,经法院委托,中南大学湘雅二医院司法精神病鉴定中心作出了《中南大学湘雅二医院司法精神病鉴定书》,鉴定王某为脑器质性精神障碍,目前无民事行为能力。依照《民事诉讼法》相关规定,法院于2007年5月29日作出如下判决:一、宣告被申请人王某为无民事行为能力人。二、指定李某为王某的监护人。判决后黄某等四申请人提出再审申请:1. 原审判决指定监护人事项超出申请人诉讼请求的范围;2. 原审法院擅自指定监护人,违反了监护人指定程序;3. 李某品行不良,不能担当监护人;4. 被申请人一直由申请人照顾,四申请人一致要求由申请人黄某担任王某的监护人。

（来源:法律快车 http://www.lawtime.cn/）

【案例分析】

指定代理,是指需要人民法院或有关单位的指定行使代理权的代理,指定代理适用在有义务担任无民事行为能力人和限制民事行为能力人的监护人有争议的情形。

本案审理过程中直接指定李某为监护人违反了《民事诉讼法》的相关规定。依据《民事诉讼法》的相关规定,人民法院审理认定公民无民事行为能力或者限制民事行为能力的案件,应当由该公民的近亲属为代理人,但申请人除外。近亲属互相推诿的,由人民法院指定其中一人为代理人。本案审理中应当指定李某为王某的代理人,但直接指定为监护人,致使在未确定被申请人是否为无民事行为能力人的情况下已经为其指定了监护人,存在程序瑕疵。

本案判决的第二项指定李某为监护人违背了《最高人民法院执行〈民法通则〉若干问题的意见》第十四条关于指定监护人的顺序的规定。指定监护人的原则应当依序指定,只有在前一顺序有监护资格的人无监护能力或者对被监护人明显不利的情形时,人民法院从后一顺序有监护资格的人中择优确定监护人。本案中申请人黄某等属于第三顺序监护人,李某属于第四顺序监护人,审理中既未释明也未审查监护资格和顺序,直接指定后顺序的李某作为监护人,不符合《民法通则》的规定。因此四申请人向法院申请再审。

【思考讨论】

1. 为什么李某可以做指定代理人却不能做指定监护人?

2. 对宣告公民无民事行为案件指定监护人错误引发争议,适用特别程序撤销原判决重新指定监护人还是启动再审程序纠错?

【法律依据】

《民法通则》第六十四条:代理包括委托代理、法定代理和指定代理。

委托代理人按照被代理人的委托行使代理权,法定代理人依照法律的规定行使代理权,指定代理人按照人民法院或者指定单位的指定行使代理权。

《民事诉讼法》第五十七条:无诉讼行为能力人由他的监护人作为法定代理人代为诉讼。法定代理人之间互相推诿代理责任的,由人民法院指定其中一人代为诉讼。

第五十八条:当事人、法定代理人可以委托一至二人作为诉讼代理人。

下列人员可以被委托为诉讼代理人:

(一)律师、基层法律服务工作者;

(二)当事人的近亲属或者工作人员;

(三)当事人所在社区、单位以及有关社会团体推荐的公民。

《最高人民法院执行〈民法通则〉若干问题的意见》第十四条:人民法院指定监护人时,可以将民法通则第十六条第二款中的(一)、(二)、(三)项或者第十七条第一款中的(一)、(二)、(三)、(四)、(五)项规定视为指定监护人的顺序。前一顺序有监护资格的人无监护能力或者对被监护人明显不利的,人民法院可以根据对被监护人有利的原则,从后一顺序有监护资格的人中择优确定。被监护人有识别能力的,应视情况征求被监护人的意见。

监护人可以是一人,也可以是同一顺序中的数人。

第十六条:对于担任监护人有争议的,应当按照民法通则第十六条第三款或者第十七条第二款的规定,由有关组织予以指定。未经指定而向人民法院起诉的,人民法院不予受理。

《关于适用〈民事诉讼法〉若干问题的意见》第一百九十八条:被指定的监护人不服指定,应当在接到通知的次日起三十日内向人民法院起诉。经审理,认为指定并无不当的,裁定驳回起诉;指定不当的,判决撤销指定,同时另行指定监护人。判决书应送达起诉人、原指定单位及判决指定的监护人。

第四节 物权

【本节要点】

物权,是指权利人依法对特定的物享有直接支配和排他的权利。物权的基本原则有:物权法定原则,这一原则要求物权的类型、各类物权的内容、效力,以及创设的方式,都由法律直接规定,不能由当事人任意创设。公示、公信原则,公示就是物权的设立、转移必须公开、透明;公示原则就是要求将物权设立、转移的事实通过一定的方式向社会公开,使其他人知道物权变动的状况,以利于保护第三人的利益,维护交易的安全和秩序。物权平等保护原则,国家、集体、私人的物权和其他权利人的物权受法律保护,任何单位和个人不得侵犯。

物权的类型主要有:所有权,是所有人依法对自己财产所享有的占有、使用、收益和处分的权利。用益物权,是指非所有人对他人之物所享有的占有、使用、收益的排他性的权利。抵押权,是指债务人或者第三人不转移财产的占有,将该财产作为债权的担保,债务人未履行债务时,债权人依照法律规定的程序享有该财产优先受偿的权利。质权,是担保的一种方式,指债权人与债务人或债务人提供的第三人以协商订立书面合同的方式,移转债务人或者债务人提供的第三人的动产或权利的占有,在债务人不履行债务时,债权人有权享有该财产的优先受偿权。留置权,是债务人逾期不履行约定时,债权人有权扣留债务人的物品并享有该物品的优先受偿权。

一、基本原则

(一)物权法定原则

【案例1】城镇居民购买农村房屋的买卖行为是否有效?

家住吉安县敦厚镇的城镇居民李某于2008年6月与城郊农民肖某签订《购房合同》一份,约定李某以8万元的价格向肖某购买农房一座。李某将购房款付清与肖某后,得知无法取得房屋所有权证,遂与肖某协商要求退房。肖某认为双方的房屋买卖行为完全出于自愿,且合同已履行完毕,不同意将购房款返还。为此,原告李某诉至法院。

(来源:找法网 http://china.findlaw.cn/)

【案例分析】

物权法定这一原则要求物权的类型、各类物权的内容、效力,以及创设的方式,都由法律直接规定,不能由当事人任意创设。

身为城镇居民的李某不具有农村集体经济组织成员资格,无权使用农村宅基地,李某与肖某的房屋买卖行为违反了土地管理的法律规章。关于宅基地使用的主体只能是农村村民,因此双方的房屋买卖属无效行为,并侵害了集体经济组织的合法权益。故法院应判决原告李某与被告肖某之间的房屋买卖行为无效;被告肖某将购房款8万元返还给原告李某;原告李某返还农房一幢于被告肖某。

【思考讨论】

1. 如何判定农村宅基地的使用权和归属权?

2. 身为城镇居民是否有权使用农村宅基地？

【法律依据】

《民法通则》第六条：民事活动必须遵守法律，法律没有规定的，应当遵守国家政策。

《关于加强土地转让管理严禁炒卖土地的通知》第二条第二款：农民的住宅不得向城市居民出售，也不得批准城市居民占用农民集体土地建住宅，有关部门不得为违法建造和购买的住宅发放土地使用证和房产证。

《关于加强农村宅基地管理的意见》第十三条：严格日常监管制度。各地要进一步健全和完善动态巡查制度，切实加强农村村民住宅建设用地的日常监管，及时发现和制止各类土地违法行为。要重点加强城乡结合部地区农村宅基地的监督管理。严禁城镇居民在农村购置宅基地，严禁为城镇居民在农村购买和违法建造的住宅发放土地使用证。

（二）公示、公信原则

【案例2】法院能否直接判定房屋抵押登记无效？

2006年9月3日，黄某为了向银行申请贷款20万元，瞒着妻子吴某与银行签订一份《抵押合同》，约定将黄某与吴某的夫妻共有房屋抵押给银行，抵押合同上吴某的签字及手印均是由黄某代签及代按，并且在妻子吴某毫不知情下，伪造了妻子吴某委托办理相关房屋抵押登记的手续向房产局办理了抵押登记。后因黄某未如约还银行贷款，银行于2008年6月向法院起诉，要求实现抵押权以收回借款，吴某这才知道事情的真相，遂向法院提出了抵押无效的抗辩，要求法院判决抵押登记行为无效。

（来源：找法网 http://china.findlaw.cn/）

【案例分析】

吴某应通过行政诉讼来审查抵押登记的效力，而不应在民事诉讼中进行审查。本案中，该房屋已在房产局办理了抵押登记，故其抵押是有效的。根据行政法相关规定，行政机关依法作出的具体行政行为与同样代表国家作出的生效判决一样，只要没有依法定程序撤销，它就具有公信力和法律效力。即使发现登记是错误的，也只能依法定程序撤销。故吴某应先通过行政诉讼来审查抵押登记的效力。

【思考讨论】

1. 本案中的房屋抵押是否有效？

2. 吴某应通过行政诉讼还是民事诉讼来审查抵押登记的效力？为什么？

【法律依据】

《物权法》第九条：不动产物权的设立、变更、转让和消灭，经依法登记，发生效力；未经登记，不发生效力，但法律另有规定的除外。

《民事诉讼法》第一百五十条第一款第五项：本案必须以另一案的审理结果为依据，而另一案尚未审结的。

（三）物权平等保护原则

【案例3】单位已出售给职工的公房是否具有"优先购买权"？

一个单位实行公房改革，将单位房子出售给职工并在合同中约定了限制性条款："如出售，则单位在同等条件下有优先购买权。"后来一名购房职工要出售房屋给他人，与单位发生纠纷，单位向法院起诉主张所谓的优先购买权，而法院以约定的优先购买权系当事人约定而非法定的，认定该条款不发生物权效力，驳回了单位的诉讼请求。

（来源：根据网络整理）

【案例分析】

物权平等保护原则，国家、集体、私人的物权和其他权利人的物权受法律保护，任何单位和个人不得侵犯。

本案中当事人的合同是不能自由创设物权的，因为物权种类必须法定，在法律没有明确规定哪一种权利是物权的情况下，当事人是不能通过合同约定这种权利是物权的。物权必须要由法律规定，要排除当事人的意思自治，这是市场交易规律的要求。

本案中所谓的优先购买权是当事人在合同中自己创设的。《物权法》与《合同法》的重大区别就表现在《合同法》有所谓的无名合同，《物权法》中是不存在无名物权的。所以，本案中约定的所谓的优先购买权的条款不发生物权效力，单位主张优先购买权的诉讼请求被驳回。本案双方在合同中的约定虽然没有产生物权效力，但按照合同自由原则，当事人只要不违反法律的规定、强制性规定以及善良风俗的约定都是有效的。所以，依据《合同法》，单位若提起要求职工承担违约责任的诉讼请求，仍会得到法律的支持。

【思考讨论】

1. 是否违反了物权法法定原则整个合同就没有效力了呢？

2. 本案中的"优先购买权"是否合法？

【法律依据】

《民法通则》第五条：公民、法人的合法的民事权益受法律保护，任何组织和个人不得侵犯。

二、物权的分类

（一）所有权

【案例4】母诉子侵犯财产所有权

原告李某系被告徐某之母。原告丈夫于 2002 年病故后，原告便与被告一起生活。原告与本村村民徐某某关系暧昧，又因身体多病，疏于照顾被告，致使被告被迫辍学外出打工。2005 年 8 月，原告因治病找徐某某要求在经济上给予帮助，徐某某即带原告到外地治疗。不久，原告身体好转返回，被告认为其母既已离家出走并与人同居，就不让原告再回家，并将其强行拖出门外。原告因此服毒自杀，经及时抢救脱离危险。后被告仍不让原告回家居住。原告遂向法院提起诉讼。

（来源：找法网 http://china.findlaw.cn/）

【案例分析】

所有权，是所有人依法对自己财产所享有的占有、使用、收益和处分的权利。

原告在其丈夫死亡后，虽未对子女尽到抚养义务，但她作为配偶与其他法定继承人同样享有第一顺序继承权。自愿离家出走以及与别人同居只属于道德调整的范畴，并不能改变法律的规定。由于从未涉及分家析产问题，因此，原告对家中的房屋等财产与其他法定继承人一样依法享有共同共有的权利。所谓共同共有，就是两个或者两个以上的人基于某种共同关系，共同享有对一物的所有权。其法律特征有三个：第一，共同共有是根据共同关系产生，必须以共同关系的存在为前提。这种共同关系，或是由法律直接规定的，如夫妻关系、家庭关系，或是由合同约定的，如合伙合同；第二，共同共有没有共有份额，是不确定份额的共有，只有共同共有关系消灭对共有财产进行分割时，才能确定各共有人应得的份额。所以，各共有人享有的是一种潜在的份额；第三，共同共有的共有人平等的享有权利和承担义务。各共有人对于共有物平等地享有占有、使用、收益、处分的权利。本案中原告与其他法定继承人对家中的房屋等财产享有共同的财产所有权，即享有共同的占有、使用、收益、处分的权利。因此，被告无权不让原告回家居住。

【思考讨论】

1. 双方发生的纠纷如何定性？

2. 本案属于人身自由权纠纷还是财产权纠纷?

【法律依据】

《宪法》第三十七条:中华人民共和国公民的人身自由不受侵犯。

《民法通则》第六条:民事活动必须遵守法律,法律没有规定的,应当遵守国家政策。

【案例5】相邻关系建筑物共有案件

黄某与谢某系五、六楼邻居关系。谢某于1994年购买坐落于沈阳市沈河区南三经街×号×室房屋(该栋楼系每层一户)。进住后,谢某在五楼通往六楼的楼梯蹬上安装铁栅栏门。2001年5月,黄某购买了坐落于沈阳市沈河区南三经街×号×室房屋。同年10月,谢某在铁栅栏门外又安装了铝合金门,并用胶合板将楼梯扶手上的空间封堵。黄某以谢某安装的铁栅栏门拉动的噪音影响其休息,铁栅栏门和铝合金门影响其搬运大件物品,封堵楼梯影响其通风、采光,造成安全隐患为由,要求谢某予以拆除。双方因此发生纠纷。黄某以谢某的行为影响其人身安全、正常休息、搬运大件物品、消防安全为由,于2002年1月15日诉至法院,要求被告拆除铁栅栏门、铝合金门、胶合板。

(来源:110法律咨询网 http://lawyer.110.com/)

【案例分析】

本案中,被告谢某将建筑物公用部分(楼梯)封堵,对原告黄某以及使用公用走廊的其他住户造成妨碍,给管理、维护及楼宇消防等带来不便,侵害了黄某和其他住户的共有权。因此,黄某要求其排除妨碍,理由正当。原告选择不动产相邻权为诉因,要求排除妨碍,"相邻防免关系纠纷"是最高法院《民事案件案由规定(试行)》中规定的有名案由,即不动产所有人和使用人在行使不动产权利时,应当注意防止、避免给相邻人造成损害。如果原告选择建筑物区分所有权为诉因,法院也可以建筑物区分所有权纠纷为案由,支持原告的诉讼请求。

【思考讨论】

1. 如何判定建筑物公共部位的权利归属?

2. 在公共部位设置安全门是否构成侵权?

【法律依据】

《民法通则》第七十八条第一款:财产可以由两个以上的公民、法人共有。

第八十三条:不动产的相邻各方,应当按照有利生产、方便生活、团结互助、公平合理的精神,正确处理截水、排水、通行、通风、采光等方面的相邻关系。给相邻方造成妨碍或者损失的,应当停止侵害,排除妨碍,赔偿损失。

（二）用益物权

【案例6】出嫁女因承包地起纷争

原告刘某是二府村一组村民,2009 年 3 月 8 日与居民张某登记结婚,但并未将户口从二府村迁出。2014 年 6 月,二府村各组按照生添死减的原则调整承包地,一组每名村民分得 1.2 亩承包地,对未分足承包地的村民按照每亩地每年 1800 元的标准进行补助。后二府村一组对该村村民分配了土地,对未分全土地的村民发放了土地补助款,但以出嫁女不能分地为由,未给原告分配承包地,亦未分配承包地补助款。2014 年 11 月 13 日,原告刘某以未享有集体经济组织成员权益为由将二府村及二府村一组诉至某法院,要求二被告共同给付其未分到承包地的补助款 1800 元。

（来源:合肥律师网 http://www.helvw.com/）

【案例分析】

用益物权是物权的一种,是指非所有人对他人之物所享有的占有、使用、收益的排他性的权利。用益物权的体系包括:土地承包经营权、建设用地使用权、宅基地使用权、地役权。

本案属于集体经济组织成员因未实际取得土地承包经营权而引起的纠纷,因为土地承包权是一种物权,在出嫁女未实际取得这种物权之前,法院是没有办法保护的,本案原告诉请的未分到土地的补助款是基于土地承包经营权而取得的,故不属于人民法院民事诉讼受理范围,应向有关行政主管部门申请解决。但考虑到嫁城女也应享受土地承包权,法官多次与被告村组沟通,希望原告与被告和解。但村委会表示出嫁女不分承包地习俗自古就有,坚决不同意原告的诉讼请求。

【思考讨论】

1. 因未实际取得土地承包经营权,不属民事诉讼调整范围的集体经济组织调整承包地案件应如何解决?

2. 嫁城女是否享有土地承包权?

【法律依据】

《农村土地承包法》第五条:农村集体经济组织成员有权依法承包由本集体经济组织发包的农村土地。

任何组织和个人不得剥夺和非法限制农村集体经济组织成员承包土地的权利。

第六条:农村土地承包,妇女与男子享有平等的权利。承包中应当保护妇女的合法权益,任何组织和个人不得剥夺、侵害妇女应当享有的土地承包经营权。

（三）抵押权

【案例7】如何执行抵押的房屋?

2005年4月22日,钟某与刘某签订了《房地产买卖合同》,刘某将市区的一套房屋（建筑面积:249.44平方米）及两个车位出售给钟某,转让价格为150万元,钟某签约当天支付了100万元人民币。因该房屋原已抵押给中国工商银行,刘某始终不予清偿其抵押贷款,导致合同无法继续履行。钟某向仲裁委员会申请继续履行合同,后经调解解除合同,刘某偿还100万元及相关费用给钟某。刘某一直未履行还款义务,钟某于2006年1月向市区人民法院申请执行。

（来源:法律快车 http://wuquan.lawtime.cn/）

【案例分析】

抵押权是指债务人或者第三人不转移财产的占有,将该财产作为债权的担保,债务人未履行债务时,债权人依照法律规定的程序就该财产享有优先受偿的权利。债务人或者第三人为抵押人,债权人为抵押权人,提供担保的财产为抵押财产。

本案中,钟某可以向法院申请查封刘某的房屋,根据《民事诉讼法》的相关规定,人民法院对于可能因当事人一方的行为或者其他原因,使判决不能执行或者难以执行的案件,可以根据对方当事人的申请,作出财产保全的裁定。在实践中,只要申请人提供担保,法院通常都会予以裁定保全。因为刘某的房屋抵押给了中国工商银行,而且每个月都按约还款,没有违约的情况,但是根据《最高人民法院关于人民法院执行工作若干问题的规定（试行）》第四十条的规定:"人民法院对被执行人所有的其他人享有抵押权、质押权或留置权的财产,可以采取查封、扣押措施。财产拍卖、变卖后所得价款,应当在抵押权人、质押权人或留置权人优先受偿后,其余额部分用于清偿申请执行人的债权。"根据该规定,钟某完全有权要求拍卖或变卖该房屋,但必须通知抵押权人,因为《担保法》第四十九条的规定:"抵押期间,抵押人转让已办理登记的抵押物的,应当通知抵押权人并告知受让人转让物已经抵押的情况;抵押人未通知抵押权人或者未告知受让人的,转让行为无效。"

【思考讨论】

1. 钟某是否可以向法院申请查封刘某的房屋?

2. 钟某要求拍卖或变卖该房屋,是否可以不通知刘某?

【法律依据】

《担保法》第四十九条:抵押期间,抵押人转让已办理登记的抵押物的,应当通知抵押权人并告知受让人转让物已经抵押的情况;抵押人未通知抵押权人或者未告知受让人的,转让行为无效。

《最高人民法院关于人民法院民事执行中查封、扣押、冻结财产的规定》第六条:对被执行人及其所扶养家属生活所必需的居住房屋,人民法院可以查封,但不得拍卖、变卖或者抵债。

(四)质权

【案例8】音响归谁所有?

2007年12月1日,张某向李某借款2万元,提出可用一套进口高档音响作为质押,保证次年1月1日一次还本付息。李某遂与其签订书面质押借款合同。合同签订当日,李某将2万元现金交付给张某,同时要求张某向其交付音响。张某称音响现不在其家中,而在郊县母亲家,且交通不便,但保证5日后取来交与李某。李某对此表示同意。12月3日张某又向刘某借款1.5万元,同样提出以该音响作为质押,双方签订了书面合同,并于当日相互交付现金及质物。12月5日李某欲向张某索要音响,却找不到其行踪。12月中旬,李某尚未拿到音响,经多方打听,方知音响已交给刘某作质押,遂找到刘某要音响,刘某拒绝。2008年1月1日借款合同期限届满,李某要求张某归还借款,张某表示现无钱归还,请求宽限3个月。李某遂以张某、刘某为被告诉至法院,要求就该音响变卖的价款优先受偿。

(来源:找法网 http://china.findlaw.cn/)

【案例分析】

质权指债权人与债务人或债务人提供的第三人以协商订立书面合同的方式,移转债务人或者债务人提供的第三人的动产或权利的占有,在债务人不履行债务时,债权人有权以该财产折价、拍卖或者变卖后的价款优先受偿。作为一种担保物权,质权的成立必须符合以下要件:1. 债权人和债务人之间必须以担保债权的实现为目的签订书面的质押合同。2. 质物必须是可转让和可扣留的动产。3. 质物交付质权人占有。

本案中,张某与李某签订的质押借款合同的形式和内容均符合法律的规定,且张某的音响是动产,可转让、扣留,符合质权成立的要件。但是依据法律的规定,质权只有在动产质权的标的物即质物交付时才成立、生效。因而,李某虽与张某签订书面的质押借款合同,但因质物一直未交付,故质押合同虽成立,但是质权并未生效,不受法律保护。故李某对该音响不享有质权。依据上述分析,刘某对该音响依法享有质权,其占有音响是合法的。在张某清偿其债务前,可拒绝他人包括张某对该音响的返还请求。而李某不但对音响不具有质权,而且其与刘某之间又无任何债权债务关系,故无权起诉刘某。但是,依据法律规定,担保合同是主合同的从合同,从合同无效并不影响主合同的效力,因而,张某与李某之间的借款合同有效,张某应清偿李某的借款。

【思考讨论】

1. 李某和刘某谁享有该音响的质权?

2. 张某和李某之间签订的合同是否有效?

【法律依据】

《物权法》第二百零八条第一款:为担保债务的履行,债务人或者第三人将其动产出质给债权人占有的,债务人不履行到期债务或者发生当事人约定的实现质权的情形,债权人有权就该动产优先受偿。

第二百零九条:法律、行政法规禁止转让的动产不得出质。

第二百一十二条:质权自出质人交付质押财产时设立。

(五)留置权

【案例9】谁动了我的西服?

甲商场委托乙服装厂在2009年4月11日前加工100套西服,双方签订了来料加工合同。合同期满后,甲商场未向乙服装厂及时支付加工费2万元。乙服装厂遂将加工的西服留置并给予甲商场两个月的宽限期,期限届满后甲商场仍未支付加工费,乙服装厂将其中的50套西服予以变卖折抵加工费。甲商场以乙服装厂擅自将自己委托加工的西服变卖为由,向济宁仲裁委员会申请仲裁,要求乙服装厂承担违约责任。

甲商场诉称,申请人因暂时的经济困难,未向被申请人及时支付加工费。被申请人未经申请人同意,擅自将加工的100套西服扣押,后又将其中的50套西服予以变卖,违反了双方订立的合同,应承担违约责任。

乙服装厂辩称,申请人在合同期满后未支付加工费,所以被申请人根据《合同法》的相关规定对加工的100套西服进行留置的行为是合法的。被申请人在留置西服后给予申请人两个月的宽限期,期满后,申请人仍未支付加工费,被申请人变卖了50套西服,并以变卖的价款折抵加工费及违约金。被申请人的做法不违反法律规定和合同的约定。

（来源：110 法律咨询网 http://www.110.com/）

【案例分析】

留置权是指债权人按照合同的约定占有债务人的动产,债务人不按照合同约定的期限履行债务的,债权人有权依照法律规定留置财产,以该财产折价或者以拍卖、变卖该财产的价款优先受偿。其成立的条件有:一、债权人占有债务人的财产,是留置权成立及存续的前提条件。二、债权人的债权与债权人占有的财产须有牵连关系,才能成立留置权。三、债务人的债务已到履行期,亦即债权已届清偿期,留置权方能成立,而不问债务人是否构成履行义务迟延(履行义务迟延是留置权行使的条件)。四、无妨碍留置权的情形。

本案的争议焦点在于乙服装厂留置 100 套西服的行为是否合法有效。按照合同约定,甲商场支付加工费的履行期先于乙服装厂的交货日期,在甲商场没有履行交付加工费义务时,乙服装厂行使了留置权,并给予甲商场两个月的宽限期。

根据相关法律规定,乙服装厂将与债权数额相当的西服留置并变卖以实现债权的做法并无不当,不违反法律规定和合同约定。因此仲裁庭裁决认定乙服装厂行使留置权的行为合法有效,不存在违约行为,驳回了甲商场的仲裁请求。

【思考讨论】

1. 商场变卖西服的行为合法吗?

2. 质权与留置权的区别是什么?

【法律依据】

《民法通则》第八十九条第四项:按照合同约定一方占有对方的财产,对方不按照合同给付应付款项超过约定期限的,占有人有权留置该财产,依照法律的规定以留置财产折价或者以变卖该财产的价款优先得到偿还。

《合同法》第二百六十四条:定作人未向承揽人支付报酬或者材料费等价款的,承揽人对完成的工作成果享有留置权,但当事人另有约定的除外。

《物权法》第二百三十条:债务人不履行到期债务,债权人可以留置已经合法占有的债务人的动产,并有权就该动产优先受偿。

第五节 合同

【本节要点】

合同,又称为契约、协议,是当事人之间设立、变更、终止民事关系的协议。依法成立的合同,受法律保护。合同作为一种民事行为,是当事人协商一致的产物,是两个以上的当事人意思表示相一致的协议。只有当事人所作出的意思表示合法,合同才具有法律约束力。依法成立的合同从成立之日起生效,具有法律约束力。合同的解除,是合同有效成立后,因当事人一方或双方的意思表示,使合同关系归于消灭的行为。

合同的类型主要有:买卖合同,是出卖人转移标的物的所有权于买受人,买受人支付价款的合同。赠与合同,赠与人把自己的财产无偿地送给受赠人,受赠人同意接受的合同。承揽合同,承揽人按照定作人的要求完成工作,交付工作成果,定作人给付报酬的合同。行纪合同,行纪人以自己的名义为委托人从事贸易活动,委托人支付报酬的合同。

一、合同的成立与解除

(一)合法

【案例1】违反法律合同无效

1998年9月26日,某区街道办事处委托下属的某企业管理服务站与聂某签订了一份企业承包经营合同。合同约定:发包方某企业管理服务站将下属的某建筑工程公司(含厂房、设备及资质证书、营业执照等有关证件)交给承包方聂某承包经营;承包期自1998年10月12日至2003年9月26日;聂某向发包方上交承包费年均15880元,如不能按照合同规定的时间上交承包费,发包方有权解除合同。聂某承包建筑公司后,利用建筑公司的资质证书、营业执照等向外多次承揽建筑工程,且只向原告上交了承包费5000元。街道办事处多次要求聂某给付拖欠1998年承包费10880元未果,故诉至法院。

(来源:中国法院网 http://www.chinacourt.org/)

【案例分析】

街道办事处与聂某签订的承包合同,违反了《建筑法》关于建筑施工企业不得出借资质证书或允许他人以本企业的名义承揽工程的有关规定。因此,合同内容违法,属无效合同。街道办事处要求聂某给付拖欠的承包费,于法无据,不予支持,已上交的 5000 元承包费,应予追缴。

【思考讨论】

1. 街道办事处与聂某签订的承包合同为何无效?

2. 街道办事处要求聂某给付拖欠的承包费是否合法?

【法律依据】

《建筑法》第二十六条第二款:禁止建筑施工企业超越本企业资质等级许可的业务范围或者以任何形式用其他建筑施工企业的名义承揽工程。禁止建筑施工企业以任何形式允许其他单位或者个人使用本企业的资质证书、营业执照,以本企业的名义承揽工程。

第六十六条:建筑施工企业转让、出借资质证书或者以其他方式允许他人以本企业的名义承揽工程的,责令改正,没收违法所得,并处罚款,可以责令停业整顿,降低资质等级;情节严重的,吊销资质证书。对因该项承揽工程不符合规定的质量标准造成的损失,建筑施工企业与使用本企业名义的单位或者个人承担连带赔偿责任。

(二)要约

【案例2】该广告是要约还是要约邀请?

某电器公司新设分支机构,于 2006 年 9 月 23 日开业,在开业前对外发布开业酬宾广告宣传单,该宣传单上明确"康佳 32 寸液晶一款 2500 元"。当日,郭某在该电器有限公司分店要求按 2500 元的价格购买康佳 32 寸液晶彩电十台遭拒绝,郭某遂就上述意思表示于当日以函件形式告知该电器公司。2006 年 10 月 10 日,郭某又向该电器公司发函要求履行合同,该公司未同意。郭某遂诉至法院,请求判令电器公司履行合同,向郭某交付康佳 32 寸液晶彩电十台。

(来源:找法网 http://liuhuanting.findlaw.cn/)

【案例分析】

要约,是当事人一方向对方发出的希望与对方订立合同的意思表示。本案中,电器公司所发出的广告宣传单的内容,在性质上已属于要约,而非要约邀请,具体理由如下:1. 从当事人的意愿角度来看,电器公司的宣传行为应属于要约的意思表示。2. 从电器公司宣传单的内容看,其已包含了合同的主要条款,已构成要约。3. 从交易习惯上看,也完全可以认定电器公司的宣传单是要约。因为普通民众在购买家电产品时就具体品牌和型号的产品的购买最关注的便是价格,电器公司发布的宣传单正是就具体品牌和型号的产品标明了具体价格,因此才能吸引民众购买。4. 至于要约能不能向不特定的人发出是一个值得探讨的问题。对此,法律给要约设的初始性质为"向特定人发出的意思表示",在表意人没修改这项属性的情况下,向不特定人发出的意思表示暂且认为它不属要约,而是要约邀请。但当表意人以明确而不含糊的方式表明他寄送的商业广告是要约时,则视为要约。因为一个作为具有完全行为能力的人有能力认识到这样会给他带来的法律后果,另一方面这又往往可以提高交易效率,给其带来可观的经济利益。故要约是可以向不特定的人发出的。因此,电器公司应该履行合同。

【思考讨论】

1. 要约的成立条件有哪些?

2. 要约和要约邀请的区别。

【法律依据】

《合同法》第十四条:要约是希望和他人订立合同的意思表示,该意思表示应当符合下列规定:

内容具体确定;

表明经受要约人承诺,要约人即受该意思表示约束。

《合同法》第十五条:要约邀请是希望他人向自己发出要约的意思表示。寄送的价目表、拍卖公告、招标公告、招股说明书、商业广告等为要约邀请。

商业广告的内容符合要约规定的,视为要约。

(三)承诺

【案例3】不可抗力导致承诺延迟到达还是否有效?

A 公司和 B 公司签定一份儿童服装购销合同。A 公司在4月1日发出要约,要求 B 公司在1个月内承诺。B 公司于4月5日收到后即承诺。由于发生洪水导致该地区通讯中断,至5月5日承诺才到达 A 公司。A 公司没有提出疑义。至5月20日,市场上儿童服装价格上涨,B 公司以"市场价格有变,不能执行原合同"为由拒绝履行,而与 C 公司签定了买卖合同。

(来源:根据网络整理)

【案例分析】

承诺指受要约人向要约人所作出的愿意缔结合同意思表示。承诺生效的含义:承诺通知到达要约人时生效。承诺不需要通知的,根据交易习惯或者要约的要求作出承诺的行为时生效。采用数据电文形式订立合同,收件人指定特定系统接收数据电文的,该数据电文进入该特定系统的时间,视为到达时间;未指定特定系统的,该数据电文进入收件人的任何系统的首次时间,视为到达时间。

《合同法》规定,受要约人在承诺期限内发出承诺,按照通常情形能够到达要约人,但因其他原因承诺到达要约人时超过承诺期限的,除要约人及时通知受要约人因承诺超过期限不接受该承诺的以外,该承诺有效。本案中,"发生洪水导致通讯中断"属于不可抗力,虽然承诺到达 A 公司延期,但 A 公司收到承诺后并未提出疑义,因此 B 公司的承诺生效。

【思考讨论】

1. B 公司的承诺是否有效?

2. 有效的承诺必须具备哪些条件?

【法律依据】

《合同法》第十六条:要约到达受要约人时生效。

采用数据电文形式订立合同,收件人指定特定系统接收数据电文的,该数据电文进入该特定系统的时间,视为到达时间;未指定特定系统的,该数据电文进入收件人的任何系统的首次时间,视为到达时间。

第二十六条:承诺通知到达要约人时生效。承诺不需要通知的,根据交易习惯或者要约的要求作出承诺的行为时生效。

采用数据电文形式订立合同的,承诺到达的时间适用本法第十六条第二款的规定。

第二十九条:受要约人在承诺期限内发出承诺,按照通常情形能够及时到达要约人,但因其他原因承诺到达要约人时超过承诺期限的,除要约人及时通知受要约人因承诺超过期限不接受该承诺的以外,该承诺有效。

(四)解除

【案例4】不符合约定是否可以解除合同?

原告姜某与被告某装饰有限公司签订了家庭居室装修工程施工合同,双方约定被告装修原告的一套两居室楼房。工程预算为 2 万元,工期自 1998 年 12 月 24 日至 1999 年 1 月 30 日,原告在开工前三日预付工程款 12000 元。1998 年 12 月 24 日被告组织人员进驻场地开始施工。

在被告施工过程中,原告发现被告所用板材与合同约定不符。1999 年 1 月 8 日原告与被告协商解决工程用料的质量问题,但双方未达成协议。原告要求被告停止施工并起诉到法院,要求解除合同、恢复原状及加倍赔偿工程款 12000 元。

被告同意解除合同,但不同意原告的其他诉讼请求。

(来源:找法网 http://china. findlaw. cn/)

【案例分析】

本案中,原、被告双方签定的家庭居室装饰工程施工合同是合法有效的合同,对于合法有效的合同,双方当事人应本着全面履行和诚实信用的原则去履行。被告违反了该原则,是由于其过错造成该合同不能完全履行,由有过错的当事人即被告依法承担相应的违约责任。原告提出解除合同,被告对这一诉讼请求予与认可,双方意思表示一致,符合协议解除的规定,因此法院支持了这个诉讼请求。原告还要求将房屋恢复原状,法院认为这一诉讼请求是没有法律依据的,而不予以支持。恢复原状是民法上规定的承担民事责任的方式之一,适用于非法损坏他人财物的情况。本案中的合同合法有效,被告对原告的房屋进行装修是合法行为,因此不适用恢复原状这一民事责任形式。而且将屋内装修拆除,必将造成人力物力的极大浪费,这也不符合恢复原状的必要性条件。原告的另一个诉讼请求即要求被告双倍返还已付的工程款12000元,也未被法院认可。12000元工程款是作为预付款由原告支付给被告的。预付款不同于定金,定金是合同的一种担保形式。合同履行后,定金收回或抵作价款。给付定金的一方不履行合同的,无权请求返还定金;接受定金的一方不履行合同的,应当双倍返还定金。预付款是付款方事先支付给对方的货款,它不适用于定金罚则,即本案中原告无权要求被告双倍返还预付款。

【思考讨论】

1. 本案中的合同解除基于什么原则?

2. 原告的要求是否都合理?

【法律依据】

《合同法》第九十四条:有下列情形之一的,当事人可以解除合同:

(一)因不可抗力致使不能实现合同目的;

(二)在履行期限届满之前,当事人一方明确表示或者以自己的行为表明不履行主要债务;

(三)当事人一方迟延履行主要债务,经催告后在合理期限内仍未履行;

(四)当事人一方迟延履行债务或者有其他违约行为致使不能实现合同目的;

(五)法律规定的其他情形。

二、合同的分类

(一)买卖合同

【案例5】作为下线推销人应按从其处领取的门票数给付票款方案

1999 年 3 月,厦门市歌舞团采取"跑票"方式(当地俗称,意为演出团体为推销其演出门票,按一定价格将演出门票承包给承包人予以推销,承包人再向其他推销人员以双方约定的底价推销,其他推销人员以高出底价的方式向社会公众进行销售,高出底价的价款归其所有。因演出的时间确定,故推销人员一经从承包人手中拿到演出门票,当时不能付款的,即视为欠款。推销人员实行的是盈亏自负)销售其演出票。原告熊某作为承包人承包了该歌舞团的演出门票的销售。同月 8 日,被告宋某与原告协商约定,由被告以每张 25 元的价格向原告领取厦门市歌舞团演出门票 196 张,合计票款 4900 元。被告当即向原告出具了"今欠熊某现金肆仟玖佰元整"的欠条。因被告未及时偿还,原告熊某于同年 5 月起诉到信阳市浉河区人民法院,称:在我承包厦门市歌舞团演出门票销售期间,被告向我购票欠款 4900 元,被告一直未付。请求判令被告偿还该欠款。

被告宋某答辩承认购票事实。但称因销路不好,向原告退回了演出门票 106 张;已推销出去的门票,因原告不向其提供正式发票,导致票款难以收回,此责任应由原告承担。被告对其主张退票一事未提供证据;对其主张无正式发票导致票款难以收回一事,提供了某单位的购票凭证复印件一份。

(来源:找法网 http://china.findlaw.cn/)

【案例分析】

民事活动应当遵循诚实信用的原则。本案原、被告双方为实现一定经济目的,明确相互之间的权利义务关系而形成了事实上的债权债务关系。

原告熊某为销售演出门票而发出要约,被告宋某为取得委托事务以外的利益(除门票底价后另外获得的部分)表示承诺,并于领取演出门票的当日出具欠条,因此,双方当事人意思表示真实,债权债务关系成立,债务应当清偿。被告宋某提出的协商退回演出门票之主张,因证据不足,不予支持(待其举证后可另案处理);某单位购票凭证为一般债权证明,并不能证实该票款是否回收或未回收原因系熊某未出具正式发票所致。据此,依照《民法通则》的相关规定,被告宋某应偿付原告熊某欠款 4900 元。

【思考讨论】

1. 应当如何看待这种特殊的买卖合同方式?

2. 分析本案中的债权债务关系。

【法律依据】

《民法通则》第八十四条:债是按照合同的约定或者依照法律的规定,在当事人之间产生的特定的权利和义务关系,享有权利的人是债权人,负有义务的人是债务人。

债权人有权要求债务人按照合同的约定或者依照法律的规定履行义务。

第一百零八条:债务应当清偿。暂时无力偿还的,经债权人同意或者人民法院裁决,可以由债务人分期偿还。有能力偿还拒不偿还的,由人民法院判决强制偿还。

(二)赠与合同

【案例6】赠与合同的效力纠纷

原告曾某与被告王某于1993年结婚,婚后于1994年、1996年分别生育女孩小曾、儿子小王。后因感情破裂,于2006年协议离婚。根据协议第三条约定,共有房屋属原告的一半份额,原告赠与其女儿小曾、儿子小王共同所有。婚姻关系解除后,原告无房居住仍在该房第三层居住。2006年5月26日,被告以原告居住的房屋为其所有为由强行要原告交出房门及大门钥匙,并将原告赶出大门。在原告离开后,被告将大门及房门锁全部换掉,致使原告无法进入该房屋,原告遂诉至法院。

(来源:找法网 http://china.findlaw.cn/)

【案例分析】

赠与合同,是指赠与人把自己的财产无偿地送给受赠人,受赠人同意接受的合同。赠与合同可以发生在个人对国家机关、企事业单位和社会团体以及个人相互之间。赠与的财产不限于所有权的移转,如抵押权、地役权的设定,均可作为赠与的标的。

本案中原告的赠与合同不符合赠与的财产已转移其权利的、赠与合同订立后经公证证明的、赠与合同具有社会公益、道德义务性质这三个限制行使任意撤销权的条件。故原告可以行使赠与合同的撤销权,通过撤销赠与来维护自己对房屋的所有权。

【思考讨论】

1. 原被告签订的离婚协议中约定将原告所有的房屋赠与自己子女,该种行为是否有效?

2. 赠与合同的成立应当具备何种条件?

【法律依据】

《合同法》第一百八十五条:赠与合同是赠与人将自己的财产无偿给予受赠人,受赠人表示接受赠与的合同。

第一百八十六条第一款:赠与人在赠与财产的权利转移之前可以撤销赠与。

第一百八十七条:赠与的财产依法需要办理登记等手续的,应当办理有关手续。

第一百八十八条:具有救灾、扶贫等社会公益、道德义务性质的赠与合同或者经过公证的赠与合同,赠与人不交付赠与的财产的,受赠人可以要求交付。

(三)承揽合同

【案例7】定作人选任承揽人不当应担责

2007年5月17日,河南省永城市龙岗乡龙岗村民委员会(以下简称龙岗村委会)为修路需要大量土方,遂将该项工程承包给菅某。双方签订协议,菅某每拉一方土由龙岗村委会支付9元。菅某接到工程后,便在自己村庄通知曾经和自己一起干活的人,如有人愿意前来拉土,自带车辆,按拉土的土方数进行结算,每车9元,每天结算,来去自由。5月30日18时许,谢某驾驶自己的无牌号改装翻斗车拉土时,因操作不当,将路边的崔某甲、焦某乙撞倒致伤,被送往永城市人民医院治疗。焦某乙住院16天,经诊断为脑震荡、多处软组织损伤,花医疗费1467.82元;崔某甲两次住院共计32天,经诊断为右胫腓骨开放性骨折、左胫骨骨折、口唇粘膜挫裂伤、脑震荡,花医疗费13672.43元、鉴定费100元、交通费210元。6月8日永城市公安交通警察大队调查认定谢某无驾驶资格证,违反交通规则驾驶车辆,负本次事故的全部责任,焦某乙、崔某甲无责任。后因求偿未果,崔某甲、焦某乙向永城市人民法院提起诉讼,以谢某致害、菅某系雇主、龙岗村委会发包时审查失职等理由,要求三被告承担连带赔偿责任。

(来源:110法律咨询网 http://www.110.com/)

【案例分析】

承揽合同,是指承揽人按照定作人的要求完成工作,交付工作成果,定作人给付报酬的合同。在承揽合同中,完成工作并交付工作成果的一方为承揽人;接受工作成果并支付报酬的一方称为定作人。

　　本案中,谢某自带车辆,是否去拉土、何时拉土、一天拉几车等均由其自主决定,菅某不论其拉土时间长短和次数,而是根据其所拉土方数进行结算,每天一次性结付当天的报酬,双方之间不存在监督、管理的关系,不符合雇佣关系的法律特征,而是承揽合同关系,因承揽人在完成工作过程中对第三人造成损害或者造成自身损害的,定作人不承担赔偿责任。但谢某没有驾驶证、车辆系改装,显然不符合从业资格,菅某对此未尽到审查义务,在对承揽人的选任中存在过错,故也应承担一定的赔偿责任。

　　【思考讨论】

　　1. 本案中双方当事人是承揽关系还是雇佣关系?

　　2. 分析承揽合同的成立条件。

　　【法律依据】

　　《关于审理人身损害赔偿案件适用法律若干问题的解释》第九条第二款:前款所称“从事雇佣活动”,是指从事雇主授权或者指示范围内的生产经营活动或者其他劳务活动。雇员的行为超出授权范围,但其表现形式是履行职务或者与履行职务有内在联系的,应当认定为“从事雇佣活动”。

　　《关于审理人身损害赔偿案件适用法律若干问题的解释》第十条:承揽人在完成工作过程中对第三人造成损害或者造成自身损害的,定作人不承担赔偿责任。但定作人对定作、指示或者选任有过失的,应当承担相应的赔偿责任。

　　(四)行纪合同

　　【案例8】合同目的落空双方均无责任

　　2000 年 12 月 27 日,原告与被告口头协商,约定:由被告李某将原告的 12 吨大米运至广东省新丰县何某处,每吨运价 70 元,计运费 840 元(按当地市场价,不带回货款运费为每吨 60 至 65 元,带回货款每吨 70 至 75 元),米款由被告带回。28 日原告将 12 吨大米装上被告的车后,被告出具给原告收条一张。第二天被告与其雇请的司机到达目的地,与收货人何某取得联系,并将大米卸在何某的店内。被告及雇请的司机吃下何某提供的早餐后,昏睡到当日晚上 8 时才苏醒,发现大米和汽车均不知去向。被告即向当地公安机关报案,经当地公安机关追查,将被告的汽车追回,但 12 吨大米至今未查明下落。

　　2001 年 3 月,原告以被告未尽到合同约定的“把货款带回”的责任,属违约行为为由,向法院提起诉讼,要求被告赔偿大米款 19490 元的损失。

被告辩称:其已履行了运输合同的义务,不能带回货款是他人诈骗犯罪所致,责任不在被告。同时提出反诉称:要求原告支付运费及赔偿其因中毒所花费的医疗费用。

(来源:110 法律咨询网 http://lawyer. 110. com/)

【案例分析】

行纪合同中以自己名义为他人从事贸易活动的一方为行纪人,委托行纪人为自己从事贸易活动并支付报酬的一方为委托人。

本案被告作为承运人将原告托运的货物及时、安全地运输到约定地点并交给了指定的收货人,正确、完全履行了承运人的基本义务。被告作为承运人,本没有为原告带回货款的义务,但其在与原告协商时,同意带回货款,即在运输合同以外为自己设定了义务。双方就此内容的约定在性质上属委托合同关系的约定,因此,处理此内容上的纠纷应适用《合同法》关于委托合同的规定。因第三人原因,使被告未能将米款带回,属被告违约,应由被告承担赔偿米款的违约责任,原告的请求应予支持。原告拒付被告运费也属于违反运输合同约定的义务,故被告反诉要求原告支付运费的请求也应予支持。但被告反诉请求原告支付医疗费用,因过错不在原告,故该反诉请求不予支持。

【思考讨论】

1. 分析本案中的合同关系。

2. 原告和被告分别应承担何种责任?

【法律依据】

《合同法》第二百八十八条:运输合同是承运人将旅客或者货物从起运地点运输到约定地点,旅客、托运人或者收货人支付票款或者运输费用的合同。

第四百零七条:受托人处理委托事务时,因不可归责于自己的事由受到损失的,可以向委托人要求赔偿损失。

第六章

刑　法

第一节　刑法的一般性问题

【本节要点】

刑法是规定犯罪、刑事责任和刑罚的法律,是掌握政权的统治阶级为了维护本阶级政治上的统治和经济上的利益,根据自己的意志,规定哪些行为是犯罪并应当负何种刑事责任,给予犯罪人何种刑事处罚的法律规范的总称。

刑法的原则主要有罪刑法定原则,法律明文规定为犯罪行为的,依照法律定罪处刑;法律没有明文规定为犯罪行为的,不得定罪处刑。刑法面前人人平等原则,指任何人犯罪,不分其民族、种族、职业、出身、教育程度、财产状况、职位高低、功劳大小都一律平等地适用法律,都要追究其刑事责任,不允许任何人享有特权。罪责刑相适应原则,刑罚的轻重,应当与犯罪分子所犯罪行和承担的刑事责任相适应。

刑法的效力范围受空间和时间的影响。刑法的空间效力,是指刑法在什么地方和对什么人具有效力,它解决的是国家刑事管辖权的范围问题。刑法的时间效力,最重点的内容在于刑罚的溯及力问题,而在这一问题上,我国采取了从旧兼从轻原则。

一、刑法的基本原则

(一)罪刑法定原则

【案例1】乡村社会中的法律与秩序

1996 年 5 月,江苏省常州市三井乡长沟村妇女朱某与前村妇女吴某因故发生口角和扭打,朱某受伤,用去医疗费 252 元。朱要求吴承担医疗费,吴不肯,村调解主任调解数次,未果。后朱某服毒,并去吴家寻死。朱某死后,其家属结伙前往吴家问罪,并将吴家砸毁。乡、村干部及派出所警员到场制止、劝说,皆无效。死者家属扬言,如果得不到合理解决,将抬尸游行。为平息事态,当地法院派出法官前去解决纠纷,经与双方多次接触,最后由法官提出的调解方案获得接受。该协议内容包括:(1)常家(即朱某夫家)自愿不再要求吴某就朱某之死承担经济责任;(2)吴家自愿不再要求常家就房屋损坏承担任何经济责任;(3)双方争执到1996年5月27日止,不再向对方提出任何要求;(4)吴某在调解协议生效后立即付朱某生前医疗费252元,以示歉意,等等。

(来源:110法律咨询网 http://www.110.com/)

【案例分析】

本案明显违反了刑法中的罪刑法定原则。在民众的普遍认识中,出现人命就等于有了一道金牌,也就是习惯所说的"闹人命"。民众并不关注死亡与行为之间是否存在因果关系,相反的,他们只是根据朴素的正义观念和直观情感觉得必须有人为生命消逝负责。然而,根据国家制定法的逻辑,要追究一个人的刑事责任,必须要求行为与结果之间具有刑法上的因果关系。

本案中,朱某要求吴某承担医疗费,吴不肯。村委会调解数次未果后,朱某服毒前往吴家寻死。这显然是以自杀为手段来宣泄对对方的极端不满情绪。而朱某的家属"理直气壮"地前往吴家兴师问罪,并将吴家彻底砸毁。按照刑法的规则,已然构成了故意毁坏财物罪。

【思考讨论】

1. 双方各构成什么罪行?

2. 如何在乡村社会中树立法律和秩序的意识?

【法律依据】

《刑法》第三条:法律明文规定为犯罪行为的,依照法律定罪处刑;法律没有明文规定为犯罪行为的,不得定罪处刑。

(二)刑法面前人人平等原则

【案例2】王子犯法与庶民同罪

丁某是某自治州银行行长,1990年被人检举贪污受贿,检察院立案侦查,有确凿证据证明丁某贪污、受贿120万。然而,从丁某被采取强制措施开始就有很多人为丁某求情、开脱,还有领导同志说丁某是爬过雪山,参加过解放战争的老革命,没有功劳还有苦劳,功过相抵,从轻处罚算了。检察院、法院的工作人员顶住了来自四面八方的压力,秉公执法,公正审理了丁某一案。

（来源：中国学网 http://xue163.com/）

【案例分析】

检察院、法院的工作人员这样处理丁某一案是完全正确的。我国现行刑法确立的三大原则之一就是刑法面前人人平等,刑法面前人人平等是法律面前人人平等这一基本法律原则在刑法中的具体化。中国有一句俗语叫"王子犯法与庶民同罪",就是说王子与老百姓犯了同样的罪也应当得到相同的处罚。刑法面前人人平等具体分析,就是指任何人犯罪,不分其民族、种族、职业、出身、教育程度、财产状况、职位高低、功劳大小都一律平等地适用法律都要追究其刑事责任,不允许任何人享有特权。法律面前人人平等不仅仅指制定法律条文时立法上的平等,更重要的是,司法机关在适用法律时做到同罪同罚。

本案中的丁某身为老干部,却没能在腐蚀面前保持气节,利欲熏心,利用手中的职权贪污、受贿,已构成了严重的犯罪,应当受到法律的制裁。

【思考讨论】

1. 刑法面前人人平等原则的具体含义。

2. 本案中丁某是否可以将功抵罪?

【法律依据】

《刑法》第四条:对任何人犯罪,在适用法律上一律平等。不允许任何人有超越法律的特权。

（三）罪责刑相适应原则

【案例3】自动取款机盗窃案

许某案,是发生于2007年,2008年判决的中国广州的一桩刑事案件。山西人许某利用银行的ATM取款机发生故障,恶意取款17.5万元人民币。广州市中级人民法院审理后认为,被告许某以非法侵占为目的,伙同同案人采用秘密手段,盗窃金融机构,数额特别巨大,行为已构成盗窃罪,遂判处无期徒刑,剥夺政治权利终身,并处没收个人全部财产。许某随后提出上诉,2008年3月,广州市中级人民法院认定许某犯盗窃罪,判处有期徒刑5年。许某再度上诉,2008年5月,广东省高级人民法院二审驳回上诉,维持原判。

（来源：法邦网 http://lawyer.fabao365.com/）

【案例分析】

自2007年12月广州市中级人民法院判决许某"无期徒刑"之后,就开始引发强烈的社会关注。在公众的普遍认识中,一审判决对许某的犯罪行为、刑事责任和应受到的刑事处罚的判定是不合情理的。二审认为许某仍属盗窃金融机构,数额特别巨大,依法本应适用"无期徒刑或者死刑,并处没收财产"的刑罚。但鉴于许某是在发现银行自动柜员机出现异常后产生犯意,采用持卡窃取金融机构经营资金的手段,其行为与有预谋或者采取破坏手段盗窃金融机构的犯罪有所不同。从案发具有一定偶然性看,许某犯罪的主观恶性尚不是很大。根据本案具体的犯罪事实、犯罪情节和对于社会的危害程度,认定许某犯盗窃罪,判处有期徒刑五年。此次判决充分考虑了法律效果与社会效果的统一,对许某予以从宽处罚。尽管许某案仍旧存在一些争议问题,但无可厚非的是,罪责刑相适应原则已经开始在公众意识中发挥作用。

【思考讨论】

1. 罪责刑相适应原则的具体含义。

2. 许某盗窃罪为何属于盗窃金融机构?

【法律依据】

《刑法》第六十三条第二款:犯罪分子虽然不具有本法规定的减轻处罚情节,但是根据案件的特殊情况,经最高人民法院核准,也可以在法定刑以下判处刑罚。

第六十四条:犯罪分子违法所得的一切财物,应当予以追缴或者责令退赔;对被害人的合法财产,应当及时返还;违禁品和供犯罪所用的本人财物,应当予以没收。没收的财物和罚金,一律上缴国库,不得挪用和自行处理。

第二百六十四条:盗窃公私财物,数额较大或者多次盗窃的,处三年以下有期徒刑、拘役或者管制,并处或者单处罚金;数额巨大或者有其他严重情节的,处三年以上十年以下有期徒刑,并处罚金;数额特别巨大或者有其他特别严重情节的,处十年以上有期徒刑或者无期徒刑,并处罚金或者没收财产。有下列情形之一的,处无期徒刑或者死刑,并处没收财产:

(一)盗窃金融机构,数额特别巨大的;

(二)盗窃珍贵文物,情节严重的。

二、刑法的效力范围

(一)空间效力

【案例4】无国籍毒贩被我公安机关抓获

阮某,系无国籍人,组织武装控制了缅甸边境一些地方种植罂粟,建立毒品加工厂,并将毒品销往北美国家。后阮某进入我国境内旅游观光,被我公安机关抓获。

（来源：百分百考试网 http://www.100ksw.com/）

【案例分析】

我国法院有权对阮某案行使刑事管辖权。本案涉及到刑法的空间效力问题。所谓刑法的空间效力,是指刑法在什么地方和对什么人具有效力,它解决的是国家刑事管辖权的范围问题。解决刑事管辖权的范围问题采取的原则,主要有以下几种:(1)属地原则。该原则以地域为标准,凡是发生在本国领域内的犯罪,不论犯罪人是本国人还是外国人,均适用本国刑法。(2)属人原则。该原则以人的国籍为标准,凡是本国公民,无论在本国领域内还是在领域外犯罪,都适用本国刑法。(3)保护原则。该原则以侵害的对象是否是本国国家或公民的利益为标准,凡是侵害本国国家或公民的利益的,无论犯罪发生在本国领域内还是领域外,也不论犯罪人是本国人还是外国人,均适用本国刑法。(4)普遍管辖原则。该原则以保护国际社会共同利益为标准,凡是侵害了为国际公约、条约规定所维护的各国共同利益的,无论犯罪人是本国人还是外国人,也不论犯罪发生在本国领域内还是领域外,均适用本国刑法。

【思考讨论】

1. 我国法院是否有权对阮某案行使刑事管辖权?

2. 刑法的空间效力适用情形都有哪些?

【法律依据】

《刑法》第六条:凡在中华人民共和国领域内犯罪的,除法律有特别规定的以外,都适用本法。

凡在中华人民共和国船舶或者航空器内犯罪的,也适用本法。

犯罪的行为或者结果有一项发生在中华人民共和国领域内的,就认为是在中华人民共和国领域内犯罪。

第七条:中华人民共和国公民在中华人民共和国领域外犯本法规定之罪的,适用本法,但是按本法规定的最高刑为三年以下有期徒刑的,可以不予追究。

中华人民共和国国家工作人员和军人在中华人民共和国领域外犯本法规定之罪的,适用本法。

第八条:外国人在中华人民共和国领域外对中华人民共和国国家或者公民犯罪,而按本法规定的最低刑为三年以上有期徒刑的,可以适用本法,但是按照犯罪地的法律不受处罚的除外。

第九条:对于中华人民共和国缔结或者参加的国际条约所规定的罪行,中华人民共和国在所承担条约义务的范围内行使刑事管辖权的,适用本法。

（二）时间效力

【案例5】胡某等人抢劫案

1991年8月18日晚,被告人胡某伙同三人商量去搞点钱用。当晚,四人分乘两辆摩托车窜至某村,敲开被害人晏某、晏小某兄弟俩的房门,被告人胡某及其同伙蒙面、持刀进入室内,问晏某、晏小某要钱,当他们兄弟俩说没有钱时,便在房内进行搜寻,后搜得现金3710元,1990年国库券60元,照相机一部,手表二块,臂力器一根。临走时,还将晏某、晏小某用绳子捆绑起来嘴里塞上毛巾,然后逃离现场。2002年11月27日被告人胡某被抓获,后被认定为犯抢劫罪,判处有期徒刑十年。

（来源:110法律咨询网 http://www.110.com/）

【案例分析】

被告人胡某以非法占有为目的,伙同他人采取暴力手段,抢劫作案一次,劫得现金3710元及国库券等,其行为构成抢劫罪。因本案的行为是发生在1991年,应根据《刑法》第十二条的有关规定,按从旧兼从轻的原则进行处罚。被告人胡某等人蒙面持刀入室,抢劫现金3710元及其它物品,虽不应以入户抢劫或数额巨大来定罪量刑,但考虑本案犯罪情节恶劣,社会影响较大,应从重处罚。故作出如上判决。

在刑法的时间效力问题上,最重点的内容在于刑罚的溯及力问题,而在这一问题上,我国采取了从旧兼从轻原则。从旧兼从轻原则适用于案件的审理阶段,对判决生效后的执行阶段不适用。新法原则上不具有溯及力,除非新的法律不认为是犯罪、或者新的法律对原罪行规定的处罚较轻,此时就应当按新的法律对原罪行进行评价。

【思考讨论】

1. 审理本案,应当以现行《刑法》还是1979年《刑法》为依据?

2. 刑法的时间效力适用情形都有哪些?

【法律依据】

《刑法》第十二条:中华人民共和国成立以后本法施行以前的行为,如果当时的法律不认为是犯罪的,适用当时的法律;如果当时的法律认为是犯罪的,依照本法总则第四章第八节的规定应当追诉的,按照当时的法律追究刑事责任,但是如果本法不认为是犯罪或者处刑较轻的,适用本法。

《刑法》(1979 年)第二十二条:为了犯罪,准备工具、制造条件的,是犯罪预备。

对于预备犯,可以比照既遂犯从轻、减轻处罚或者免除处罚。

第二节　犯罪及犯罪构成要件

【本节要点】

犯罪根据其特征进行把握,特征主要有:严重的社会危害性、刑事违法性、应受刑罚惩罚性。

犯罪的构成要件主要有:犯罪客体,我国刑法所保护的,而为犯罪行为所侵犯的社会关系。犯罪主体,实施危害社会的行为、依法应当负刑事责任的自然人和单位。犯罪客观方面,刑法规定的,说明行为对刑法所保护的社会关系的侵害,而为构成犯罪所必须具备的客观事实条件,主要有故意和过失两种形态。

一、犯罪的特征

【案例1】全国第一例"安乐死",罪与非罪?

1984 年 10 月,陕西汉中人夏某被诊断为"肝硬变腹水"。1986 年 6 月 23 日,汉中市传染病医院给患者家属发了病危通知书,表示治疗无望。夏某因疼痛难忍,表示想死。6 月 26 日,夏某之子王某在院长证实其母获救无望的情况下,要求给其母实施"安乐死"遭到拒绝。6 月 28 日,王某及其妹又要求医院住院部肝炎科主任蒲某实施"安乐死"。在王某及其妹表示承担一切责任的情况下,蒲某给夏某开了 100 毫克冬眠灵处方,在处方上注明"家属要求安乐死",并让王某签了名。夏某被注射冬眠灵后于 6 月 29 日凌晨 5 时死去。

(来源:人民网 http://www.people.com.cn/)

【案例分析】

犯罪的特征指具有严重的社会危害性、刑事违法性、应受刑罚惩罚性。首先,从刑事违法性角度来看,我国许多学者对安乐死表示了赞同的态度,认为安乐死是一种最为优化的死亡方式,体现了人道主义,但是所有这些并不能排除安乐死对公民生命权的侵害性。正如人们常说的"大义灭亲",为了正义而杀人或许能从道德上得到世人的同情,因为其动机是善的,但行为本身确是对社会有害的,是法律所不允许的。其次,从严重的社会危害性角度来讲,近年来人口老龄化问题日愈凸显,城乡生活水平不均衡,医疗保障不能满足社会需求,使得安乐死合法化存有很大弊端甚至成为一些人实施合法杀人的借口。此外,安乐死的危害性还表现在,推卸国家与社会的医疗、救治和关护责任,贬损人的尊严和生命价值。最后,从应受刑罚惩罚性的角度看,任何违法行为都要承担相应的法律后果,安乐死亦不例外。

【思考讨论】

1. 如何看待安乐死?

2. 王某应承担何种法律责任?

【法律依据】

《刑法》(1979年)第十三条:一切危害国家主权、领土完整和安全,分裂国家、颠覆人民民主专政的政权和推翻社会主义制度,破坏社会秩序和经济秩序,侵犯国有财产或者劳动群众集体所有的财产,侵犯公民私人所有的财产,侵犯公民的人身权利、民主权利和其他权利,以及其他危害社会的行为,依照法律应当受刑罚处罚的,都是犯罪;但是情节显著轻微危害不大的,不认为是犯罪。

二、犯罪客体

【案例2】犯罪客体的划分

在1979年《刑法》中,所有诈骗犯罪的直接客体都是简单客体,因为《刑法》将所有的诈骗犯罪都规定在诈骗罪一罪之中,而诈骗罪只须行为直接侵犯了财产所有权即可成立。1997年《刑法》将部分特殊的诈骗犯罪从诈骗罪中分离出来,单独规定为一种犯罪,这样,某些诈骗犯罪的直接客体就变成了复杂客体,因为《刑法》规定这些诈骗犯罪必须侵犯两种以上的合法权益才能成立。合同诈骗罪的犯罪客体就属于这种情形,即属于复杂客体。某种行为只有同时侵犯财产所有权和合同管理制度,才构成合同诈骗罪。

(来源:根据网络整理)

【案例分析】

犯罪客体,我国刑法所保护的,而为犯罪行为所侵犯的社会关系。《刑法》所保护的权益一旦受到犯罪行为的侵犯,就成为犯罪客体。正如本案例中所提到的合同诈骗罪,本罪侵犯的客体为复杂客体,既侵犯了合同他方当事人的财产所有权,又侵犯了市场秩序。合同亦称契约,是指当事人之间为实现一定目的,明确相互权利和义务的协议。合同是商品交换关系在法律上的表现形式,合同法律制度则集中体现和反映了商品经济关系发展的内在要求和一般规则,为商品交换提供了基本的行为模式。合同诈骗,直接使他方当事人的财产减少,侵害了他方当事人的所有权,同时,合同诈骗对于社会主义市场交易秩序和竞争秩序造成了极大的妨害,本条从诈骗罪中分离出来,名定为合同诈骗罪,有利于打击合同诈骗的活动。

【思考讨论】

1. 如何对犯罪客体进行分类?

2. 构成犯罪所必须具备的客观事实条件都有哪些?

【法律依据】

《刑法》第二百二十四条:有下列情形之一,以非法占有为目的,在签订、履行合同过程中,骗取对方当事人财物,数额较大的,处三年以下有期徒刑或者拘役,并处或者单处罚金;数额巨大或者有其他严重情节的,处三年以上十年以下有期徒刑,并处罚金;数额特别巨大或者有其他特别严重情节的,处十年以上有期徒刑或者无期徒刑,并处罚金或者没收财产:

(一)以虚构的单位或者冒用他人名义签订合同的;

(二)以伪造、变造、作废的票据或者其他虚假的产权证明作担保的;

(三)没有实际履行能力,以先履行小额合同或者部分履行合同的方法,诱骗对方当事人继续签订和履行合同的;

(四)收受对方当事人给付的货物、货款、预付款或者担保财产后逃匿的;

(五)以其他方法骗取对方当事人财物的。

第二百六十六条:诈骗公私财物,数额较大的,处三年以下有期徒刑、拘役或者管制,并处或者单处罚金;数额巨大或者有其他严重情节的,处三年以上十年以下有期徒刑,并处罚金;数额特别巨大或者有其他特别严重情节的,处十年以上有期徒刑或者无期徒刑,并处罚金或者没收财产。本法另有规定的,依照规定。

三、犯罪主体

(一)自然人的刑事责任能力

【案例3】未满十六周岁的人参与绑架杀人是否该负刑事责任?

2000年12月初,梁某甲听闻本村村民梁某乙在香港中了"六合彩",遂产生绑架梁某乙的儿子(10岁)向其勒索的恶念。同月中旬,梁某甲先找到孙某(1985年

3月9日出生），提出绑架梁某乙的儿子后将其杀死，再向其家人勒索，钱到手后到外地办工厂，孙某表示同意。后梁某甲因与梁某乙是同村人，怕被人认出，又找到罗某，对罗某说准备绑架梁某乙的儿子，要罗某帮忙收钱，钱到手后共分。罗某表示同意。同月28日6时40分左右，梁某甲驾驶摩托车载着孙某跟踪梁某乙的儿子上学。见到梁某乙的儿子单身一人，便开摩托车追上他，以其奶奶得病住进了医院为由，要送他到医院探望，把梁某乙的儿子骗到该镇某铸造厂厂房内。紧接着，梁某甲、孙某一起进入到厂房，用枕头封口鼻、砖块打后脑将梁某乙的儿子杀死后，将其尸体放进厂房一个弃置的灶内。当日10时许，梁某甲传呼罗某，告知人质已经绑架，叫其打电话向梁某乙的家人勒索人民币100万元。因梁某乙的家人向公安机关报案而未得逞。2001年1月，三名犯罪嫌疑人先后被公安机关抓获。

（来源：找法网 http://china.findlaw.cn/）

【案例分析】

犯罪主体，指实施危害社会的行为、依法应当负刑事责任的自然人和单位。本案三名被告人共同实施的犯罪行为，已构成了犯罪。但对已满十四周岁而未满十六周岁的被告人孙某的行为应否负刑事责任，则有两种不同意见：第一种意见认为：孙某在已满十四周岁不满十六周岁时参与绑架并杀害被绑架人，构成了绑架罪。但根据《刑法》相关规定，"已满十四周岁不满十六周岁的人，犯故意杀人、故意伤害致人重伤或者死亡、强奸、抢劫、贩卖毒品、放火、爆炸、投毒罪的，应当负刑事责任"，其范围不包括绑架罪，按照"罪刑法定"原则，孙某不负刑事责任。第二种意见认为：孙某在已满十四周岁不满十六周岁时参与实施绑架并杀害被绑架人，其行为实质上是由绑架和故意杀人两种构成。孙某的故意杀人行为应负刑事责任，以故意杀人罪定罪量刑。

本案中孙某最终以故意杀人罪被判处刑罚。其原因在于，前文中提到已满十四周岁不满十六周岁的人应负刑事责任范围的统一标准，只是犯罪行为本身，而不是那几种具体罪名。故孙某的行为依然构成故意杀人。其次，在本案中的被告人孙某，在被告人梁某甲提出绑架梁某乙的儿子后杀死，再向梁某乙家勒索的事后，应该意识到自己行为的性质、后果、意义和作用，即对自己行为应该认识到是犯罪行为，剥夺他人生命必将受到法律制裁的这种辨认能力。在这种意识下，孙某可以自己的意志去支配自己实施或不实施绑架杀人行为，即可以通过自己的意志控制自己的行为。孙某在这个年龄阶段从犯意到参与绑架杀人的行为已经有很明确的故意杀人,孙某具备了辨认、控制能力,也就具备了刑事责任能力。

【思考讨论】

1. 未满十六周岁的人参与绑架杀人是否应负刑事责任?

2. 本案应以何罪处罚?

【法律依据】

《刑法》第十七条第二款:已满十四周岁不满十六周岁的人,犯故意杀人、故意伤害致人重伤或者死亡、强奸、抢劫、贩卖毒品、放火、爆炸、投毒罪的,应当负刑事责任。

(二)单位犯罪

【案例4】单位也能犯罪吗?

某石油公司近年来成为远近闻名的优秀企业,职工的福利待遇也是令人称道。直到1997年8月,该公司被发现设立账外账偷税。

1996年2月间,公司经理周某在召开的公司业务会上,研究石油以销计酬,挂钩销售事宜时,决定由石油公司运输各类成品油给下属各加油站销售,不开销售发票,由公司业务股统一核算结账,并用收款收报和公刮的增值税提货单收款作为公司账外经营收入记载的方法,达到账外偷税的目的。该决定作出后,该石油公司从1996年5月至1997年1月间,在从事汽油、柴油、煤油的销售活动中,设立账外账,将部分汽油、柴油、煤油的销售收入不通过公司的财务进行核算,而是账外另设经营账,隐匿成品油销售收入134.9万多元,不向国家税务机关申报纳税,从中偷税9.8万元。

1997年8月,税务机关在查账中发现了该石油公司偷税的事实。经检察机关立案侦查,查实该公司偷逃税的犯罪事实后,向人民法院提起公诉,人民法院审理后,认定该石油公司构成偷税罪,判处罚金7万元;判处直接责任人周亮有期徒刑4年。

(来源:找法网 http://china.findlaw.cn/)

【案例分析】

单位犯罪是指公司、企业、事业单位、机关、团体实施的危害社会的行为。认定单位犯罪,必须同时具备以下条件:1. 单位犯罪的主体是公司、企业、事业单位、机关、团体,个体户不能构成单位犯罪主体;2. 单位犯罪的主观目的大多是为本单位牟取非法利益,少数负责人以单位名义为自己牟利而实施的犯罪不构成单位犯罪;3. 客观上表现为经单位集体决定或者由负责人决定实施。

本案中,某石油公司为少交税款,由公司法定代表人、经理周亮提出并经公司业务会集体研究作出决定,由石油公司实施设立账外账,偷税9.8万元的行为,显然构成了单位犯罪。对单位犯罪的处罚与自然人犯罪有很大差别,因不能对单位施以限制其人身自由的手段加以处罚,故对单位犯罪的,一般是对单位判处罚金。又因直接责任人难辞其咎,所以对直接责任人判处刑罚。这样,单位犯罪的处罚是双罚制,既对单位处以罚金,又对自然人处以刑罚。所以本案最终判处石油公司罚金7万元,直接责任人周亮有期徒刑4年。

【思考讨论】

1. 单位也可以犯罪吗?

2. 双罚制是指什么?

【法律依据】

《刑法》第三十条:公司、企业、事业单位、机关、团体实施的危害社会的行为,法律规定为单位犯罪的,应当负刑事责任。

第三十一条:单位犯罪的,对单位判处罚金,并对其直接负责的主管人员和其他直接责任人员判处刑罚。本法分则和其他法律另有规定的,依照规定。

四、犯罪主观方面

(一)故意

【案例5】女子为工作陪老板连喝四场酒身亡

一次偶然的机会小梅和包河区一娱乐会所的老板胡某相识。她向胡某表达想去会所工作,胡某要求小梅到他位于蜀山区的家中陪他喝酒,以测试她能否胜任这份工作。某年6月的一天中午,小梅来到胡某家中,胡某炒了几个菜,邀请小梅一起吃饭。胡某要求小梅喝酒,小梅只得开喝,据胡某事后交代,中午小梅喝了2两他泡制的药酒,已经有些醉意,便躺在沙发上休息。但随后,又被胡某喊起来,继续喝酒。晚饭时间,会所的一些员工也被胡某邀请来到家中吃饭,于是胡某又要求小梅陪酒。这一次,小梅又喝下了大约3两药酒。后来,这些员工们都走了,只剩下小梅晕乎乎地继续呆在胡某家中,于是二人休息了一会儿后继续吃饭、喝酒。胡某称,小梅当日大约共计喝了七八两药酒。

这一次喝完,小梅已经呕吐不止,意识也已经模糊。晚上7时,胡某找来两名员工照顾小梅,将她擦洗好扶到床上休息。

小梅的朋友因为小梅从中午离开后就一直没了消息,不断地拨打她的电话。

胡某接了电话,表示小梅在他家,让小梅的朋友来家中接她。随后将小梅扶到沙发上,等待其朋友的到来。但等到当晚8:40左右,小梅朋友赶到才发现,此时小梅已经没有了呼吸,经抢救无效死亡。

(来源:中国青年网 http://d. youth. cn/)

【案例分析】

犯罪主观方面,指《刑法》规定的成立犯罪所必须具备的行为人对自己实施的危害社会的行为及其危害结果所持的心理态度。

本案中警方认为,胡某在小梅明确表示不能饮酒的情况下,仍不断让其饮酒,未能将她及时送医救治,放任其死亡的结果发生,对于其死亡持有间接故意,构成故意杀人罪。

【思考讨论】

1. 直接故意犯罪与间接故意犯罪的不同之处?

2. 故意犯罪的情形都有哪些?

【法律依据】

《刑法》第十四条:明知自己的行为会发生危害社会的结果,并且希望或者放任这种结果发生,因而构成犯罪的,是故意犯罪。

故意犯罪,应当负刑事责任。

(二)过失

【案例6】无证摩托车主强行冲卡撞死交警被判六年

2006年7月24日上午,蒋某某无证驾驶无牌照两轮摩托车到江苏省溧阳市打工,行至广德县至邱村下寺路段 S230线17公里700米处时,发现有交警巡查,广德县公安局交警大队邱村中队指导员王某某站在公路上向蒋某某打手势,示意其停车接受检查。蒋某某为逃避检查,高速驾驶摩托车欲强行冲卡,并打方向欲避开王某某。王某某见对方车速过快,于是避让,但因双方让到同一侧,高速行驶的摩托车将王某某撞倒在地,致其当场死亡。

(来源:法律快车 http://www. lawtime. cn/)

【案例分析】

疏忽大意的过失,是指行为人应当预见自己的行为可能发生危害社会的结果,因为疏忽大意而没有预见,以致发生了这种危害结果的心理态度。又称无认识过失,"不意误犯谓之失"。过于自信的过失,又叫"有认识的过失",是指行为人已经预见自己的行为可能发生危害社会的结果,但轻信能够避免以致发生这种结果的心理态度。过于自信的过失的特征表现为认识特征和行为特征,认识特征表现为行为人已经预见到自己的行为可能发生危害社会的结果,同时又轻信能够避免危害结果的发生。意志特征表现为行为人既不希望也不放任危害结果的发生,即危害结果的发生是违背行为人的意志的。行为人往往会根据自己的认识,采取一定的阻止危害结果发生的措施。

本案涉及过失犯罪中过于自信的类型。被告人蒋某某应当预见自己驾驶摩托车强行冲卡的行为可能会撞到正在路上检查的交警,然而轻信能够避免,致使车辆撞倒执勤交警王某某,致其当场死亡,其行为已构成过失致人死亡罪。

【思考讨论】

1. 过失致人死亡罪的构成要件。

2. 过失犯罪的类型及区别。

【法律依据】

《刑法》第十五条:应当预见自己的行为可能发生危害社会的结果,因为疏忽大意而没有预见,或者已经预见而轻信能够避免,以致发生这种结果的,是过失犯罪。

过失犯罪,法律有规定的才负刑事责任。

第三节　犯罪停止形态

【本节要点】

犯罪形态是指故意犯罪在其发生、发展和完成的过程中的各个阶段,因主客观原因而停止下来的各种犯罪形态。

犯罪形态主要有:犯罪既遂,以着手实行的行为是否具备某一犯罪的全部构成要件作为既遂与未遂区分的标志。犯罪预备,故意犯罪过程中未完成犯罪的一种停止状态,是指行为人为实施犯罪而开始创造条件的行为,由于行为人意志以外的原因而未能着手犯罪实行行为的犯罪停止形态。犯罪未遂,行为人已经着手实行具体犯罪构成的实行行为,由于其意志以外的原因而未能完成犯罪的一种犯罪停止形态。犯罪中止,在犯罪过程中,行为人自动放弃犯罪或者自动有效地防止犯罪结果发生,从而未完成犯罪的一种犯罪停止形态。

一、犯罪既遂

【案例1】盗窃支票购买物品未提货是否构成盗窃罪?

被告人赵某于1991年5月27日23时许,翻窗进入某校财务室撬开办公室抽屉,盗窃空白转账支票一张,并偷盖上印鉴,又在两张空白信笺上偷盖了校财务专用章。次日,被告人赵某伪造证明,用所盗窃的支票,到昆明市利民五金电器一门市部,购买索尼放像机2台,G30放像机4台,倒带机1台,小型彩色电视机1台,空白录音带20盘,清洗带5盘,录像带5盘,对录线2套,打火机2个,价值22290元。因当天系星期天,银行不进账,需次日进账方能提货,被告人赵某回家后思想斗争异常激烈,感到事情严重,第二天未去提货。法院判决认为赵某的行为已经构成盗窃罪,应依盗窃罪依法论处。

(来源:找法网 http://china.findlaw.cn/)

【案例分析】

犯罪既遂就是指行为人所故意实施的行为已经具备了某种犯罪构成的全部要件。确认犯罪是否既遂,应以行为人所实施的行为是否具备了《刑法》所规定的某一犯罪的全部构成要件为标准,而不是以犯罪目的达到或者以犯罪结果发生作为犯罪既遂的标准。有些犯罪,行为人实施犯罪后虽然没有达到犯罪目的,但在法律上已完全具备了具体犯罪构成的要件,应为犯罪既遂而不是未遂。犯罪既遂是犯罪的主体、主观方面、客观方面、客体四个方面的构成要件全部具备的形态,缺一不可,只能以此才能确定某一犯罪是否既遂,也是犯罪既遂与未遂的唯一标准。

本案中,赵某的行为已经具备了构成犯罪的全部要件,应当依盗窃罪论处。

【思考讨论】

1. 怎样认定犯罪既遂?

2. 犯罪既遂的构成要件有哪些?

【法律依据】

《刑法》第二百六十四条:盗窃公私财物,数额较大的,或者多次盗窃、入户盗窃、携带凶器盗窃、扒窃的,处三年以下有期徒刑、拘役或者管制,并处或者单处罚金;数额巨大或者有其他严重情节的,处三年以上十年以下有期徒刑,并处罚金;数额特别巨大或者有其他特别严重情节的,处十年以上有期徒刑或者无期徒刑,并处罚金或者没收财产。

二、犯罪预备

【案例2】李某的行为是强奸未遂还是强奸预备？

2005年5月4日夜12时许，被告人李某跳墙进入本村妇女赵某某家中，意欲对其强奸，用事先准备好的尖刀拨开屋门，进入客厅，正在卧室睡觉的赵某某听到响声开灯询问"谁"，被告人李某逃跑。

2005年5月8日夜12时许，被告人李某酒后到本村卜某某家，意欲对其强奸，便采用同样手段进入客厅，正在卧室睡觉的卜某某发现有人即呼喊，被告人李某逃出屋外恰被下班进家的丈夫杜某某抓获，遂向公安机关报案。

（来源：110法律咨询网 http://www.110.com/）

【案例分析】

犯罪预备，故意犯罪过程中未完成犯罪的一种停止状态，是指行为人为实施犯罪而开始创造条件的行为，由于行为人意志以外的原因而未能着手犯罪实行行为的犯罪停止形态。被告人行为构成强奸预备，理由是：在本案中，被告人未作出涉及强奸罪客观方面使用暴力或威胁，违背妇女意志与之发生性关系的行为。被告人李某的行为都是在为进一步实施犯罪制造条件，但其未接触到被侵害对象即被害人也就是还未着手实施犯罪，应视为强奸预备。

强奸罪，是指违背妇女意志，使用暴力胁迫或者其他手段，强行与妇女发生性交的行为。对于强奸罪的实行着手行为就是对被害妇女实施暴力、威胁等手段，以达到强行奸淫的目的。本案中，被告人拨门进入到被害妇女家中是为强奸犯罪的实行和犯罪的完成创造便利条件，为其实现创造可能性，故被告人李某的犯罪行为停止在犯罪预备阶段，尚未接触到被害人这一特殊对象，未来得及针对具体被害人实施暴力、胁迫等强行手段，其行为应认定为犯罪预备。

【思考讨论】

1. 犯罪预备的特征。

2. 犯罪预备和犯罪未遂的区别是什么？

【法律依据】

《刑法》第二十二条：为了犯罪，准备工具、制造条件的，是犯罪预备。

对于预备犯，可以比照既遂犯从轻、减轻处罚或者免除处罚。

第二十三条：已经着手实行犯罪，由于犯罪分子意志以外的原因而未得逞的，是犯罪未遂。

对于未遂犯,可以比照既遂犯从轻或者减轻处罚。

第二百三十六条第一款:以暴力、胁迫或者其他手段强奸妇女的,处三年以上十年以下有期徒刑。

三、犯罪未遂

【案例3】故意杀人抢劫犯罪未遂

被告人李某抢走被害人的财物后,用绳子猛勒被害人脖子致其昏迷。被告人以为被害人已死,便将其扔到汽车后备箱中,发现被害人没死后,先后用石头砸被害人的头部,用小剪刀刺其喉部、手臂致其再次昏迷。被告人恐被害人没死,又购买了1把水果刀,捅刺被害人的腹部,因刀柄折断而未能得逞。被告人认为被害人命大,才被迫放弃杀人的想法,送被害人去医院。

(来源:110 法律咨询网 http://lawyer.110.com/)

【案例分析】

犯罪未遂,行为人已经着手实行具体犯罪构成的实行行为,由于其意志以外的原因而未能完成犯罪的一种犯罪停止形态。

本案被告人在用绳子猛勒被害人脖子致其昏迷后,发现被害人没死,又先后多次重复实施杀害行为,已造成了伤害后果,其非完全自动放弃杀人的想法。因此,被告人在实施故意杀人犯罪的过程中由于意志以外的原因而未得逞,应认定为犯罪未遂。犯罪未遂的的特征在于,行为人已经开始实施《刑法》具体犯罪构成要件中的实行行为,犯罪未完成而停止下来是犯罪分子意志以外的原因所致,应以"足以阻止犯罪意志的原因"作为认定犯罪分子"意志以外原因"的标准。

【思考讨论】

1. 犯罪未遂的特征有哪些?

2. 犯罪未遂与犯罪中止的区别是什么?

【法律依据】

《刑法》第二十三条:已经着手实行犯罪,由于犯罪分子意志以外的原因而未得逞的,是犯罪未遂。对于未遂犯,可以比照既遂犯从轻或者减轻处罚。

四、犯罪中止

【案例4】刘某的行为是强奸未遂还是犯罪中止？

2007年12月4日凌晨3时许，被告人刘某在回家的途中，见骑自行车过来两人。被告人刘某顿生歹意，将坐在后面的张某从自行车上拽下，按翻在地，欲行强奸，被害人张某认出刘某后，说"我认识你，你要敢，我就报案"，刘某闻言遂起身逃走，强奸未成。

（来源：赣州法院网 http://gzzy.chinacourt.org/）

【案例分析】

犯罪中止，在犯罪过程中，行为人自动放弃犯罪或者自动有效地防止犯罪结果发生，而未完成犯罪的一种犯罪停止形态。

本案中被告人刘某在对被害人张某采取暴力手段实施奸淫过程中，听到被害人说"我认识你，你要敢，我就报案"的话语之后，慑于法律的威严，惧怕被害人告发后受到惩罚而自动放弃犯罪，停止继续作案，未使犯罪结果发生。从而可以看出被告人刘某放弃犯罪，是由其主观意志所决定的，所以本案应认定为"犯罪中止"。

【思考讨论】

1. 犯罪中止的特征有哪些？

2. 犯罪中止和犯罪未遂的区别是什么？

【法律依据】

《刑法》第二十四条：在犯罪过程中，自动放弃犯罪或者自动有效地防止犯罪结果发生的，是犯罪中止。

对于中止犯，没有造成损害的，应当免除处罚；造成损害的，应当减轻处罚。

第四节 排除社会危害性行为、共同犯罪和罪数

【本节要点】

排除社会危害性行为主要分为两种，即：正当防卫，为了使国家、公共利益、本人或者他人的人身、财产和其他权利免受正在进行的不法侵害，对不法侵害人所实施的制止其不法侵害且未明显超过必要限度的反击行为。紧急避险，为了使国家、公共利益、本人或者他人人身、财产和其他权利免受正在发生的危险，不得已

损害另一较小合法权益以保全较大的合法权益的行为。

共同犯罪,二人以上共同故意犯罪。二人以上共同过失犯罪,不以共同犯罪论处,应当负刑事责任的,按照他们所犯的罪分别处罚。

罪数主要分为:一罪的类型,主要是根据犯罪人的行为方式或手段以及造成的犯罪后果来划分的,一般又分为(1)实质的一罪;(2)法定的一罪;(3)处断的一罪。数罪,行为人基于数个罪过,实施数个行为,侵犯数种法益,符合数个犯罪构成,而且数个行为之间没有牵连、连续、吸收、集合等关系的数个犯罪。法条竞合,指一个犯罪行为同时触犯数个具有包容关系的具体犯罪条文,依法只适用其中一个法条定罪量刑的情况。

一、正当防卫

【案例1】正当防卫还是防卫过当?

一天晚上,田某从同学家归来,路过一条偏僻的胡同时,从胡同口处跳出一个持刀青年黄某。黄某把刀逼向田某并让他交出钱和手表。田某扭头就跑,结果跑进了死胡同,而黄某持刀紧随其后,慌乱害怕中,田某拿起墙角的一根木棒,向黄某挥去,黄某应声倒下。田某立即向派出所投案,后经查验,黄某已死亡。

(来源:找法网 http://china.findlaw.cn/)

【案例分析】

正当防卫,为了使国家、公共利益、本人或者他人的人身、财产和其他权利免受正在进行的不法侵害,对不法侵害人所实施的制止其不法侵害且未明显超过必要限度的反击行为。正当防卫应该符合五个条件:一、正当防卫所针对的,必须是不法侵害;二、必须是在不法侵害正在进行的时候;三、正当防卫所针对的必须是不法侵害人;四、正当防卫不能超越一定限度;五、对不法侵害行为人采取的制止不法侵害行为时,所造成损害的行为。

本案中,田某对正在进行持刀抢劫的黄某采取防卫行为,将之打死,属于正当防卫。

【思考讨论】

1. 田某的行为是正当防卫还是防卫过当?

2. 正当防卫和防卫过当的区别是什么?

【法律依据】

《刑法》第二十条:为了使国家、公共利益、本人或者他人的人身、财产和其他权利免受正在进行的不法侵害,而采取的制止不法侵害的行为,对不法侵害人造成损害的,属于正当防卫,不负刑事责任。

正当防卫明显超过必要限度造成重大损害的,应当负刑事责任,但是应当减轻或者免除处罚。

对正在进行的行凶、杀人、抢劫、强奸、绑架以及其他严重危及人身安全的暴力犯罪,采取防卫行为,造成不法侵害人死亡的,不属于防卫过当,不负刑事责任。

二、紧急避险

【案例2】本案属紧急避险还是故意杀人?

村民张某与王某,一日乘小船到附近黄河上打鱼。期间突遇风浪,小船沉没,张某与王某同时遇险。二人奋力一同游向30米外的一块木板,张某抓住木板后,发现只能承重一人,于是在王某伸手拉木板时,用力将王某推开,致王某溺水死亡。后来王某的父亲将张某告发。最后法院以故意杀人罪将张某定罪判刑四年。对此,村民大为不解,纷纷质问:张某是不得已而为之,怎会是故意杀人呢?

(来源:110法律咨询网 http://www.110.com/)

【案例分析】

紧急避险,为了使国家、公共利益、本人或者他人人身、财产和其他权利免受正在发生的危险,不得已损害另一较小合法权益以保全较大的合法权益的行为。紧急避险成立必须具备以下条件:一、起因条件。紧急避险的起因条件,是指必须有需要避免的危险存在。二、时间条件。紧急避险的时间条件,是指危险必须正在发生。三、对象条件。紧急避险的本质特征,就是为了保全一个较大的合法权益,而将其面临的危险转嫁给另一个较小的合法权益。四、主观条件。紧急避险的主观条件即行为人必须有正当的避险意图。五、限制条件。紧急避险只能是出于迫不得已。六、限度条件。紧急避险的限度条件,是指紧急避险不能超过必要限度造成不应有的损害。

本案中,张某为了自己的生命安全而造成王某溺亡,其行为属于迫不得已,符合紧急避险的前5个条件,但却超过了必要的限度,超出了第6条限度条件,属于避险过当。张某的行为符合故意杀人罪的犯罪构成,但依法应减轻处罚。

【思考讨论】

1. 紧急避险成立的条件有哪些?

2. 紧急避险和故意杀人的区别是什么?

【法律依据】

《刑法》第二十一条：为了使国家、公共利益、本人或者他人的人身、财产和其他权利免受正在发生的危险，不得已采取的紧急避险行为，造成损害的，不负刑事责任。

紧急避险超过必要限度造成不应有的损害的，应当负刑事责任，但是应当减轻或者免除处罚。

第一款中关于避免本人危险的规定，不适用于职务上、业务上负有特定责任的人。

三、共同犯罪

【案例3】合伙盗窃财物并伤人

仇某（男，28 岁）与丁某（男，27 岁）一起混迹社会，游手好闲。某目，丁某在得知本县城高士路一别墅主人外出旅游的消息后，提议到该别墅盗窃财物。两人商议，由丁某翻窗入户盗窃，仇某在别墅外路口望风。丁某潜入别墅一楼后，窃得大量现金和首饰，正往外欲逃离现场时，被借住在该别墅的陆某（主人的亲戚，25 岁）觉察，陆某从二楼奔下一楼抓住被告人丁某，丁某随手操起旁边的墩布，朝陆某头部打去，将陆某打晕在地，丁某逃脱。出门后与仇某返回租住地，将赃物瓜分。

（来源：根据网络整理）

【案例分析】

共同犯罪，二人以上共同故意犯罪。在本案中，被告人仇某与丁某均达到刑事责任年龄，具备刑事责任能力。两人客观上共同实施盗窃犯罪，主观上具有意思联络，因而从一般意义上说，具备共同犯罪的成立条件。但本案的问题是，仇某、丁某两人商定的内容是共同盗窃，由丁某实施实行行为，仇某实施望风的帮助行为。而丁某在实行盗窃过程中，意外地被陆某发现，为了抗拒抓捕，丁某使用暴力，按照《刑法》相关的规定，丁某的行为转化为抢劫罪，应当成立抢劫罪。丁某在盗窃过程中使用暴力反抗，系单独所为，没有与仇某形成共同故意，所以，仇某的行为不可能成立抢劫罪，而只能成立其与丁某具有共同故意的盗窃罪。

【思考讨论】

1. 共同犯罪的主要特征有哪些？

2. 丁某和仇某的罪行分别是什么？

【法律依据】

《刑法》第二十五条:共同犯罪是指二人以上共同故意犯罪。

二人以上共同过失犯罪,不以共同犯罪论处;应当负刑事责任的,按照他们所犯的罪分别处罚。

四、一罪的类型

（一）实质的一罪

【案例4】本案是否属于想象竞合犯?

2002年8月至2003年6月间,被告人康某、陈某、周某分别或共同伙同他人,分别在北京铁路分局西长铁路线、京原铁路线,北京西工务段琉璃河养路工区大院等地,盗窃备用钢轨、电焊机、砂轮机、无齿锯、再用鱼尾板、再用垫板螺纹钢和铁路线上正在使用的43KG型护轨鱼尾板等物品,均已达到法定数额,构成盗窃罪和破坏交通设施罪,依法分别被判处刑罚。

（来源:找法网 http://china.findlaw.cn/）

【案例分析】

想象竞合犯基本特征有二:一是行为人只实施了一个行为;二是该行为触犯数个罪名,即在构成要件上,该行为符合数个犯罪的构成要件。其处罚原则是"从一重罪处断"。

本案中,三被告人分别或共同伙同他人实施的盗窃铁路备用物资的行为,符合盗窃罪的构成要件,在这一点上并无非议。但最后一次盗窃的对象却是正在使用中的护轨鱼尾板,被告人用扳手将护轨鱼尾板拆卸后盗走的直接后果是"足以造成列车脱轨颠覆事故,影响列车行车安全",符合破坏交通设施罪的犯罪构成——犯罪主体为一般主体;主观方面为故意;客体是交通运输安全;客观方面表现为破坏轨道、桥梁等标志或进行其他破坏活动,足以使火车、汽车等发生倾覆、毁坏危险的行为。这样,最后一次盗窃行为就是出于一个犯罪故意,却造成了触犯盗窃罪和破坏交通设施罪两个罪名的后果,形成想象竞合犯。

【思考讨论】

1. 想象竞合犯的基本特征有哪些?

2. 想象竞合与法条竞合的区别是什么?

【法律依据】

《刑法》第一百一十九条:破坏交通工具、交通设施、电力设备、燃气设备、易燃易爆设备,造成严重后果的,处十年以上有期徒刑、无期徒刑或者死刑。

过失犯前款罪的,处三年以上七年以下有期徒刑;情节较轻的,处三年以下有期徒刑或者拘役。

第二百六十四条:盗窃公私财物,数额较大的,或者多次盗窃、入户盗窃、携带凶器盗窃、扒窃的,处三年以下有期徒刑、拘役或者管制,并处或者单处罚金;数额巨大或者有其他严重情节的,处三年以上十年以下有期徒刑,并处罚金;数额特别巨大或者有其他特别严重情节的,处十年以上有期徒刑或者无期徒刑,并处罚金或者没收财产。

(二)法定的一罪

【案例5】自学针灸"扎"死人该定何罪?

被告人王某在20年前曾自学针灸,乡亲们腰酸腿痛时常让他扎几针,但他始终没有取得医生执业资格。1997年5月份王某又开始在本乡街上趁逢集时占片空地行起医来。同年10月9日上午12时许,同乡小邢庄53岁的村民邢某因患有气管炎让王某针灸。王在地上铺了塑料布让邢坐下,用毫针照邢的颈部、前胸部扎了几针,并拔了火罐。在针灸过程中,邢某感到疼痛、难受、出汗、口渴,王某给邢吃了几片药,仍未见好转,后被他人送往医院,经抢救无效于当日死亡。王某随即到新蔡县公安局黄楼派出所自首。经法医鉴定:邢某系被针灸时诱发自发性气胸(张力性气胸)引起呼吸循环衰竭而死亡。在本案侦查阶段,王某赔偿被害人家属经济损失3500元。

审判河南省新蔡县人民检察院以被告人王某犯非法行医罪向新蔡县人民法院提起公诉。被告人王某辩称,我能主动到公安机关投案自首,应从轻处罚。其辩护人提出,被告人的针灸只是导致被害人死亡的诱发性原因,而不是直接原因,案发后被告人能投案自首,积极赔偿被害人家属的经济损失,应对被告人减轻处罚。

法院最终判决被告人王某犯非法行医罪,判处有期徒刑十年,并处罚金三千元。

(来源:找法网 http://china.findlaw.cn/)

【案例分析】

本案被告人王某明知自己未取得医生执业资格而长期非法行医,在给就诊人邢某治病时,连续在邢的颈部、胸部进行针灸,致使邢某诱发自发性气胸,引起呼吸循环衰竭而死亡。王某的行为完全符合非法行医罪的构成要件,应以非法行医罪追究其刑事责任。应当指出的是,在《刑法》修订之前,由于当时的刑事法律对非法行医罪未作专门规定,在司法实践中,对于非法行医造成就诊人重伤、死亡的多按过失重伤罪或者过失杀人罪论处。修订后的《刑法》于1997年10月1日开始实施,本案发生在新《刑法》施行之后,既然新《刑法》已经增设了非法行医罪,本案被告人的行为又符合非法行医罪的构成要件,应当按非法行医罪论处,不宜再定过失杀人罪。

另一方面,鉴于被告人在案发后能主动到公安机关投案自首,并能积极赔偿被害人家属的经济损失,依法可以从轻处罚。被告人及其辩护人的辩解当庭查证属实,可以采纳,但要求减轻处罚的理由不足,不予采纳。

【思考讨论】

1. 王某的行为属非法行医罪还是故意杀人罪?

2. 法定的一罪都有哪些适用情形?

【法律依据】

《刑法》第三百三十六条第一款:未取得医生执业资格的人非法行医,情节严重的,处三年以下有期徒刑、拘役或者管制,并处或者单处罚金;严重损害就诊人身体健康的,处三年以上十年以下有期徒刑,并处罚金;造成就诊人死亡的,处十年以上有期徒刑,并处罚金。

(三)处断的一罪

【案例6】为强奸拘禁他人构成牵连犯

1年前,龙某在过街天桥摆地摊卖小工艺品时,与钱小姐相识。钱小姐给龙某留下了自己的电话号码。后龙某约钱小姐见面。见面时,龙某以钱小姐的举报使自己的摊被警察抄了为由,对钱小姐进行殴打。钱小姐大声呼救,龙某拿出一把剪刀威胁她,将她强行带到了自己的暂住地。到暂住地后,龙某打晕钱小姐将其强奸。

次日,龙某挟持钱小姐给单位打电话请假。自此,钱小姐在龙某的控制下,白天与龙某一起到过街天桥上摆摊,晚上又被带回龙某的暂住地。龙某几乎每晚都与钱小姐发生性关系,并经常对她进行殴打。

这样的生活持续了一个月。一天,钱小姐趁龙某不备逃跑,并到派出所报案。龙某被捕。

(来源:110法律咨询网 http://www.110.com/)

【案例分析】

牵连犯,是指出于一个犯罪目的,而犯罪的方法、手段或结果又牵连地触犯了其他罪名的犯罪。在司法实践中,一般根据案件的事实,通过分析犯罪分子所实施的犯罪行为与其使用的手段、方法以及产生的结果之间是否存在着牵连关系来确定是否构成牵连犯。

本案中,龙某的主观目的就是强奸钱小姐,其长期控制钱小姐的时候,必然会涉及到剥夺钱小姐的人身自由,这属于强奸的一个情节,是实施强奸犯罪而其手段又触犯了其他罪名的情况,因而属于牵连犯。在我国,牵连犯一般不适用数罪并罚的原则,而应从一重罪处断,即按其中法定刑最重的一个罪判处。如果《刑法》明文规定了对某些牵连犯实行并罚,则应按《刑法》规定进行数罪并罚。《刑法》没有规定本案中的情形按数罪并罚处理,所以,对龙某的行为只应定性为牵连犯,从一重罪,按照强奸罪处罚。

【思考讨论】

1. 处断的一罪主要包括哪些?

2. 数罪并罚的原则是什么?

【法律依据】

《刑法》第二百三十六条第一款:以暴力、胁迫或者其他手段强奸妇女的,处三年以上十年以下有期徒刑。

第二百三十八条第一款:非法拘禁他人或者以其他方法非法剥夺他人人身自由的,处三年以下有期徒刑、拘役、管制或者剥夺政治权利。具有殴打、侮辱情节的,从重处罚。

五、数罪

【案例 7】服刑期间仍多次盗窃该如何处罚?

张某,男,23 岁。张某因犯盗窃罪于 1997 年 5 月 5 日被法院判处有期徒刑 5 年。服刑期间,张因病于同年 7 月 11 日保外就医。保外就医的当月,张某又继续盗窃作案。在一年之内共盗窃 23 次,价值人民币 45000 元。

(来源:找法网 http://china. findlaw. cn/)

【案例分析】

数罪,指行为人基于数个罪过,实施数个行为,侵犯数种法益,符合数个犯罪构成,而且数个行为之间没有牵连、连续、吸收、集合等关系的数个犯罪。

本案中,张某的行为属于在刑罚执行期间又犯新罪的情况。根据我国《刑法》的规定,对此情况,应当对新犯的罪作出判决,把前罪没有执行的刑罚和后罪所判处的刑罚进行并罚,并决定应当执行的刑罚。即先减后并的方式进行并罚。

【思考讨论】

1. 成立数罪必须符合的条件是什么?

2. 法院应对张某如何判决?

【法律依据】

《刑法》第六十九条第一款:判决宣告以前一人犯数罪的,除判处死刑和无期徒刑的以外,应当在总和刑期以下、数刑中最高刑期以上,酌情决定执行的刑期。但是管制最高不能超过三年,拘役最高不能超过一年,有期徒刑总和刑期不满三十五年的,最高不能超过二十年,总和刑期在三十五年以上的,最高不能超过二十五年。

第七十条:判决宣告以后,刑罚执行完毕以前,发现被判刑的犯罪分子在判决宣告以前还有其他罪没有判决的,应当对新发现的罪作出判决,把前后两个判决所判处的刑罚,依照本法第六十九条的规定,决定执行的刑罚。已经执行的刑期,应当计算在新判决决定的刑期以内。

第七十一条:判决宣告以后,刑罚执行完毕以前,被判刑的犯罪分子又犯罪的,应当对新犯的罪作出判决,把前罪没有执行的刑罚和后罪所判处的刑罚,依照本法第六十九条的规定,决定执行的刑罚。

六、法条竞合

【案例8】是非法经营罪还是赌博罪?

2007年3月至2007年6月,被告人吴某、戴某以营利为目的,在温州金马大厦合股开设香港"六合彩"投注点,接受他人投注,并雇人进行接单、记账等工作,为其非法经营香港"六合彩"彩票。在此期间,被告人吴某、戴某还以1赔40的赔率、10%至12%的高额"贴水",通过被告人孙某先后发展了被告人高某、杨某等35人为下庄家,并多次做庄接受其投注。被告人吴某、戴某、孙某、翁某非法经营六合彩35期,累计接受投注额达6300余万元。

(来源:法制日报 http://news.sina.com.cn/)

【案例分析】

"法条竞合"是指一个犯罪行为同时触犯数个具有包容关系的《刑法》条文，依法只适用其中一个法条定罪量刑的情况。对"法条竞合"犯的处理原则是，当法条重合时，特别法优于普通法；当法条交叉时，复杂法优于简单法。在某些特殊情况下，适用重法优于轻法原则。

一般情况下，对非法开设地下"六合彩"赌场，私下接受他人投注的犯罪行为，以赌博罪来批捕处理。但本案涉案金额巨大，既符合《刑法》中"赌博罪"的构成要件，也符合《刑法》中"非法经营罪"违法所得数额特别巨大、情节特别严重之规定。如果犯赌博罪，处三年以下有期徒刑、拘役或者管制，并处罚金。如果犯非法经营罪，处五年以下有期徒刑或者拘役，并处或者单处违法所得一倍以上五倍以下罚金；情节特别严重的，处五年以上有期徒刑，并处违法所得一倍以上五倍以下罚金或者没收财产。根据《刑法》的"法条竞合"原则，应当按处罚较重的罪名即"非法经营罪"判决。

【思考讨论】

1. 本案应判赌博罪还是非法经营罪？

2. 法条竞合的处理原则是什么？

【法律依据】

《刑法》第二百二十五条：违反国家规定，有下列非法经营行为之一，扰乱市场秩序，情节严重的，处五年以下有期徒刑或者拘役，并处或者单处违法所得一倍以上五倍以下罚金；情节特别严重的，处五年以上有期徒刑，并处违法所得一倍以上五倍以下罚金或者没收财产：

（一）未经许可经营法律、行政法规规定的专营、专卖物品或者其他限制买卖的物品的；

（二）买卖进出口许可证、进出口原产地证明以及其他法律、行政法规规定的经营许可证或者批准文件的；

（三）未经国家有关主管部门批准非法经营证券、期货、保险业务的，或者非法从事资金支付结算业务的；

（四）其他严重扰乱市场秩序的非法经营行为。

第三百零三条：以营利为目的，聚众赌博、开设赌场或者以赌博为业的，处三年以下有期徒刑、拘役或者管制，并处罚金。

开设赌场的，处三年以下有期徒刑、拘役或者管制，并处罚金；情节严重的，处三年以上十年以下有期徒刑,并处罚金。

第五节　刑罚的体系、裁量制度及执行制度

【本节要点】

刑罚体系,是指国家以有利于发挥刑罚的功能、实现刑罚的目的为指导原则,通过《刑法》的规定而形成的、由一定刑罚种类按其轻重程度而组成的序列。一般分为两种,即:主刑,对犯罪分子适用的主要刑罚,它只能独立使用,不能相互附加适用;主刑分为以下五种:管制、拘役、有期徒刑、无期徒刑和死刑等。附加刑,指《刑法》规定补充主刑适用的刑罚方法,其特点是既能独立适用,也能附加适用;附加刑包括:(一)罚金;(二)剥夺政治权利;(三)没收财产;(四)驱逐出境。

刑罚裁量简称量刑,指人民法院根据行为人所犯罪行及刑事责任的轻重,在定罪并找准法定刑的基础上,依法决定对犯罪分子是否判处处罚,判处何种刑罚,刑度或者所判刑罚是否立即执行的刑事审判活动。主要用于:(1)决定对犯罪分子是否判处刑罚。这是量刑的首要任务。(2)决定对犯罪人判处何种刑罚和多重的刑罚。(3)决定对犯罪人判处的刑罚是否立即执行。(4)决定对犯罪人是否数罪并罚。

刑罚执行,是指有行刑权的司法机关将人民法院生效的判决所确定的刑罚付诸实施的刑事司法活动。刑罚的执刑制度主要由缓刑、减刑、假释三部分组成。

一、主刑

【案例1】店内摆放游戏机被判刑罚款追悔莫及

被告人胡某某在时代华城沿新欣南大道的一间店面内放置多台游戏机供客人赌博。2014年5月5日晚,被民警查获时,游戏厅内的五台游戏机均具有赌博功能,其中一台具有2个独立操作功能、一台钓鱼机具有3个独立操作单元,其他三台明星97游戏机各具有1个独立操作单元。针对上述指控,公诉机关当庭出示并宣读了证人彭某某、李某某、严某某的证言,被告人胡某某的供述,鉴定意见,检查、辨认笔录,相关书证、物证。认为被告人胡某某的行为触犯了《刑法》的相关规定,应当以开设赌场罪追究其刑事责任。提请法院依法判处。

（来源:110法律咨询网 http://lawyer.110.com/）

【案例分析】

本案中,法院认为,被告人胡某某以营利为目的,开设赌场,其行为触犯了刑律,构成开设赌场罪。公诉机关指控被告人胡某某所犯罪行成立,指控罪名正确,应予以支持。被告人胡某某能如实供述其罪行,可以从轻处罚。据此,根据被告人胡某某的犯罪事实、性质、情节和对于社会的危害程度,法院依照《刑法》判决被告人胡某某犯开设赌场罪,判处管制二年,并处罚金人民币三万元。

除此之外,我们可以看出管制刑的适用对象主要有如下特点:1. 罪行性质轻、危害小。我国《刑法》规定可以适用管制的犯罪主要集中在妨害社会管理秩序罪和妨害婚姻家庭罪中,这些犯罪的共同特点是罪行性质不十分严重,社会危害性较小。2. 人身危险性较小。管制并不剥夺犯罪人的人身自由,只是在一定程度上限制其人身自由,所以,适用管制刑的犯罪分子必须是人身危险性较小者,如果犯罪的人身危险性很大,管制将难以达到预防犯罪的目的。

【思考讨论】

1. 除了上述提到的管制,主刑还包括哪些?

2. 管制刑适用对象的主要特点。

【法律依据】

《刑法》第三十三条:主刑的种类如下:

(一)管制;

(二)拘役;

(三)有期徒刑;

(四)无期徒刑;

(五)死刑。

第三百零三条:以营利为目的,聚众赌博、开设赌场或者以赌博为业的,处三年以下有期徒刑、拘役或者管制,并处罚金。

开设赌场的,处三年以下有期徒刑、拘役或者管制,并处罚金;情节严重的,处三年以上十年以下有期徒刑,并处罚金。

二、附加刑

【案例2】非法收购盗窃电线应当如何判定?

被告人张某,男,农民,42岁,在西安市东郊某村经营一家废品收购站。因其在经营期间,非法收购了该案第一被告人韦某盗窃正在运行中的铁路回流线240

米,价值 1920 元,后被公安机关破案抓获,并被检察机关以涉嫌收购、销售赃物罪的罪名起诉至法院。

（注:现已无"收购、销售赃物罪"的罪名,改为"掩饰、隐瞒犯罪所得、犯罪所得收益罪"）

（来源:110 法律咨询网 http://www.110.com/）

【案例分析】

由于本案被告人张某在本案中显系是初犯;其认罪悔罪态度较好,有真实的悔罪行为;犯罪情节和社会危害性明显较轻;其本人及其家属积极退赃和愿意缴纳罚金。后审理法院公开开庭宣判,判决认定本案被告张某犯掩饰、隐瞒犯罪所得、犯罪所得收益罪,单处罚金 2500 元。

【思考讨论】

1. 除前文提到的罚金刑,我国刑罚体系中附加刑还包括哪些?

2. 附加刑的适用原则是什么?

【法律依据】

《刑法》第三百一十二条第一款:明知是犯罪所得及其产生的收益而予以窝藏、转移、收购、代为销售或者以其他方法掩饰、隐瞒的,处三年以下有期徒刑、拘役或者管制,并处或者单处罚金;情节严重的,处三年以上七年以下有期徒刑,并处罚金。

三、累犯

【案例 1】盗窃罪累犯应如何量刑?

王某某,男,生于 1980 年 7 月 19 日,汉族,河南省台前县人,初中文化,农民。2002 年 9 月 4 日因犯盗窃罪被河南省济源市人民法院判处有期徒刑二年,2004 年 5 月 24 日刑满释放。2006 年 4 月 7 日因犯盗窃罪被濮阳市中级人民法院判处有期徒刑 6 年,2009 年 12 月 3 日被刑满释放。2010 年 2 月 4 日晚,被告人王某某伙同他人在山东省聊城市东昌府区斗虎屯镇崔刘村,盗窃鲁 DW4130 黑色桑塔纳轿车一辆。2010 年 2 月 5 日中午,王某某被抓获。经鉴定,该车价值人民币 8000 元。

（来源:找法网 http://china.findlaw.cn/）

【案例分析】

累犯,是指因犯罪而受过一定的刑罚处罚,在刑罚执行完毕或者赦免以后,在法定的期限内又犯一定之罪的犯罪分子。

本案中被告人王某某构成盗窃罪,犯罪数额较大,且系累犯,先后于 2009 年刑满释放,2010 年再度犯罪,且所犯之罪为故意为之,应受到有期徒刑以上刑罚处罚,故构成累犯。

【思考讨论】

1. 特别累犯有哪些情形?

2. 累犯的适用原则有哪些?

【法律依据】

《刑法》第六十五条第一款:被判处有期徒刑以上刑罚的犯罪分子,刑罚执行完毕或者赦免以后,在五年以内再犯应当判处有期徒刑以上刑法之罪的,是累犯,应当从重处罚,但过失犯罪和不满十八周岁的人犯罪的除外。

四、自首

【案例4】被告人的近亲属带领公安人员抓获被告人

被告人孙某甲想购买本村孙某乙的宅基地,因孙某乙之弟孙某丙不同意而恼怒在心。1991 年 2 月 14 日夜 11 时许(农历除夕),被告人孙某甲酒后到孙某丙家与孙某丙发生争吵和谩骂,被人劝回家后又拿一把匕首去找孙某丙出气,二人在街上争吵时,趁孙某丙及众劝解人不备,朝孙某丙左颈部刺了一刀,致孙某丙左颈内静脉破裂,导致失血过多死亡。被告人孙某甲作案后外逃,于 2000 年 5 月 26 日由其父孙某丁带领宁陵县公安干警在陕西省西安市将其抓获归案。

(来源:110 法律咨询网 http://lawyer.110.com/)

【案例分析】

自首,是指犯罪分子犯罪以后自动投案,如实供述自己的罪行,或者被采取强制措施的犯罪嫌疑人、被告人和正在服刑的罪犯,如实供述司法机关还未掌握的本人其他罪行,或者犯对非国家工作人员行贿罪、行贿罪、介绍贿赂罪的犯罪分子在被追诉前主动交代犯罪事实的行为。

本案中,被告人的父亲孙某丁带领公安人员抓捕被告人时,被告人没有抗拒,到案后又如实供述了犯罪事实,其行为应当认定为系被告人投案自首,依法应对其从轻处罚。《最高人民法院关于处理自首和立功具体应用法律若干问题的解释》中虽然没有把被告人的近亲属带领公安干警抓获被告人的行为列为投案自首的情形之一,但从"并非出于犯罪嫌疑人主动,而是经亲友规劝、陪同投案的;公安机关通知犯罪嫌疑人的亲友,或者亲友主动报案后,将犯罪嫌疑人送去投案的,也应当视为自动投案"的规定中不难看出:《解释》之所以把"陪首"、"送首"的情形也视为自动投案,是因为其符合《刑法》确立自首制度的目的。而《刑法》确立自首制度的目的不外乎是以下几点:鼓励犯罪嫌疑人自动投案;鼓励犯罪嫌疑人的亲友积极协助司法机关将犯罪嫌疑人抓获归案;分化瓦解和孤立犯罪分子迫其投案;减少破案环节、节省司法资源。

【思考讨论】

1. 视为自动投案的情形有哪些?

2. 确立自首制度的目的是什么?

【法律依据】

《刑法》第六十七条第一款:犯罪以后自动投案,如实供述自己的罪行的,是自首。对于自首的犯罪分子,可以从轻或者减轻处罚。其中,犯罪较轻的,可以免除处罚。

《最高人民法院关于处理自首和立功具体应用法律若干问题的解释》第一条第三款:并非出于犯罪嫌疑人主动,而是经亲友规劝、陪同投案的;公安机关通知犯罪嫌疑人的亲友,或者亲友主动报案后,将犯罪嫌疑人送去投案的,也应当视为自动投案。

五、立功

【案例5】揭发他人对自己犯罪是否构成立功?

被告人张某因犯挪用资金罪、受贿罪被判处有期徒刑五年,一审判决生效后,张某向看守所管教民警揭发了在案发前陈某诈骗其30000元的事实。公安机关立案侦查后,陈某退出了所骗的赃款30000元,且被法院以诈骗罪判处有期徒刑二年,缓刑二年,罚金15000元。

(来源:110法律咨询网 http://www.110.com/)

【案例分析】

立功,指犯罪分子揭发他人犯罪行为,查证属实,或者提供重要线索,从而得以侦破其他案件,以及其他有利于国家和社会的突出表现。

张某虽然是被害人,但他揭发的是与其本人无关的犯罪行为,陈某也因此受到了刑法制裁,应当以立功对待。本案中,陈某以非法占有为目的,骗取张某的钱财,侵犯了国家对公民私有财产的保护,其诈骗的对象是张某钱财,陈某的行为具有社会危害性、刑事违法性和刑罚应受惩罚性。对被告人张某而言,其虽因其他行为构成犯罪,受到了国家法律的追究,但其个人权利仍然受到国家法律平等的保护,任何侵犯犯罪分子个人权利的犯罪行为也应受到法律的制裁。张某将他本人知晓的陈某诈骗事实揭发出来,协助司法机关查处犯罪,惩罚了犯罪,符合前述立功的条件,应认定为具有立功表现。

【思考讨论】

1. 能够认定为立功及不能认定为立功的情形分别有哪些?

2. 如何对陈某的罪行进行界定?

【法律依据】

《刑法》第六十八条:犯罪分子有揭发他人犯罪行为,查证属实的,或者提供重要线索,从而得以侦破其他案件等立功表现的,可以从轻或者减轻处罚;有重大立功表现的,可以减轻或者免除处罚。

第七十八条第一款:被判处管制、拘役、有期徒刑、无期徒刑的犯罪分子,在执行期间,如果认真遵守监规,接受教育改造,确有悔改表现的,或者有立功表现的,可以减刑;有下列重大立功表现之一的,应当减刑:

(一)阻止他人重大犯罪活动的;

(二)检举监狱内外重大犯罪活动,经查证属实的;

(三)有发明创造或者重大技术革新的;

(四)在日常生产、生活中舍己救人的;

(五)在抗御自然灾害或者排除重大事故中,有突出表现的;

(六)对国家和社会有其他重大贡献的。

六、数罪并罚

【案例6】盗窃被抓后主动交代曾抢劫致人死亡

杨某、李某曾于1999年12月共同抢劫并致被害人死亡。此案一直未被破获。2000年2月,杨某因盗窃被依法逮捕。与此同时,李某因伤害他人被拘留。杨某在看守所见到了李某,心想如果李某先交待以前的抢劫致人死亡的罪行,自己就要被从重处罚。为争取从轻处理,杨某主动交待了与李某合伙抢劫致人死亡的罪行。杨某交待这一罪行之前,司法机关并未掌握杨的罪证,也未怀疑杨某作案。

(来源:找法网 http://china.findlaw.cn/)

【案例分析】

数罪并罚,是指人民法院对一行为人在法定时间界限内所犯的数罪分别定罪量刑以后,依照法定的并罚原则及刑期计算方法决定其应执行的刑罚的制度。

本案中,首先,杨某先后犯有抢劫罪和盗窃罪,依法应当数罪并罚。其次,杨某具有自首情节,应依法从轻处罚。我国《刑法》规定,被采取强制措施的犯罪嫌疑人、被告人和正在服刑的罪犯,如实供述司法机关还未掌握的本人其他罪行的,以自首论。杨某被羁押后,主动供出了司法机关尚未掌握的抢劫犯罪,并且供出了同案犯,符合自首的成立条件,对其所犯的抢劫罪应当认定为自首,可以从轻、减轻处罚。

【思考讨论】

1. 我国刑法对数罪并罚采取的原则是什么?

2. 对杨某应如何定罪量刑?

【法律依据】

《刑法》第六十七条第一款:犯罪以后自动投案,如实供述自己的罪行的,是自首。对于自首的犯罪分子,可以从轻或者减轻处罚。其中,犯罪较轻的,可以免除处罚。

第二款:被采取强制措施的犯罪嫌疑人、被告人和正在服刑的罪犯,如实供述司法机关还未掌握的本人其他罪行的,以自首论。

第六十八条:犯罪分子有揭发他人犯罪行为,查证属实的,或者提供重要线索,从而得以侦破其他案件等立功表现的,可以从轻或者减轻处罚;有重大立功表现的,可以减轻或者免除处罚。

第六十九条:判决宣告以前一人犯数罪的,除判处死刑和无期徒刑的以外,应当在总和刑期以下、数刑中最高刑期以上,酌情决定执行的刑期,但是管制最高不能超过三年,拘役最高不能超过一年,有期徒刑总和刑期不满三十五年的,最高不能超过二十年,总和刑期在三十五年以上的,最高不能超过二十五年。

第二百六十九条:犯盗窃、诈骗、抢夺罪,为窝藏赃物、抗拒抓捕或者毁灭罪证而当场使用暴力或者以暴力相威胁的,依照本法第二百六十三条的规定定罪处罚。

七、缓刑

【案例7】贾某涉嫌失火罪　被从轻判处缓刑

被告人贾某于 2007 年 11 月某日驾驶六轮翻斗车在唐县某加油站加油,加满油后贾某用打火机照看油箱里的油是否加满,引起油箱着火并将加油员张某、贾某烧成伤残,其中贾某的伤情经鉴定为重伤。法院作出如下判决,以失火罪判处被告人贾某有期徒刑三年,缓刑四年,被告人贾某服判。

(来源:110 法律咨询网 http://www.110.com/)

【案例分析】

一般缓刑,是指人民法院对于被判处拘役、3 年以下有期徒刑的犯罪情节较轻、有悔罪表现、没有再犯罪的危险并且宣告缓刑对所居住社区没有重大不良影响的犯罪分子,暂缓其刑罚的执行,并规定一定的考验期,考验期内实行社区矫正,如果被宣告缓刑者在考验期内没有发生法律规定的应当撤销缓刑的事由,原判刑罚就不再执行的制度。

本案认定被告人贾某构成失火罪缺少关键证据《火灾事故责任认定书》,火灾原因不清,对被告人定罪应予以慎重;如认定被告人贾某构成失火罪,被告人应构成自首。被告人在被司法拘留期间,向公安机关如实交代了本案的基本事实。根据最高人民法院《法发(2010)10 号司法解释》第一条关于"自动投案"的规定,司法拘留和行政拘留都不属于刑事强制措施,在此期间如实交代应属于"自动投案"。此外,本案中加油城对火灾的发生负有一定责任。被告人贾某主观恶性浅、不同于其他刑事故意犯罪案件中被告人的主观恶性与人身危险性,且积极赔偿了被害人的经济损失。故对被告人贾某的量刑应认定为情节较轻,综合考虑被告人自首、加油城所负的事故责任及被告人的主观恶性与积极赔偿被害人的表现,从轻量刑,量刑为缓刑。

【思考讨论】

1. 一般缓刑必须具备的条件有哪些?

2. 本案中谁对火灾的发生负责?

【法律依据】

《刑法》第七十二条:对于被判处拘役、三年以下有期徒刑的犯罪分子,同时符合下列条件的,可以宣告缓刑,对其中不满十八周岁的人、怀孕的妇女和已满七十五周岁的人,应当宣告缓刑:

犯罪情节较轻;

有悔罪表现;

没有再犯罪的危险;

宣告缓刑对所居住社区没有重大不良影响。

宣告缓刑,可以根据犯罪情况,同时禁止犯罪分子在缓刑考验期限内从事特定活动,进入特定区域、场所,接触特定的人。

被宣告缓刑的犯罪分子,如果被判处附加刑,附加刑仍须执行。

第一百一十五条:放火、决水、爆炸以及投放毒害性、放射性、传染病病原体等物质或者以其他危险方法致人重伤、死亡或者使公私财产遭受重大损失的,处十年以上有期徒刑、无期徒刑或者死刑。

过失犯前款罪的,处三年以上七年以下有期徒刑;情节较轻的,处三年以下有期徒刑或者拘役。

八、减刑

【案例8】王某劳改期间立功被减刑案

罪犯王某于1976年秋,先后将五名幼女骗至家中奸淫,其中对两名幼女奸淫未遂。王某在服刑改造中,认罪服法,表现较好。1985年1月,经管教干部教育,王某向管教干部检举了一起四人结伙抢劫案。经公安机关查证,王某检举属实,四名罪犯被逮捕归案。由于王某在服刑期间有立功表现,劳改机关于1985年1月25日提出对其减刑的意见,报请陕西省宝鸡市中级人民法院审核。宝鸡市中级人民法院经审理认定:王某检举他人抢劫犯罪属实,确有立功表现,依照《刑法》相关规定,裁定对王某减刑五年。

(来源:找法网 http://china.findlaw.cn/)

【案例分析】

减刑,即指对于被判处管制、拘役、有期徒刑、无期徒刑的犯罪分子,根据其在刑罚执行期间的悔改或者立功表现,适当减轻其原判刑罚的制度。减刑制度是宽严相济刑事政策的具体体现,是我国同刑事犯罪做斗争的重要经验总结,是我国刑事立法的一个创举。"可以减刑"的实质条件,是犯罪分子在刑罚执行期间认真遵守监规,接受教育改造,确有悔改表现或者有立功表现。"应当减刑"的实质条件是犯罪分子在刑罚执行期间,有重大立功表现。本案中,王某属于确有立功表现一类。

【思考讨论】

1. 减刑的具体程序是什么？
2. 减刑制度的目的是什么？

【法律依据】

《刑法》第六十八条：犯罪分子有揭发他人犯罪行为，查证属实的，或者提供重要线索，从而得以侦破其他案件等立功表现的，可以从轻或者减轻处罚；有重大立功表现的，可以减轻或者免除处罚。

九、假释

【案例9】严重暴力犯罪不予假释

罪犯高某，因犯故意杀人罪于2010年1月8日被判处有期徒刑九年。同年6月2日交付执行。服刑期间于2013年4月减刑一年。

执行机关以罪犯高某在考核期间确有悔改表现，假释后没有再犯罪的危险为由，报请对其予以假释。市中院于2015年7月16日立案公示后，于7月28日对罪犯高某进行了讯问。经审理查明，罪犯高某服刑改造期间认罪悔罪，服从管教，积极参加生产劳动。考核期内获考核分103.4分。另查明，该犯因犯强奸罪、盗窃罪，于1989年4月6日被判处有期徒刑十四年，剥夺政治权利二年。

市中院认为，罪犯高某虽在服刑期间表现较好，但该犯两次犯罪均为严重暴力犯罪，主观恶性深，社会危害性大，对此类罪犯的假释应从严掌握。综合考量上述因素，依法对罪犯高某不予假释。

（来源：半岛网 http://news.bandao.cn/）

【案例分析】

假释，指对被判处有期徒刑或无期徒刑的犯罪分子，在刑罚执行一定时间后，确有悔改表现，没有再犯罪的危险，因而将其附条件提前释放的制度。简而言之，假释就是对徒刑犯附条件地予以提前释放。从假释的对象上来看，假释的对象必须是被判处有期徒刑或者无期徒刑的犯罪分子。但是，对于累犯以及因故意杀人、强奸、抢劫、绑架、放火、爆炸、投放危险物质或者有组织的暴力性犯罪被判处10年以上有期徒刑和无期徒刑的犯罪分子，不得假释。因上述情形和犯罪被判处死刑缓期执行的罪犯，被减为无期徒刑、有期徒刑后，也不得假释。

本案中罪犯高某即不符合对象要求，故不予假释。除此之外，假释的实质条件为被适用假释的犯罪分子必须认真遵守监规，接受教育改造，确有悔改表现，没有再犯罪的危险。同时,对犯罪分子决定假释时,应当考虑其假释后对所居住社区的影响。

【思考讨论】

1. 假释的考验期有多少?

2. 不能被认定为假释的情形有哪些?

【法律依据】

《刑法》第八十一条第二款:对累犯以及因故意杀人、强奸、抢劫、绑架、放火、爆炸、投放危险物质或者有组织的暴力性犯罪被判处十年以上有期徒刑、无期徒刑的犯罪分子,不得假释。

后 记

　　当前我国正在实施依法治国方略,致力于社会主义法治国家的建设,这是我国国家治理方式的重大转变和伟大变革。依法治国的主体基础是具有法治品质的公民,提高公民法治品质的关键在教育。因而,法治教育应当成为法治建设必须关注的重要环节。本书立足法治教育,运用经典案例进行知识解读和推广,希望以此提升法治观念,增强法治意识,推进法治建设。

　　本书是集体合作的成果,参与本书编写的成员有:巩瑞贤(第一章)、蒋雪莲(第二章)、魏琰琰(第三章、第四章)、张靓雪(第五章、第六章),高超最后统改定稿。本书编写过程中,参考和借鉴了诸多领导、专家、学者的学术成果,在此一并向他们和所有关心、支持本书的朋友表示感谢!

　　随着中国法治进程的不断进展,法治中国的内涵与要求也在不断的丰富与完善,这要求相关教材也要与时俱进、不断更新,本书是一个初步的探索与尝试。鉴于我们的水平有限,不妥之处希望广大读者提出批评建议,以便于我们不断修订、完善,拿出更好的作品以飨读者。

编者

2016 年 11 月